后浪

（第 3 版）

A SHORT GUIDE TO WRITING
ABOUT PSYCHOLOGY

基于 APA 格式规范

心理学写作简明指南

［美］达纳·S·邓恩（Dana S. Dunn）著

韩卓 译

北京联合出版公司
Beijing United Publishing Co.,Ltd.

目录
Contents

序 言

　　人和他们所做的事激起了我们的好奇心。我们想要理解他们，想要解释是什么为他们每天的生活提供动力。无论我们是业余爱好者还是专业人士，我们都是心理学家，因为我们都在学习人类的"行为"，我们每天所做的一件事就是解释我们所看到的发生在我们身边的行为。

　　不过，专业心理学家与业余爱好者或空想理论家相比，不同的一点在于他们运用科学方法来研究行为。一些心理学家构想关于人类或动物的心理学理论，继而用实验进行检验；另一些则实践心理疗法，开展社会调查，进行田野研究。当然还有一些心理学家投身教育领域，讲解有关人类思想、情感和行为的来龙去脉。无论是身为教导者、研究者、实践者还是作为学生，所有的心理学家都要写作，写作能力对我们至关重要。有能力清楚、简练地呈现出自己的科学想法和观察结果，实际上不仅是学习心理学的必要条件，而且是为心理学学科做出自己贡献的重要前提。

关于第3版

　　本书第3版新增和更新了一些材料，旨在帮助学生更好地进行心理学及心理研究相关的写作。较之上一版的改动有：

- 参考《美国心理学协会出版手册》（*Publication Manual of the American Psychological Association*）第 6 版（APA, 2010），加入 APA 格式上的变化与更新；
- 新增和更新了全书的参考信息，包括网站信息；

· 新增对在线词典的讨论；

· 提供关于写作中需要避免的常见问题清单；

· 提供关于举办同学间的写作研习会的指导；

· 新增和更新了电子（在线）引用范例；

· 提供关于性倾向话题的写作指导；

· 更新表格和图表样例，包括第五章学生论文样例中的图表样例；

· 每章结尾部分新增练习版块；

· 更新心理学期刊列表。

　　本书旨在帮助处于任一学习阶段的心理学专业学生掌握心理学中有效交流的规则。通过阅读和参考本书，学生可以轻松达成以下目标：

· 利用图书馆和在线资源搜索和阅读心理学文献；

· 选择和提炼写作主题；

· 列提纲，写初稿，完成写作，修改论文；

· 学习正确、有效地使用 APA 格式；

· 计划和写作不同类型的心理学论文；

· 获得同伴对论文的反馈，并对同伴的论文给出反馈；

· 通过口头和书面形式展示研究结果；

· 制作表格或图表；

· 制作并进行海报展示。

致 谢

我非常感谢给本书第 3 版提供建议的我的朋友和同事们，他们包括：莫拉维亚学院的罗伯特·布里尔（Robert T. Brill）和斯泰西·扎伦巴（Stacey Zaremba），里夫斯图书馆的图书管理员邦尼·法拉（Bonnie Falla），特拉华大学的贝丝·莫林（Beth Morling），以及使用过本书第 1 版和第 2 版并向我反馈他们想法的众多老师和学生们。此外，杰基·贾昆托（Jackie Giaquinto）帮我处理了很多必要的细节问题，还收发邮件；阿曼达·科斯塔利斯（Amanda Kostalis）帮我核查了参考文献和网站信息。我要感谢我的朋友乔尔·温加德（Joel Wingard）教授，他在很多年前帮助我注意到了教授写作的乐趣。当然，还有我的妻子萨拉·萨克斯·邓恩（Sarah Sacks Dunn），她是一个编辑，在我工作的时候给我带来不少观点和欢笑。我要感谢莫拉维亚学院在 2009 年春季为我提供公休假，让我有机会准备本书第 3 版的写作。最后，我想要感谢我的学生们，无论是过去的、现在的还是将来的，他们一直给予我很多关于写作和教授写作的启发。

培生编辑团队在本书出版过程中给我提供了很有帮助的指导和建议。我非常感谢高级策划编辑金尼·布兰福德（Ginny Blanford）所做的领导工作，以及高级副总裁和出版商乔·奥佩拉（Joe Opiela）、南希·李（Nancy Lee）和丽贝卡·吉尔平（Rebecca Gilpin）所做的幕后工作。

我非常欢迎使用本书的读者和指导写作的老师提出各种意见、建议和想法。生命短暂，很多东西都需要花时间去学习。

达纳·S·邓恩（Dana S. Dunn）
莫拉维亚学院
dunn@moravian.edu

第一章

心理学写作概述

Nulla dies sine linea.

（每天至少写作一行）

——罗马谚语

已故的知名心理学家斯金纳（B. F. Skinner, 1981）同时也是一位多产的作者，他生前始终遵循着这则有关写作的古老谚语，即"每天至少写作一行"（No day without a line）。他每天都在写作。优秀的写作能力是一种习得的技巧，需要付出大量练习、努力和一颗渴求提高的心。想要写得好，就必须经常动笔。当然，写作既不是最容易的也不是最受欢迎的一项活动。用两位优秀的写作老师的话来说，"最好的作者时常备感挣扎"（Elbow & Belanoff, 1995, p. 3）。但我相信，每个人都可以在写作上取得进步，事实上，每个人都应该为此努力，因为得到的回报是值得这样的付出的。尽管我希望大家在写作历程上不会经历过多挣扎，但是想要在心理学领域或在其他任何领域做一个优秀的写作者，就必须投入大量的时间和精力。在本书中，我们将会探讨许多经过检验的非常有效的写作方法，以期提高大家的写作能力。

1.1　写作作为一个过程

学习写作是一个过程，经由一系列的行动去实现一定的结果，也是一种个人表达，关于一种观念、一个想法或一次观察的表达。但在写好论文之前，必须先想好怎么写。例如，一个关注偏见和社会不宽容问题的研究者（e.g., Dovidio, Glick, & Rudman, 2005; Nelson, 2009; Whitley & Kite, 2009）会通过四个不同的步骤来完成其探究和写作的过程（adapted from Reich, 2001）：

- **探究**——确定一个有趣且值得探讨的话题，例如关于偏见和刻板印象的心理学研究。
- **发现**——查找心理学文献中关于偏见及群体间冲突的研究内容，并对其中重要的研究成果做笔记和观察。
- **评估**——阅读并思考上一步骤中所找到的与偏见、歧视有关的研究，给出自己的想法和评价；有可能的话开展独立研究，亲自验证、挑战或拓展关于群体间冲突的现有结论。
- **交流**——就偏见、歧视和冲突的成因与后果，起草、写作并修改一篇论文或展示文稿。

　　写作过程的各个步骤似乎是线性的、按步骤进行的，但请不要被这种表象蒙蔽。写作是一个前后反复的循环过程。举例来说，你刚开始写作，可能就意识到你的主题需要进一步提炼。改变主题不可避免地意味着要查找和阅读更多文献，额外的阅读又将影响你接下来的写作，等等。

　　本书为写作过程的各个步骤都提供了指导。大多数心理学家在撰写他们的研究论文时都会遵循这一完整的写作过程，因为他们已经接受并内化了这个学科所重视的观念与原则。那么对于像大家一样的学生来说呢？除了学科要求外，你为什么想要写作并写好一篇论文呢？

1.1.1　那么，我们为什么要写作？

　　当学生们被问到为何写作是一项重要的活动时，他们的回答通常与提高成绩、在作文考试中得到好分数之类有关。优秀的写作能力通常被看成获取切实奖励的工具，漂亮的成绩单就是最典型的一种奖励，但仅将获取好成绩作为目标，这样的目光未免过于短浅。那么，我们究竟为何动笔，或者说为何打开 word 处理器呢？主要出于两个理由：自我理解和分享理解。

为自我理解而写作

我所说的自我理解，意思是写作是一种绝佳的途径，能让你用有意义且令人激动的方式去真正地抓住你自己的观点。苏格拉底（Socrates）曾告诫其学生说"认识你自己"，这对任何人来说都是一个很难完成的任务，但对想尝试的人，写作是一种很好的途径。无论是写出自己的观念、期望，甚至梦想，还是以更实际的风格为一个研究设计或一篇学期论文撰写有关某个心理学效应的实质问题，写作这种方式可以让你真正地探索自己对于某些观点的诠释。想要真正地理解一个概念、论证、问题或争议，没有比就此写作更好的方式。写作迫使我们去批判地思考，去发现和明确其中的关键点、难点与疑问。写作者必须对自己模糊的感受和观念加以整理，用批判的目光去审视，然后把它们塑造成能够代表自己真实想法的语言。当你想要理解某些有挑战性的概念，或去挑战某些概念时，用自己的语言去表达是一种极其有效的手段。

当你通过写作来理解自我时，你所进行的就是**表达性写作**（expressive writing）。表达性写作通常是一种私人化且连续性的写作，能让写作者对他意识中流动的任何想法和情感进行探索。表达性写作的这种自由与随性又能让写作者有机会去创造新的观点，把他已经知道的信息与他正在思考、阅读和讨论的信息整合起来。

当然，有时候想要真正理解某个事物——比如一个复杂的理论或某个惊人的发现——不是短时间内能做到的。但是，写作你不理解或不确定的事物可以帮助你得出一些暂时的结论。正如格雷厄姆·沃拉斯（Graham Wallas, 1926, p. 106）所复述的一句他偶然听来的话，"除非我看到自己说了什么，否则我怎么知道自己在想什么？"一个人通过写作来表达是他**行动**（doing）的一种方式，他把自己的想法和经历写在纸上来理解它们。许多著作颇丰的心理学家都认同这一观点，其中不少人先通过写作关于行为的文论来发展他们对于行为的洞察。有些心理学家甚至宣称个体的困难、焦虑和创伤都可以通过写作得到建设性的解决（Niederhoffer & Pennebaker, 2009; Pennebaker & Chung, 2007; see also Lepore & Smyth, 2002）。综上所述，自我理解是写作的重要目标之一。

*一个简单的练习

如果你想真正领会写作对于自我理解和学习的积极作用，不妨尝试下面这个简单的练习（adapted from Scott, Koch, Scott, & Garrison, 1999）。重写你的一份课堂笔记，记住不要逐字誊写，而要用你自己的语言重新表达其中的要点，尤其是那些抽象概念和相关定义。最好的是选择一门有难度的学科，课程材料读起来比较费劲，你的笔记篇幅也够长。当你重写自己的笔记时，加入一些过渡信息——比如**以及**、**但是**、**然而**、**因为**、**以便**这样的连接词——来展开或补充那些讲课或讨论中列举的事例（Scott et al., 1999）。经过这一额外练习，你将收获一份条理清楚的完整叙述，填补或详述了那些虽然课堂上提过但却没有在你最初的笔记中被充分呈现的观点。由于重写笔记包含着对言语的思考、阅读和写作的过程，这些过程会让你对课程材料有更清晰的理解和更深刻的记忆。如果你能养成主动重写笔记的习惯，我敢保证你在学习、回忆和运用课程知识上会变得更加容易，远胜过你被动地复习原有笔记所能达到的效果。

为分享理解而写作

除了渴望理解自我，我们所有人也都有着被他人理解的需求。当我们写作的目的是与他人分享自己对某个问题或观点的看法时，我们所进行的就是**交互性写作**（transactional writing）——这种写作在写作者与读者之间建立起一种关系、一种相互作用。写作者进行交互性写作通常基于某种目的，比如说服、教育某人，探索、论证、驳斥某个问题，或者提出一种解释，等等。交互性写作的读者同样怀有某种目的，通常是为了学习新东西，而且他们经常会对读到的内容做出回应，回应的方式包括：进行课堂讨论、向编辑投递公开信、撰写表明自己立场的论文，或者出版专著。

交互性写作对于心理学科和未来的心理学家们非常重要。如果我们的想法得不到他人的回应，那便难以产生任何效果。写作是一种正式的向他人寻求分享理解（shared understanding）的方法；回应者可能不会总是同意我们的观点，但他们的评论、批评、建议和争论能够帮助我们改善自己的思考和写作。作为一名心理学专业的学生，你对行为的观察结果可能并不逊于专业心理学家的观察结果，但这只有在你有能力有效地与他人交流这些成果的条件下才会体现出来。如果你希望自己的想法能被教授和同学们理解，那么简单明确地写下自己观点的能力至关重要。当你从一个新角度去解读某种行为时，你必须能够清楚地解释你的思路应该怎样对他人有所启示，以及你的思路为什么应该得到他人的重视。

此外，还有一点需要注意：寻求与他人分享理解的过程也包括发现和定位你的读者。你的论文写给谁看？很多学生会回答："写给导师，或写给其他给我打分的人看。"这个答案合情合理，但并非完全正确。在理想的情况下，你的目标读者和写作动力之一应当是任何一个对行为感兴趣的人，哪怕他们中的一部分还没有意识到心理学是多么丰富和有趣的一个领域。如果仅仅为你的导师写作，那么你的论文很可能成为一篇充满心理学专业术语的"密码文字"。当写作者过多地使用专业术语（例如，使用"失调的认知"而非"冲突的想法"）时，与他人分享理解的过程就会受到阻碍。

在通常情况下，科技著述中必然要用到专业术语（Bem, 2000），但写作者必须始终努力地用自己的话去定义这些术语，使之清楚明晰。

我希望你们明白，心理学写作之所以如此重要，不仅仅是因为它可以揭示思维和行为的内在机制。优秀的写作能力本身就是一项重要技能，无论你将来投身何种事业，这种技能都将对你有很大帮助。

1.2　心理学写作形式

当心理学家进行写作时，他们的著作通常以几种形式呈现。其中，最典型的写作形式是基于观察与实验的**实证研究报告**（empirical report）。实证研究报告描述了原创性研究的理论、方法、结果和启示。一位知觉心理学家能够用这种写作形式来描述和展示在何种情况下人们易受某一特定的视觉错觉影响。我们在心理学期刊上读到的文章大部分都是描述实证研究的。

所有关于某一心理学问题的实证研究最后会被评价、扩充和改进。**文献综述**（literature review）把现有的实证研究按照主题组织起来，在这些心理学文献中辨认出重要的研究主题和研究结果，然后突出关于此主题已知的信息有哪些，哪些问题仍有待解答。例如，一位人格心理学家可以在综述中回顾关于自尊及其对心理社会健康的影响的大量文献。有一种特殊的文献综述性文章，应用高级统计技术对同一心理现象的多个独立研究成果进行总结，即**元分析**（meta-analysis）。

心理学家偶尔也会撰写理论性文章而非文献综述性文章。**理论性论文**（theory paper）探讨某一主题研究领域的起源和进展，同时为我们提供了一种新角度，去思考和诠释自己感兴趣的行为（比如，解释自尊的一个新理论）。相比之下，文献综述是知识的浓缩，而理论性论文则呈现了新的观点和理论框架。

　　并非所有关于心理学的写作都涉及理论发展或实证研究综述。一些心理学家也会撰写论文，介绍被用以探究心理学现象的方法论中的革新。例如，为了充分研究某种行为，研究者必须接受相应的技术培训。研究者把自己处理研究问题的新步骤、新方法写成论文，即为**方法学论文**（methodological paper）。这样一篇论文可能描述一种简单的新方法：把实验参与者[1]随机分配到一个记忆研究范式中的不同实验条件下。此外，一些专业人员还会写作**个案研究**（case study），深入细致地记录某个个体的生活史，或者某个团体的经历。这类研究意在阐明该个体或团体遇到的问题、转折点或变化。个案研究常常是戏剧化的，它们揭示不同寻常的心理效应或行为。例如，一位临床心理学家可能会采用个案研究的写作方式来记录一名阿尔茨海默症早期患者的治疗经历。区别于大多数实证研究，个案研究并不期望记录常见的心理效应或行为倾向。相反，他们关注独特的事物，而非普遍现象。

1.2.1　学生论文

　　那么，学生的心理学论文通常有哪几种形式呢？心理学专业的学生常被要求完成实验或其他类型的实证调查。当他们完成数据收集和分析工作后，便会撰写研究报告（参见第五章第2节）。**研究报告**（research report）要求研究者把他们得到的结果与已经发表的研究结果进行比较。撰写研究报告能使学生基于已有的研究去解释他们自己的研究发现。比如，想要调查个体知觉的压力水平如何影响他回忆梦的频率，进行研究的学生可以将大学生的睡眠习惯与上班族的睡眠习惯进行比较。**实验室报告**（lab

---

1　本书采用了"实验者"与"参与者"的说法，取代"主试"与"被试"的说法，但动物仍保留"被试"说法，具体原因可参见第九章第6节。——编注

report）通常是较短版本的研究报告。此外，高年级学生可能会进行独立研究并撰写非常详细的长篇研究报告，这类文章通常被称为**荣誉论文**（honors thesis）。

研究报告并非学生使用的唯一一种写作形式。学生也会撰写文献综述，通常以**学期论文**（term paper）的形式将大量已经发表的文献整理出一个清晰明了的结构（参见第五章第6节）。学生会根据自己的论点或导师规定的主题，批判性地分析其他研究者搜集的数据。学期论文通常是说明性的，意在阐述关于某个主题目前所知道的信息（例如，离婚和再婚对于幼儿社会性发展的影响）。此外，还有一种篇幅较短的写作，旨在对某个心理学主题提出自己的观点、向某个传统智慧提出挑战或就某个问题进行辩论，这类文章通常被称为**立场论文**（position paper）或**回应性论文**（reaction paper）。回应性论文的写作要求学生进行有说服力的论证，目的在于让读者仔细思考，并可能由此接受一种新观点（例如：日托中心对来自低收入家庭儿童的智力发展有积极影响）。

除了上面提到的写作形式，学生还可以通过其他形式的写作来对他们所学的内容做出反馈。例如，通过给同学写**信**（letter）描述自己对一个复杂的或有争议的问题的理解，可以很好地了解自己对这一问题的看法。由于信件本身的性质，写信这种方式迫使写作者尽量为对方把问题简单化，借助平实清晰的语言来陈述问题。有些学生发现，临下课前的**一分钟总结**（one-minute paper）可以帮助他们明确这堂课的关键信息（Cross & Angelo, 1988）。老师通常利用下课前的几分钟时间，让学生根据他的提示进行一分钟写作，借此评估学生的学习效果。例如，老师可能提示说："在今天的讨论中，你所学到的最重要的内容是什么？""今天的课程结束后，还有哪些问题是你不确定的？"（其他提示，see Cuseo, 2005）。此外，互联网的发展也催生了一种写作形式，我们称之为**博客**（blog）。博客，即**网**

络日志（weblog）的简称，是个人的在线日记，人们通过在博客上写作来与其他网络用户分享自己的想法和感受。学生通常使用博客让朋友和其他认识的人了解自己的生活近况与经历；一些学者包括心理学家，则用博客讨论研究问题。**日记**（daily journal）是学生常用的另一种写作方式，借此他们可以回顾自己在课上学到的内容，并思考如何将学到的知识运用到自己的经历中。除此之外，学生有时也需要撰写理论性论文（参见第五章第162页）、方法学论文和个案研究等。

1.3 APA 格式简介

许多心理学家和心理学专业的学生在撰写论文时，都会采用由美国心理学协会倡导的一种格式。这种格式通常被称为"APA 格式"，在《美国心理学协会出版手册》中有详细描述。采用 APA 格式的论文都遵循一种标准的结构组织，这种组织规定了特定信息在文章中应该呈现的位置与方式，以便让读者最大限度地从中受益。如果你阅读过心理学期刊中的文章，就会发现它们很多都是用 APA 格式写的。虽然并非所有的心理学论文都采用 APA 格式，但这种格式在心理学学科中的应用实在太普遍了，因此所有心理学专业的学生都应当熟悉它。

对于 APA 格式的介绍将会贯穿本书。在此之前，你可能已经对一些其他的常见写作格式十分熟悉了，例如由现代语言学协会（Modern Language Association, MLA）发行的《研究论文写作手册》（*MLA Handbook for Writers of Research Papers*）第 7 版（2009）或芝加哥大学出版社发行的《芝加哥手册》（*Manual of Style*）第 15 版（2003）中介绍的格式。同其他格式一样，APA 格式仅仅是组织和呈现研究成果的一种方法。这种格式起源于 1928 年，在心理学界的研究者、作者、编辑、出版商和学生中获得了广泛应用。此外，在商学、犯罪学、经济学、护理学、社会工作和社会学等领域的写作中，APA 格式的应用也很普遍。最近，美国心理学协会对 APA 格式完成了修订（*Publication Manual*, 2010）。

写作指南 1.1

保存写作过程中的所有材料

任何一篇写作都需要作者投入大量的时间和精力来完成。而写作过程留给写作者的不仅有最后的成品，通常还有失败的开始，包括被丢弃的起始句、没有用到的参考文献、无关紧要的段落、随手写在论文草稿上的笔记，甚至已经成形的、详细的写作大纲。很多时候，在写作终稿所用到的大量材料里，最初的一些好想法已经被漏掉了。

我相信，你应当保存至少一部分甚至是全部的你曾写过的材料。为什么要这么做？首先，有些导师希望看到你所有的思考过程，包括你在写作中走过的死胡同。最好的办法是用几个文件夹把你写出来的额外材料归档，这些材料都是描述你的想法发展过程的证据。功力深厚的写作者通常拥有数量可观的剩余材料，而水平较低的写作者往往只有一篇草稿，甚至一个孤零零的写作大纲。写作终究是一种工作，所以要从中挑选出努力工作的人并不难。

其次，我们经常会遇到这种情况，写一篇文章时没用到的材料在写其他文章时用到了。在一篇文章中没能用上的句子，或许用在另一篇文章中刚好合适；那些你花费了心血却没用上的文献引文或被忽视的段落也是如此。把它们保存起来，可能之后就会用到。我自己就会时常发现"剩余"资料，你也可以。记住一点，有效地利用旧材料也是一种创造的过程。

1.4 计划你的写作：时间就是一切

任何形式的写作都需要一定的计划。无论可用的时间是充裕还是紧张，你都可以计划你的写作。让我们一起来思考如何有效地利用可用的时间，去回答一道试题或写作一篇文章。

1.4.1 试题作答

论述题（essay question）是几乎所有心理学专业的学生都要面对的一种写作形式。这种问题出现在限时考试中，它的答案是开放性的，也就是说你必须根据自己对某个题目的了解和看法，来给出一个答案。这里有一道简短的论述题示例，要求答题者为一个术语下定义并进行简单的描述：

什么是"工作记忆"？

而有的论述题则要求答题者做出更长的回答，这样的试题包含不止一个问题，或者要求作答包含多个部分。示例如下：

弗洛伊德的性心理发展和人格理论取决于所谓"俄狄浦斯情结"的重要性。描述这一情结，并论述其是否处于意识层面。俄狄浦斯情结的本质对于男孩和女孩来说是否相同？无论你的答案是相同还是不同，请解释原因。

这个问题所要求的就不只是定义一两个术语了。答题者还必须对理论做出解释，提供证据支持自己的论述，并对男孩和女孩可能存在的不同体验建立区分。

学生处理论述题的方式经常是快速浏览题目，然后立刻写下脑海中涌现的内容。一个有质量的答案可能就在答题者急于填满试卷的过程中被舍弃了。如果作答前没有一个计划，学生就易于写下很多东西却抓不住问题的要领。

那么，怎样才能有计划地着手回答这类问题又不耽误时间呢？你可以遵循以下步骤：

1. 放下笔，阅读题目。
2. 花上几分钟思考一下这道题究竟要求答题者如何作答。你应该提供事实、观点，还是二者兼顾？
3. 再用一分钟，拿起笔，简略地写下你对这道题的回答纲要（关于提纲的写作建议，参见第四章第 78 页）。你想要表达的主要观点是什么？运用你在听课、课堂讨论和阅读中获得的材料来支持你的观点，并尽可能地提供具体的实例进行阐述。
4. 现在开始写作。根据你的答案纲要，用清楚明白的语言写下来。如果你的答案无法让人读懂，哪怕内容再好也难以得分。
5. 再读一遍问题和你的回答：你是否回应了问题中的每个要点？如果没有，修改你的答案。
6. 不要写太多。大多数老师青睐的是经过深思熟虑、直击问题核心的答案。

1.4.2　论文写作

写论文与答题相比，需要学生投入更多时间，但撰写一篇心理学论文需要的不仅仅是留出写作时间。你必须考虑到查阅文献资料和做实验所需要的时间，以及起草、写作和修改论文所需要的时间。完成一篇论文有大量工作要做，所以你必须在一开始就想好自己有多少时间来完成这一切。要完成更大的写作项目，组织工作非常关键，包括计划好每一项具体的活动并为完成这些活动分配好所需的时间。

1.4.3 基本时间线

图 1.1 是基本时间线的一个示例，你可以用它来完成任何一篇文章的写作。图中第一栏列出的是大多数心理学写作项目都会涉及的基本活动。你可以跳过任何一个与你正在写作的论文无关的活动。这张图还在适当的位置引用了来自本书其他部分的讨论或写作小窍门（例如活动 1，可参见第二章第 1 节关于选择研究主题的指导意见）。活动 5 包含两个部分，适用于写作 APA 格式的实证论文。对于图中没有列出的但符合你论文独特要求的活动，你可以将其添加到"其他活动"条目下。

想要有效地利用图 1.1，你首先要写下老师布置论文的时间（见图最上方）和你提交终稿的截止时间（见图最后一条横线）。然后，从截止时间向前推算：你有多少时间来完成这篇论文？为了更好地分配可用时间，你需要估计每项活动将要花费的时间，然后把这些基于经验所做的估计记录在图 1.1 的第二栏。那么，你在写作中会完全按图执行吗？为了赶上截止日期，是否有必要进行改动？实际上，调整写作时间表是很正常的，因为有些活动会比你预期的更快完成，而有些则会拖过原定日期。最后，图 1.1 的第三栏就用以记录每项活动的实际完成日期，以便你随时掌握自己的写作进度。

论文布置时间：_____

	估计完成时间 （小时数或天数）	实际完成日期
活动		
1. 确定研究主题（第二章第 1 节）	_____	_____
2. 检索图书馆资料（第二章第 3 节）	_____	_____
3. 阅读背景材料（第三章第 2 节）	_____	_____
4. 设计研究，收集数据	_____	_____
5. 撰写论文初稿（第四、第五章）	_____	_____
——起草结果部分（第五章第 132 页；第六章）	_____	_____
——制作表格或图表（第八章）	_____	_____
6. 设置参考文献格式（第七章第 3 节）	_____	_____
7. 校对初稿（第九章第 8 节）	_____	_____
8. 向导师或同学寻求反馈（第四章）	_____	_____
9. 修改论文（第四、第五章）	_____	_____
10. 校对修改后的论文（第九章第 8 节）	_____	_____

其他活动

_____　　_____　　_____

_____　　_____　　_____

论文提交截止时间：

_____

可选项：展示论文（参见第十章第 264 页—277 页）

图 1.1　心理学论文写作的时间线

来源：改编自 Dunn, 2010, 图 1.3。

1.5　写作习惯

在第一章即将结束之际，我们还要提到另一个与写作者的成长相关的话题，即你将在哪里进行写作？我建议你选择一个安静的、可以连续工作而不被打扰的地方。尽量让这个地方成为你写作的专用地点，你可以将学习或社交安排在其他地方。此外，这个地方最好光线充足，舒适但不会太豪华，并且完全没有会让你分心的事物（比如广播或电视）。当你准备写作的时候，记得关掉手机、收起 iPod。比如，我常常在家背对窗子写作，这样我就不会被窗外的景致或经过的人群分散注意力了。我们此前提到行为学家斯金纳每天都写作，而他每天都是一大早就在他剑桥家中的地下办公室开始写作。小说家斯蒂芬·金（Stephen King）在洗衣间旁边的一张小桌子上写完了一本书（King, 2000）。海明威（Ernest Hemingway）每天写作不超过三页，他还都是站着完成的。威廉·福克纳（William Faulkner）则是一边照管涡轮机，一边写完了《喧哗与骚动》（*The Sound and the Fury*），他宣称那些低沉、持续不断的蜂鸣声能帮助他思考。我们暂且不提这些作家的奇特癖好，这些例子说明了一个十分清楚的道理：选择一个适合你的地点来写作。

除了选择合适的写作地点，你可能还有一些自己的小习惯。有的写作者要先削尖铅笔，有的专在标准信笺簿上写作，还有的只在每天的同一时间写作（并且每天写作同样的时长）。我的小习惯非常简单：我喜欢在清晨写作，所以我总是在手边放一杯浓咖啡。尽你自己所需去营造舒适的环境并开始写作。当你在自己选择的空间内建立起一套惯例后，你会发现开始写作会变得越来越容易。

还有一点：优秀的写作者总是在写着。写作频率——你多长时间动一次笔或打开一次文字处理软件——和在哪里写作同样重要，甚至更为重要。

实际上，对散文创作来说，时长较短但更频繁的写作会使写作者更多产。你越经常写作，写作对你来说就会变得越容易。将写作变成一种日常习惯。记住：每天至少写作一行。

练 习

1. 从这一章中，你学到了哪些以前不知道的东西？

2. 用你自己的语言重写最近一堂课的笔记，加入一些连接词来展开和补充课上关于重要概念的举例。

3. 找一个适合每天写作的安静的地方。当你在那里写作时，先写一段话来描述你平常的写作习惯，然后再写一段来描述你想要养成的写作习惯。

4. 弄清楚频繁写作是否会提高你写作的流畅性。在每节课后，花 15 分钟写下你从当天的话题中学到的东西，以及你还想知道哪些内容。一个星期左右之后，再回头评价一下你在这些练习中写下的东西。

5. 记录你在写作中遇到的挑战。你是否有一些不好的写作习惯？为了培养好的写作习惯，你能做什么？

6. 连续两个星期撰写日志，记录自己每天用在写作上的时间有多少、在什么时间和什么地点写的、完成了多少页。然后，看一看写作的时间、地点和花费时长有没有影响你的写作效率。

第二章

心理学文献搜索

心理学是一门包罗万象的学科。你想要从哪个方面着手写作？选择一个研究主题是你作为一个写作者成长过程中十分重要的一步。在你开始认真写作之前，你必须先选择并研究一个主题。除非你的导师指派了某个研究主题给你，否则你是可以任意选择感兴趣的主题的。那么，如何选择一个值得去写的研究主题呢？如何搜索关于这个主题的有用信息呢？

2.1　选择一个研究主题

你必须从头开始，并选择吸引你的主题。有时这个选择是非常简单和显而易见的，但有时你则需要一些灵感才能有所选择。一般来说，研究主题主要有以下几种来源：

- **课程作业**：过去或当前的课程作业是可选研究主题的重要来源。查阅课程大纲或浏览教材中的目录：你最喜欢阅读哪部分内容？哪些章节理解起来有难度？你想对哪些主题有更深层次的了解？哪些问题你觉得没有得到足够的关注？
- **你的老师**：你的授课老师也是你获取论文想法的重要来源。询问你的老师，他能否从某一心理学分支领域中为你推荐一些重要的问题。
- **偶然事件**：在你的生活中或校园中，当前发生的哪些事可以作为一篇论文的主题？是否有一些在当地或国内引起争议的问题，可以被提炼为论文主题，或者带有显著的心理学因素？有一个老师兼研究者建议你在校园里转转，观察碰巧发生的行为（Martin, 1996）。当你观察他人的行为时，你想到了哪些方面的问题？这些看似无意义的想法是否可以被转变为一个研究主题呢？

- **经典研究**：有一种教学传统是让学生在概念上重复一例经典的研究。**概念性重复**（conceptual replication）指的是重复一个原始研究中的所有步骤，同时做出一些调整，增加一个新尝试，以便提出一个新问题。找到某一心理学分支领域内的经典实验，想一想你可以对该实验的原始假设做出怎样的改变，来就行为提出一些不同的问题。

- **拓展现有研究**：心理学文献中饱含了可以拓展新方向的现有研究。前往图书馆的期刊阅览室，浏览一些心理学期刊的目录。哪些文章吸引了你的注意？阅读这些文章的摘要，思考你可以如何拓展当前的研究成果？

- **悖论**：哪些心理事件与你对事物应该是如何的期待或信念相矛盾？你能指出一些与你的期待相悖或研究结论让你大吃一惊的日常经历吗？例如，哈佛大学社会心理学家丹尼尔·韦格纳（Daniel Wegner, 1989）就以不想记住的想法却讽刺般的挥之不去为基础展开了一个研究项目。他对俄国作家列夫·托尔斯泰（Leo Tolstoy）所讲的一个故事做了实证调查。托尔斯泰考验他的兄弟，让对方尽量试着不要去想白熊（你也可以尝试一下这个简单的实验）。但他的兄弟却没能做到，当他努力不去想白熊的时候反而反复体验到了"白熊想法"（当然，为了不去想某个事物，你必须先想到它）。这种控制心理的尝试不可避免地带来事与愿违的结果，这一具有讽刺意味的悖论恰恰凸显了人类处理信息的局限性。无疑，在我们的思想和行为中还有很多未被研究过的悖论，你能想到一些可以作为合理的研究项目的悖论吗？

心理学研究主题的其他来源

- 参加一个心理学研讨会，仔细倾听学者们的发言，他们的哪些想法你发现有吸引力、不可置信、无法理解，或者想要了解更多的相关知识。

- 和同伴一起进行头脑风暴，想出一系列可能的主题。

- 试一试自由写作（freewriting），这也是发现可能的论文主题的一种方式（参见第四章第 74 页）。

- 搜索专业的网络论坛，查看邮件清单，或者进入你能"潜水"的聊天室，以便在你感兴趣的领域里去发现一些广受欢迎或备受争论的话题。

- 浏览与心理学和社会科学有关的参考著作。

- 与心理学家交谈，了解他在研究和讲课中的兴趣点。

- 查看心理学教材中的问题回顾。

- 到图书馆的心理学书籍区域，看看是否有一些题目吸引你。

- 查询 PsycCRITIQUES（心理学评论数据库），该检索数据库收录了《当代心理学：美国心理学协会书评》（*Contemporary Psychology: APA Review of Books*）的全部书评。

- 浏览心理学论文、著作或教材的参考文献部分，寻找有趣的题目或主题。

- 浏览书籍的主题索引来定位关键词和专业术语，这些关键词或专业术语也许能够帮助你找到研究主题。

- 查阅美国心理学协会或心理科学协会（Association for Psychological Science, APS）最新出版的会议记录。

- 查找并阅读一些心理学家的博客，从中获取想法。

- 浏览报纸标题，了解当前的事件或争议，它们也许可以重新用作论文主题。

- 查看一些非学术性的杂志、网络杂志和博客中关于心理学研究成果的文章。

- **你自己**：你自己就是各种想法的一大来源。你最近在思考些什么？你每天都会有很多想法，也会想到很多问题，其中很大一部分与你自己的行为（"总之，我为什么要那样做？"）或他人的行动（"为什么菲尔在人多的时候总是那么喧闹？"）有关。再比如，你现在有什么恐惧、希望或梦想，它们能否发展成为一篇论文的主题呢？

2.1.1 坚持做研究笔记

在你思索可能的研究主题时，我有一个很有帮助的建议要给你：**准备一本研究笔记本**（research notebook）。任何时候都不要忘记带上这本笔记本，这样你就可以随时把你关于研究或写作的想法记下来。睡觉的时候，也把它放在你的床边。一旦你想到一个可能的研究主题，就把它写进你的笔记本。一本研究笔记本包含以下这些内容：

- 对研究主题的想法和观察资料
- 关于你的研究主题的问题
- 已有的心理学文献中的发现
- 关键术语的搜索历史（避免浪费时间重复搜索已查阅过的参考文献及网站）
- 对现有的研究发现给出见解和评论
- 关于写作和心理学的各种想法

你可以把与你的阅读材料、课堂笔记、偶然的想法有关的记录仅仅写在笔记本的右手页。之后，经过一些思考，你可以重新阅读这些记录并在空白的左手页上写下自己的见解。这样你就成功地把你的研究笔记本变成了一本**辩证笔记本**（dialectical notebook）。辩证的过程指的是对一个基于批判性讨论的研究主题的论证进行仔细的分析，这一过程通常需要强调对立观点的冲突之处。实际上，你把对你较早想法的见解写在左手页上，就是参与到与你自己的分析性讨论中了。基于你对人类行为的深刻理解，这些"自我讨论"的见解可以是论文主题的重要来源（Dunn, 2009）。

一些学生更喜欢在电脑文件中记录他们的研究笔记（Hult, 1996）。不过，除非你拥有一台笔记本电脑或掌上电子设备，或者你可以随时去图书馆用电脑，否则不如携带笔记本方便。无论你选择什么样的笔记本，都要确保你在**所有的**记录上都标注了日期，以便追踪你对于一个研究主题的思考过程（Thaiss & Sanford, 2000）。当你进一步提炼自己的主题时，记录下你把它聚焦到一个可处理的研究范围的过程。你会在原始想法的基础上做哪些改变？原始想法又是如何随着时间一点点改变、发展和成熟的？

此外，当你去图书馆查找资料时，研究笔记本也会证明它的重要价值。它可以用作一个便捷的资料库，记录你对阅读材料的思考及文献的名称、索引号等准确信息。但是我们暂且不谈这些，让我们回到聚焦某个研究主题的过程上，如果你有一本研究笔记本的话，这一活动便会顺利得多。

2.1.2　聚焦你的研究重点

一旦你确定了论文大概的主题范围，你就需要将你的研究重点聚焦到一个或几个具体的问题上去。这个过程通常分为两个部分。第一部分是确定你要研究的、在心理学文献范围内的主要问题。你的目标是查找在你之前的关于该主题的研究文献，阅读它们并判断哪些结论会对你的论文有用。第二部分是把你的问题转换成可以在实证研究中检验的问题或假设。这部分内容超出了本书所讲的范围，不过只要你做完第一部分的工作，有很多其他资料能够帮助你达成这第二部分的目标（e.g., Dunn, 2010; Martin, 1996; Rosnow & Rosenthal, 1996; Shaughnessy & Zechmeister, 1997）。

聚焦研究主题的第一个方法是用一个短语或句子来概括该主题。当某个主题**太宽泛**时，它可能是用仅仅几个单词加以概括的（比如，"短时记忆"）。在认知心理学中，记忆研究的一整块领域都致力于短时记忆研究，因此进一步提炼主题非常重要。想要写出一篇合理的论文，你就必须从某个角度切入短时记忆研究。在理想的情况下，第一遍聚焦主题后会得到一个描述性的句子，这个句子比一个宽泛的短语要多一点深度和细节。以下三个例子是经过这一过程后可能得到的论文主题：

- 当前关于短时记忆容量的研究在信息的保存量及存储方式上观点有所不同。
- 关于工作记忆与短时记忆是否真的是记忆的相同或不同部分，当前在研究界有争论。
- 或许短时记忆或工作记忆实际上是长时记忆的一部分，而非脱离长时记忆存在。

在上述每一例中，描述性的句子都表明了原先宽泛的主题范围现在已经有所聚焦了。

聚焦研究主题的第二个策略包括给它命名，然后完成句子的"提示"（Booth, Colomb, & Williams, 2003）。为了给某个主题命名，你可以在一个句子中描述它，通过填写类似下面横线所提示的空白区域：

我对研究 ＿＿＿＿＿＿＿＿ 感兴趣。

我正在研究 ＿＿＿＿＿＿＿＿ 。

我将要做关于 ＿＿＿＿＿＿＿＿ 的研究。

我对 ＿＿＿＿＿＿＿＿ 感到着迷。

我相信 ＿＿＿＿＿ 中的一个变化引起了 ＿＿＿＿＿ 中的一个变化。

通过填完这些句子中的任意一个提示，你开始确立一个值得调查的研究问题。你可以把基于这些提示的句子写在你的研究笔记本上。如果你觉得这些提示的开放性太大，你可以尝试用一种更加结构化的方式进行填写（Booth et al., 1995, p. 43）：

我对研究 ＿＿＿＿＿＿ 感兴趣，因为我想要查明谁 / 什么 / 何时 / 何处 / 是否 / 为什么 / 如何 ＿＿＿＿＿＿。

回答额外的关于谁、什么、何时等提示问题能够帮助你确认自己感兴趣的动机。此外，回应这第二种问题也可以帮助你就你想做的研究主题展开问题。哪些因素使得某个特定的心理学问题值得研究？你具体想要知道些什么？

一旦你的问题开始成形，你就可以去图书馆搜索相关的文章和书籍了。当你阅读文献、做笔记（参见第三章第 3 节）并开始了解你的问题的真正本质时，你应该为你的研究提供一个依据。你的研究一旦开始进行，确定依据是非常重要的一步，因为你的读者将会从你对研究主题的更深刻的理解中获益。当你着手研究后，你可以回到下面这个提示来观察你的研究依据是如何展开的（Booth et al., 1995, p. 44）：

为了查明如何 / 为什么 / 什么 ＿＿＿＿＿＿，我正在研究 ＿＿＿＿＿＿。

理想状态下，你最终会在你的研究笔记本上写下类似以下例子中的研究主题、问题和依据：

主题：我正在研究信息是如何存储在长时记忆中的。

问题：我正在研究信息是如何存储在长时记忆中的，因为我想要了解不同的复述策略的相对有效性。

依据：为了创设一个旨在促进对新信息的有效学习的实验，我正在研究信息是如何存储在长时记忆中的。

我们已经从一个宽泛的主题聚焦到一个具体的问题上了，这个过程以确定一个具体实验的依据而告终。现在我们可以增加第四个句子提示来强调研究主题的重要性（Booth el al., 1995）：

重要性：我正在研究信息是如何存储在长时记忆中的，这样我就能够证明研究结果如何在日常生活中得到实际应用。

任何一个论文主题或研究问题都可以在多个层面上进行审视。达到这样的深度通常预示着你所选择的研究主题是一个好主题，并且每个层面都会在你的写作中得以呈现。

2.2　过程概述：心理学文献搜索

当你确定了研究主题和焦点问题之后，你需要为搜索相关的、已经出版的文献制定一个计划。大多数计划包括五个基本步骤（详见下一页方框）。

你需要做的第一件事是前往图书馆，在一部关于心理学的综合性参考著作（a general reference work）中查阅你的研究主题。你通常可以在图书馆的参考书区域（第一步）或者通过图书馆的在线馆藏目录（第二步）找到这样的著作。使用你在综合性参考著作中查到的检索术语，在一个或多个心理学数据库中进行搜索，直到你找出足够多的相关参考文献（第三步）。查阅其他可用的数据库、印刷资料，甚至教材（第四步），最后把你查到的所有资料都集中起来，开始阅读和做笔记，然后设计你的研究项目或论文（第五步）。

搜索心理学文献的 5 个步骤

第一步：在**综合性心理学参考著作**（参见附录中的资源列表）中找到关于你的研究主题的条目。阅读这些条目并把其中的关键术语记下来。仔细检查每个条目的参考文献来获得有用的引用资料。你也可以查阅**其他的社会科学资源**（参见附录中的列表）。

第二步：在图书馆的**在线馆藏目录**中搜索更多的相关资料。一定要查询《美国国会图书馆标题表》（*Library of Congress Subject Headings*, 简称 *LCSH*）。

第三步：用你已经确定的关键术语在**专门的心理学数据库**（如 PsycINFO）中进行搜索，并把所有看上去与你的主题相关的资源记下来。

第四步：在其他可用的**在线数据库**中进行搜索，你也可以查阅**当地的印刷资料**。

第五步：把你找到的所有参考资料都收集起来（包括复印文献、借阅相关图书、标注相关网络资源），注意记下所有相关的参考书目信息，为进行实证研究工作和写论文做好准备。

　　如果经过这些步骤，你仍然没有找到足够的资料，你可能需要修改你的主题并从第一步重新开始。

2.3　在图书馆搜索资料

当你开始一个研究项目时，你的第一反应可能是去 Google 上搜索。千万不要这样做！以高校图书馆为主的学术图书馆拥有大量的期刊、图书、参考著作、电子数据库、纸质或电子索引、百科全书、词典、政府文件，以及一些珍藏的资料。比如说，你所在机构的图书馆就有能力维护各种各样的资源，来支持社会和行为科学的研究。无论你是亲自走入图书馆还是从网上打开图书馆的在线馆藏目录，图书馆都应该是你踏上研究之路的第一站。

2.3.1　心理学参考著作查阅指导

搜索图书馆资源，最好的开端是掌握关于研究主题的背景资料。除非你对自己的研究主题已经很熟悉了，否则一个综合的资源要比一个具体的资源更好。去你所在机构的图书馆的参考书区域，找到一部或多部综合性心理学参考著作，然后从中查阅自己的研究主题。本书的附录部分列出了心理学及其他社会科学中常见的参考文献，但别忘了在你的图书馆中也许还有其他值得查阅的资料。

当你浏览专门的心理学参考资料时，注意检查参考书区域的其他社会行为科学的资料，以确保你没有漏掉任何与你的论文主题相关的资料。如果你找到了其他学科的资源，注意记下笔记以备不时之需。

在图书馆搜索参考资料的一个重要原则是：向图书管理员寻求帮助。图书管理员受过专业训练，能够有效地查找几乎你能说出名称的任何主题的参考资料。这些专业人士不仅能够快速、高效地帮你找到完成一篇高质量的论文所需的信息，最好的一点是他们热衷于回答有难度的问题！

不过，除非你主动咨询图书管理员，否则他们无法给你提供专业帮助。

一些学生因为过于害羞而不去寻求帮助，另一些学生认为靠自己就能找到所需的资源。但是，如果不向我大学里面的图书管理员寻求帮助的话，我从不认为自己可以严谨地搜索心理学文献。他们有很多次帮助我，让我避免犯一些可笑的错误，避免漏掉一些有用的信息。你学校里面的图书管理员也能为你提供同样的服务，**前提是你必须主动去向他们寻求帮助**。如果可以的话，提前与图书管理员预约，这样他们就能向你展示在学校图书馆中所能找到的所有相关的心理学参考资料了。

2.3.2 使用在线馆藏目录

除了参考资料外，另一项重要的图书馆资源就是**在线馆藏目录**。图书馆在线馆藏目录是一个允许使用者现场或远程查询图书馆内全部内容的电子数据库。使用者可以输入书名、著者、关键词、主题词（后两者可结合）进行搜索。通过在线馆藏目录，使用者除了能查询图书，通常也能查询图书馆中的期刊、政府文件以及一些珍藏资料。如果你还不十分熟悉学校图书馆在线馆藏目录的范围，你可以报名参加图书馆的资源检索培训。当然，向图书馆管理员寻求帮助是更快捷的解决方式。

当你使用在线馆藏目录检索与你的主题相关的书籍时（第二步和第三步），首先从你已经知道姓名的研究者开始检索。接下来依次检索著者名、书名和关键词。线上目录通常与打印机相连，使你能够把检索到的著者名和书名打印出来。然后，你应该在《美国国会图书馆标题表》（2008—2009）中查找你的主题，以便确定相关的标题词。《美国国会图书馆标题表》是一部六卷本的指导手册，其编目大多与在线馆藏目录接近。它使你能够按照字母排列顺序去定位你的主题，进而找到更加具体的主题和相关的研究术语。而你找到的任意一个标题词，都可以输入在线馆藏目录进行检索。

当你使用在线馆藏目录查到一本书时，电脑屏幕上出现的信息与传统的

写作指南 2.1

资料的来源

在文献搜索中，我们发现并使用三种基本资料：

第一手资料（Primary sources）：写作心理学论文时使用的"未经加工的"原始材料构成第一手资料。它们可以分为两类。你在实验或实证调查中收集到的所有数据及你的研究发现可以被当作第一手资料；你所写作的用以描述你的假设、实证调查和研究结果的 APA 格式论文也是第一手资料。此外，由真正开展研究的调查者兼作者所写的心理学文献范围内的期刊文章、书籍、书籍章节和其他实证报告也是第一手资料。

第二手资料（Secondary sources）：在心理学中，第二手资料通常指写作者出于某种目的——比如说以一种新方向来扩展一个理论，或者将一个理论放在一个新的框架中——吸收了第一手资料后所做的注释或评论。像《心理学评论》（*Psychological Review*）和《心理学公报》（*Psychological Bulletin*）这样的期刊中的文章，以及像《心理学年鉴》（*Annual Review of Psychology*）这样的书籍中的章节都是第二手资料。此外，为整理文献而写的著作和针对专业读者所写的著作通常也是第二手资料。

第三手资料（Tertiary sources）：第三手资料通常是指写作者以第二手资料中得到的信息为基础为大众或外行读者而写的资料。第三手资料的目的在于分享信息而非对信息做出评价，因此落入这一分类的大部分出版物仅仅重述那些已知的信息。出现在百科全书、词典和手册中的心理学主题通常属于第三手资料。基本上，APA 格式的论文中是**不使用**第三手资料的。

目录卡片上的信息是非常相似的。出现的信息包括书名、著者，以及这本书的**索书号**（call number）。索书号是一系列字母和数字的组合，由国会图书馆决定。凭借它，你能找到一本书在图书馆中的确切位置。电脑屏幕上显示的信息还包括图书的出版日期、出版者、出版者所在城市，以及表明一本书如何被编入目录的主题关键词。此外，大多数的在线馆藏目录还会提供关于图书的简要描述，包括开本尺寸、页数、书中是否含有图表及索引等。

当你把你查到的所有书名和索书号打印出来后，你就可以在图书馆的相应书架上找到它们，并决定你应该借出哪些对你论文有用的著作。使用索书号查找馆藏图书非常简单，因为标记在每本书书脊底部的索书号是唯一的，而且馆藏图书全都是根据索书号放置在图书馆的相应区域和书架上的。还有一点需要注意：大多数的在线馆藏目录都能显示一本书是在架上还是已经借出，所以在去书架取书之前先检查一下它的馆藏状态，这样你就可以避免白跑一趟了。

2.3.3　心理学在线：使用数据库

学生们都强烈赞成学习使用电子信息资源来完成他们的研究和写作（Schultz & Salomon, 1990; see also Cameron & Hart, 1992; Joswick, 1994）。你也会赞成，因为借助电子数据库，你可以用最短的时间对心理学文献进行彻底的搜索（第四步）。最常用的一个电子数据库叫 PsycINFO（心理学文摘索引数据库）。这个数据库不仅包含了迄今为止心理学中的期刊、书籍和书籍章节的引用与摘要，还收录了教育学、护理学、精神病学和社会学中的这些资料。每月都会更新资料的 PsycINFO 是一个在线数据库，这意味着使用者可以通过网络进行连接。PsycINFO 数据库收录了从 1887 年至今的心理学资料，如果你所在的高校拥有这个数据库的使用权限，你就可以通过校园网来访问数据库。如今许多工作站都可以访问 PsycINFO 数据库，以便使用者可以阅读和打印可用的文摘和引用信息；有些工作站还能显示其所在图书馆馆藏中是否有使用者在数据库中找到的某一期刊。

在搜索之前考虑参加一个相关培训

使用 PsycINFO 数据库进行检索并不难，因为它不仅提供了用户友好的指示，而且它的软件也非常灵活。但是从长远角度看，为了节省你的时间和精力，你可以考虑在访问数据库之前先预约一个图书管理员以获得一些指导（Joswick, 1994）。我这么建议是因为有研究表明：30% 到 50% 的电子数据库用户都会遗漏相关材料（Sewell & Teitelbaum, 1986; see also Kirby & Miller, 1985; Nash & Wilson, 1991）。你可以用主题、著者、关键词或短语在 PsycINFO 中进行检索。很显然，你在文献搜索的最初阶段所确认的所有关键词和标题词都应该被用到这里来。

但是我要提醒你，PsycINFO 非常强大，以至于即便一个关键词或标题词所检索到的资料数量都会让你感到无所适从。PsycINFO 收录的资源覆盖全世界，所以你可能想要把你的搜索范围限制在英文出版物中（PsycINFO 数据库的一个特征，允许使用者基于某种特定语言来搜索）。不过，有时你也会检索到很少量的文献，甚至检索不到文献。不要下结论说数据库里没有关于你的研究主题的文献，而要考虑自己是否使用了正确的搜索术语。随着你使用数据库的经验越来越多，你将学会恰当地扩展或缩小你的搜索结果。

使用 PsycINFO 进行基本检索

大多数的高校图书馆都能为其师生提供 PsycINFO 数据库的访问服务。虽然都有数据库使用权限，但是不同的校园依赖不同的软件平台来支持数据库的运行，所以不同的校园访问和使用 PsycINFO 的方式会有很大不同。

一如既往，最好的建议是去你所在高校的图书馆并向图书馆管理员请教如何使用数据库。

　　一旦你进入了 PsycINFO 数据库，开始搜索研究资料的最好方法是输入和你的论文主题相关的主题词（subject terms）。主题词通常就是出现在关于某个主题的研究性出版物中的关键词。例如，你可以在教材中或在本书附录列出的任何资源和参考著作中找到主题词。此外，你还有一种选择可以找到主题词。PsycINFO 有一个功能允许用户找到可能的检索词。比如说，我想找到关于"压力"一词可能的检索词，我可以先输入这个单词，点击 "建议主题词"（Suggested Subject Terms）选项，然后点击 "确认"。几秒钟之后，屏幕上出现了一列 20 个与压力有关的检索词（例如，工作压力、慢性压力、经济压力等），接下来我就可以在 PsycINFO 数据库中输入上述任意一个检索词来搜索相关资料。

　　我决定搜索关于"社会压力"的出版物，于是我点击了 PsycINFO 中的"高级检索" 功能，在搜索框内输入该主题词，选择"主题"作为检索字段（一个可选的步骤），然后点击"检索"按钮。随即屏幕上出现了超过 1,350 条与 "社会压力" 这一主题有关的引文。显然，面对数量如此庞大的引文，我不可能逐一查看，所以就需要进一步筛选。幸运的是，PsycINFO 中的附加功能允许用户进一步限制检索结果（比如，社会压力和重度抑郁），包括只选择同行评审的期刊、限定出版时间，等等。PsycINFO 数据库是非常灵活和用户友好的，你可以在很短的时间里找到只与你的研究主题相关的参考资料。一旦你找到了，PsycINFO 允许你查看具体的引用信息，包括摘要或其他简短的概要，以及有用的书目信息（例如，期刊名、卷号、出版年份）。书目信息有助于你对资料进行定位或排序。当你熟悉如何使用 PsycINFO 后，你就能够轻松地搜索心理学文献了（关于检索电子数据库的更多想法，see McCarthy & Pusateri, 2006）。

2.4　网络搜索

心理学领域的教育和研究在互联网时代发生了翻天覆地的变化。"互联网"一词指的是由计算机相互连接而成的一个全球性网络。这个网络起源于几个大学之间相互分享信息的一个实验，现在它已经发展成为"信息高速公路"。事实上，你只要按几个键、点几下鼠标就可以获得你想知道的任何信息。因此，搜索什么信息、如何搜索信息就变成了你在研究和写作中需要考虑的非常重要的问题。

因为有各种搜索引擎的帮助，人们要在互联网中搜索信息是相当容易的。**搜索引擎**（search engine）是高级软件，旨在搜索和定位组织网站（organized Web sites）或仅仅用户输入的特定词语所出现的位置。全世界的计算机中运营着亿万个网站；面对如此庞杂的信息，搜索引擎要在很短的时间内整理这一切。排除法，即去除无关信息的同时保留有用信息的方法，驱动着互联网上的很多信息检索。为了找到你所需要的信息，你必须遵循一些基本的搜索规则，以免受挫或浪费宝贵的研究时间。

为了操纵使用图形界面（图像基本稳定地保持在电脑屏幕上）的互联网，用户必须输入一个统一资源定位符（uniform resource locator），即URL。一个URL就是一个网站的唯一地址，一旦你将其键入地址栏，将会迅速找到指定的网站。如果你输入的地址是错误的，你就无法打开该网站。此外，注意URL中是否包含大写字母，这常常也是重要的。一般情况下，你必须键入正确的大小写字母组合来取得文档路径或文件名。

在论文里引用网络上的资源时，你需要遵循以下三条准则：

- 当你引用网址时，要提供确切的信息，以便感兴趣的读者可以访问这些网站。

- 如果你引用的材料有数字对象标识符（digital object identifier, DOI），把它加入你的文献引用中。DOI 是一串专门的字母数字字符，能够识别和保持一个相对永久的、指向互联网上一个位置的链接。如果可以的话，在参考文献中列出 DOI 比给出 URL 更好。（关于如何在 APA 格式的参考文献中引用 DOI，具体指导参见第七章。）

- 当你使用网络材料时，要引用到具体的文件而非仅仅主页或网站（见图 2.1），以便读者用最快的时间找到相应的材料。

网络协议　　主机名　　　　文档路径　　　　文件名

http://www.somesite.org/locationofdoc/nov01/MySelf.html

网络协议（protocol）——具体说明了你的互联网软件与一个网站交换信息的方式（通常不区分大小写）。

主机名（host name）——命名了存储你所感兴趣的文件的服务器，通常是一个机构或个人主页的名字（通常不区分大小写）

文档路径和文件名——指引用户到他感兴趣的某个具体文档（通常区分大小写，因此需要注意大小写字母的具体组合）

图 2.1　一个典型的 URL 的组成部分

2.4.1　搜索与元搜索

　　想象一下你输入 URL 找到一个搜索引擎，然后在搜索区域里输入"心理学"这个词，你会找到什么？你一定会和我一样找到非常多的信息。在一次简单的示范中，我的搜索引擎立即识别出与心理学相关的 6 个子类别（组织好的网站集合，包含的链接指向认知心理学、社会心理学等）和

一些搜索引擎和重要的心理学网站

常用的搜索引擎

Google——*www.google.com*

Google Scholar——*www.googlescholar.com*

Bing（Microsoft）——*www.bing.com*

Altavista——*www.altavista.com*

AOL—Netscape——*www.search.netscape.com*

Excite——*www.excite.com*

WebCrawler——*www.webcrawler.com*

Yahoo!——*www.yahoo.com*

Lycos——*www.lycos.com*

元搜索引擎

Copernic——*www.copernic.com*

Ixquick——*www.ixquick.com*

Dogpile——*www.dogpile.com*

Metacrawler——*www.metacrawler.com*

心理学领域的一些重要网站

American Psychological Association——*www.apa.org*

American Psychological Association's search engine——*www. psychcrawler.com*

Association for Psychological Science——*www.psychologicalscience.org*

你所发现的有用的网址：

_____　　_____

_____　　_____

_____　　_____

注： 以上所有的 URL 前需加 "http://"。

166,000,000 个独立网页。从中我们可以得到一个重要的结论，使用具体的检索词比使用宽泛的检索词能搜索到更有用的信息。要写论文的人不可能一一浏览这些网站，哪怕只是一部分！为了提高搜索效率，你可以使用某个类别中的具体检索词开始搜索。

网络搜索的另一个选择是依赖**元搜索引擎**（metasearch engine），这种搜索引擎能为你在多个搜索引擎和网站的组织目录中进行搜索。元搜索引擎使用户能够利用具体的检索词来进行系统的、专业的信息检索。这样的搜索有时会成功（Barker, 2001）。上一页的方框中给出了一些常用的元搜索引擎和它们的 URL。

2.4.2 其他网络资源

除了搜索引擎和专业网站，还有其他四种常见的网络资源可供写作者使用，包括：在线期刊、在线词典、电子邮件列表、电子邮件。

在线期刊

如今，在线期刊越来越多地出现在包括心理学在内的各个学术领域。在线期刊和纸质期刊类似，但它的内容总是"虚拟的"，只能在网上查看。虽然在线期刊的名声在不断提升，但当写作者使用在线期刊文章作为想法或引文的来源时，仍然需要留意。聪明的写作者能够甄别某份在线期刊的内容是否经过了严格的筛选过程，就像许多纸质期刊所用的一样。是否所有在线提交的文章都经过了同行评审？大多数在线期刊的文章很可能经过了这一过程，但是如果你所访问的网站没有这些要求的话，你就需要去找另一份在线期刊了。你所查阅的在线期刊是否有编委会？如果有，编委会的成员是心理学专家吗？你可以通过查看期刊网站迅速解决这一担忧。此外，一个更加令人担心的问题是在线出版物的安全性问题（Pechenik,

2001）。读者和写作者能够确定那些虚拟文章中所用的原始数据（在虚拟出版之前或之后）没有经过修改吗，在线提交的文章总会被保存在某个永久的（并且可以永久访问的）电子研究档案库中吗？精通网络的编辑也许能够就这些问题提供一些保证，但还是要再一次提醒你，在你使用某个资源之前一定要先确保这个资源的可信度。

很多心理学专业的纸质期刊如今都可以在网上找到电子版，这在很大程度上帮助了那些无法获得纸质期刊的学生。如果你的图书馆没有订阅某些期刊，看看是否可以在网上找到它们。

在线词典

你的学术生涯到了此时此刻，你应该已经熟悉如何使用词典来查阅你遇到的任何一个字词的释义了。如今网络上有很多在线词典，这可能一点也不奇怪。想要了解任何一个字词的意思，你只要在搜索引擎中输入有疑问的字词加上"定义"（definition of）两个字就可以了。使用在线词典要比你正常地查词典——首先寻找你的词典（它应该时常就在你的电脑边），然后翻页、按字母顺序查找字词及其定义——更加节省时间和精力。在纸质词典中查找字词和释义可能需要 1 到 2 分钟，而使用在线词典只需几秒。当然，使用哪个在线词典查找字词释义取决于你自己，但我推荐你使用一个已被证实可靠的在线词典网站：www.merriam-webster.com。

电子邮件列表

很多心理学问题的讨论常常发生在网上，通过 Listserv[1] 电子邮件列表实现。每一个邮件列表就是围绕某个特定主题进行讨论的一个讨论组。你能想象到的几乎所有主题时时刻刻都有人在线讨论。你只需要订阅一个列

1　Listserv 是 Eric Thomas of France Individual 的注册商标。

表，就可以参与到该列表的讨论中，或者仅仅阅读其他订阅者的想法（在网上通常被称为"潜水"）。在你加入了一个邮件列表之后，来自其他订阅者的信息就会出现在你邮箱的收件箱里（有时会填满你的收件箱）。你可以通过回复他人的信息，或者发布自己的信息，来参与讨论。这些列表是你更加了解某个分支领域内当前正在争论的问题的好途径。如果关于某个主题或资源你有具体的问题要问，你可以发布信息，一般很快就会收到有想法的回复和建议。

电子邮件

最后一种有用的网络资源是电子邮件。写作者可以通过电子邮件直接联系研究者来获取特定的信息或材料，比如一些尚未出版或正在出版的文章副本。作为老师，我并不建议我的学生直接给心理学家写邮件，除非他们的问题没有办法通过其他途径获得解答。比如，研究者在文章中提出的某个问题所参考的是一篇至今仍未发表的研究。为了获取关于这份不公开的材料的信息，学生只能联系作者。你可以查看出版物上的作者简介或作者所在机构的网络主页，来获取作者的邮箱地址。大多数高校都会列出教职人员的邮箱地址或个人主页。为了确保你的问题值得给作者发邮件，你可以向你的老师征求建议。

2.4.3　使用网络：买者当心

拉丁谚语"caveat emptor"可以被译为"买者当心"。换句话说，在你决定购买一件物品之前，你要确保自己做了正确的决定。毕竟，事后要为你的选择和随之而来的错误负责任的只有你自己。同样，在你为了研究而使用网络资源时，你也必须小心谨慎。互联网是一个强大的工具，毫不夸张地说，它使你通过指尖就可以接触整个世界。凭借网络，你可以在几秒

关于使用互联网资源写作心理学论文的指导

- **互联网不是唯一的搜索工具。**只有在你使用了在线馆藏目录、PsycINFO 数据库和其他资源搜索资料之后，再使用互联网进行搜索。

- **带着目标搜索。**使用特定的术语或作者名有目的地搜索，不要漫无目的地浏览，幻想会在众多心理学信息中无意间挖到宝藏。

- **控制网络搜索的时间。**限定自己在网上搜索资料的时间，并严格遵守时间限制。当我在图书馆（参见第一条）里完成了心理学文献的基本搜索之后，我会允许自己进行不超过一个小时的网络搜索。浏览网络实在太容易浪费宝贵的写作时间了。

- **不要完全相信在网上读到或遇到的东西。**做一个有怀疑和批判精神的网络使用者。记住：在网上并没有任何人或机构去查证资源的准确性。你得靠自己去决定，所以在论文中谨慎引用网上的信息。

- **仔细选择网站。**选择那些显然由全国性的专业机构资助的心理学网站，或者由活跃在心理学领域的专业人士维持的网站。

- **注意：知识日新月异。**网站的出现和消失没有警告也没有前奏。任何时候当你决定在论文中引用网站信息时，要核实这个网站仍然存在。

- **有选择地使用网络资源，网络本身无选择性。**网络搜索通常基于词条搜索而非术语或索引搜索（参见元搜索），这意味着一个单词或短语在互联网上出现的所有位置，都会显现在搜索结果里（回忆前文搜索"心理学"这个词的结果）。大多数的搜索引擎会提供关于如何限定搜索结果的建议，你应该在继续搜索之前阅读这些建议。

- **避免网络成瘾。**如今有太多的学生变得过度依赖网络。别忘了，在网络出现以前，多少代大学生都能够不依靠网络来做研究，并且写出了高质量的论文。友善提醒：要正确地使用互联网这个有用的工具。

钟之内找到关于心理学的任何知识，这使传统的图书馆搜索（几乎）可以被视为一件过去的事，一件可以高兴摆脱的苦差事。但你千万不要这么认为。互联网确实是一个节省时间的极好的工具，但是没有什么能够代替你去阅读和仔细评估你所使用的资源。学会鉴别材料的真实性是你成为心理学写作者的一门必修课。当你使用网络资源时，不要忘记问自己以下几个问题：

- 我如何知道这个资源是真实的、有效的、可靠的？
- 这个研究材料有经过任何形式的同行评审吗？
- 这个在网上找到的研究资料之前有在某地出版过吗？如果没有，为什么？如果有，那么网上的研究报告与原始出版物相同吗？

本书第三章和第七章为你提供了更多关于如何鉴定心理学参考文献的质量和有用性的建议。

2.5　记录参考文献

所有写作者都要面临一个基本任务，那就是详细地记录他们所使用的参考文献。学术指导准则要求写作者把所有从他人作品中获得的想法都恰当地记录下来（参见第三章和第七章）。除去这一学术上的要求，记录参考文献还有更加实际的考虑。如果你没有准确地记录你所查阅的期刊文章或书籍，那你可能无法再次定位一个特定资料的来源。按专业指导准则规定，如果你不能准确地提供资料来源，你就无权使用它。此外，你从心理学文献中借鉴的资料不仅仅为你所用，还为你的读者服务，他们可能出于各种目的也想要查阅这些资料。如果你的读者因为你所提供的参考书目信息不完整或有错误而无法找到你所引用的资料，这将会是你学术失德的证明（APA, 2010）和缺乏判断的表现。现在学习这重要的一课，可以让你在将来从中获益：记录你的参考文献。

2.5.1　在文献目录中记录参考文献

有很多方法能够帮助你记录参考文献。你可以一直带着你的研究笔记本，以便记录有价值的参考文献的相关信息。当然，每一条记录都应该标注上日期。

一个更加传统的方法是建立并维护**参考文献目录**（bibliography）。一份参考文献目录列出了关于某个主题的或由某个作者所写的参考文章和书籍。当你研究你的论文主题并且开始收集参考文献时，你就在创建一份属于你论文的参考文献目录。为了节省时间，一个好办法是在你第一次看到某个有用的资料时，就把它的书目信息准确地记录下来。这样，一旦着手写作论文，你只需要查阅参考文献目录就可以追查具体的资料了。

建立参考文献目录的三个基本方法：

1. 在你的研究笔记本中记录完整的引用文献信息，等论文写完后再按照字母顺序排列。
2. 在电脑文件中创建一份按字母顺序排列的参考文献目录。很多软件程序可以为你完成这一工作。
3. 制作一套按照字母顺序排列的笔记卡片（也就是索引卡），卡片上记录了完整的引用信息。

不管你选择哪个方法，只要确保养成记录参考文献的习惯就好。在"写作指南2.2"中描述了另一种建立标准的参考文献目录的方法，同时强调了引用时应该记录的基本信息。

写作指南 2.2

引用分类：根据参考文献的相关性迅速做出决定

医学术语"分诊"（triage）指的是决定是否给予进一步治疗和给谁治疗的分类过程。写作者和研究者也必须对参考文献的可行性做出相似的决定，即哪些文献要保留，哪些要放弃。一旦你浏览或阅读完一篇文献，并且决定保留它，你需要**将文献第一页影印下来**并存放在安全的地方（Scott et al., 1999; see also Booth et al., 1995）。为什么要这样做？因为没有比丢失参考文献的记录然后试着重新寻找它更加糟糕的事情了。而且，也没有比在论文写作的最后阶段发现自己因为缺少引用信息的某些细节而无法完成论文的参考文献部分更加恼人的事情了。

影印的文献首页通常包含了你在引用一篇参考文献时所需要的所有细节。如果没有，那么在将它仔细归档之前，你可以快速地在影印页上写下缺失的信息。我向你保证，这一简单的记录行动会帮你节省宝贵的时间，避免你在计划之外返回图书馆，返回（现在已重新上架的）书籍与期刊的迷宫。所以，为什么不在一开始就把你需要的东西都准备好并准备对呢？

对于那些通过了你的分类测试的研究资料，你需要记录的关键的细节信息有：

- 著者名，包括名字（first name）和中间名（middle name）的首字母
- 编者名，包括名字和中间名的首字母
- 资料的标题（包括小标题）
- 书籍版次
- 完整的期刊名（不要有缩写）
- 期刊或参考性著作的卷号
- 期刊的期号
- 书籍或论文集的出版社

· 书籍或论文集的出版地

· 出版年份

· 所有页码，尤其是期刊文章和书籍章节的页码

· 口头汇报、海报展示、演讲、研讨会等的日期和地点

· 馆藏图书的索书号

· 在线资源的 URL 和 DOI（如果有的话）及检索日期

练　习

1. 关于搜索心理学文献，列出三条你学到的方法。

2. 在你的研究笔记本中，对三个可能的研究主题各写一句话描述你的想法。或者，通过填写句子的空白主干找到可能的主题。必要时缩小主题的范围。

3. 选择一个主题，运用你能够支配的资源进行文献搜索。在你的研究笔记本上创建一个参考文献目录，先列出五条文献的信息。

4. 关于你的研究主题的第一手、第二手和第三手资料，去图书馆分别查找一个实例。

5. 在网络搜索引擎中输入一个心理学主题，点击查看你所得到的前五个链接。这些网站的相似性有多大？这些信息看上去是可靠的还是有争议的？哪些线索让你得出了这样的判断？

6. 通过查阅本书附录中列出的一部或两部参考性著作，查找与你在练习 2 中使用的主题想法有关的术语。你找到的词条用处有多大？

7. 找到一种心理学在线期刊。它是否有同行评审的过程？这个评审过程看起来是否严格？为什么或为什么不严格？

第三章

阅读心理学文献

阅读等于是用他人的而非自己的头脑去思考。

——叔本华（Arthur Schopenhauer, 1788—1860）

阅读就是通过别人的眼睛和思想去看世界，是用一种间接的方式去学习、去了解和去联系。阅读是令人兴奋的、充满挑战的，甚至是令人愉快的，它是让写作者成长为专家的一项必不可少的活动。阅读先于写作，好的写作者都是贪婪的阅读者。想要写出好文章，你先要学会通过评估和筛选论点、理论及研究发现来读好文献。你阅读的文献越多，你能写的内容就越多。在阅读的过程中，你会学到许多新的单词和概念，这有助于你扩充自己的心理学词汇和知识储备。最终，你所储备的某些词汇和想法将会影响你的思考和写作。此外，阅读还可以让你接触不同的写作风格，让你向心理学领域的众多学者和研究者学习。也许有一天，你也可以赶上他们。

在本章中，我会提供一些关于如何阅读和评估心理学文献的建议，以便你决定它们是否能有效地补充你的论文。我也会提供一些关于如何做笔记和避免抄袭的建议。不过在讲述这些主题之前，我想先聚焦于影响心理学阅读与写作的一个重要问题上：科学学术期刊的首要地位。

3.1 科学的层级：为什么期刊是第一位的

对于心理学家来说，他们生活的一个事实就是：大部分规范的学术研究都会发表在心理学期刊上。**期刊**（journal）是一种专业的、定期的、有主题的、装订成册的出版物，通常每一个月左右出版一次。期刊中包含APA格式的研究报告。目前心理学期刊的种类有数百种，涉及的研究领域非常广泛（参见附录中的举例）。决定期刊实力的两个重要因素是期刊的发行量，以及期刊内容、范围和目的的多样性。基本上你能想到的任何主题，无论它是否在心理学领域，你都能找到相关的期刊。

一些期刊的质量被认为高于其他期刊，是由它们的科学严谨程度、论文发表者的学术地位以及其他相关的学术准则所决定的。高质量的期刊都有同行评审的过程，这意味着作者要把他的论文提交给期刊编辑，并且知道他的论文会被同一领域的其他专家阅读和评价，而那些专家会就论文的科学价值做出批判性的评论。最终，这篇论文是否会被接受和出版，由同行评审专家与期刊编辑一起决定。高质量期刊的另一个特征是相对较高的退稿率（通常在 80% 或更高）；只有少量的文章能被接受发表，这证明它们拥有更高的价值地位。

还有哪些原因使期刊在心理学领域有着特殊地位呢？这些学术期刊既是**及时的**（timely）又是**有时限的**（time bound）。期刊是定期出版的，这意味着发表在期刊上的论文相对来说都是最新的研究发现。我用"相对"一词是因为大部分的期刊存在一定的出版时滞，所以一篇论文在被接受出版之后，可能需要几个月甚至一年的时间才会被交付印刷。常常论文还在出版过程中，研究者兼作者却已经突破了这些论文所涉及的研究问题和发现，向前迈出了很远。尽管如此，发表在期刊中的研究还是相对及时的，并且及时性对于想要了解心理学最新进展的研究者来说是非常重要的。及时性是期刊非常大的优点，与书籍的"永久性"相比，它们通常是新资料更好的来源。

然而，期刊的时限性本质提醒我们一件很重要的事。无论何时，当你依靠期刊文章获取信息时，一定要确认这篇文章准确地体现了某个领域对一个主题的最新理解。因为由同一作者或其他作者所做的后续研究，可能会取代当前论文中的研究发现。而且，一些相关的研究进展也不必然会发表在同一个期刊上。因此，你必须查阅更多期刊，以便了解最新的研究进展。

最后，期刊讨论具体的问题，以类似的格式展示已有的研究。一篇期刊文章可能综述已有的理论或展现实证研究的数据，但它是通过讨论涉及人类行为某一方面的一个具体的、实质性的问题来做这些的。基于以上几点原因，期刊在心理科学研究领域有着核心的地位。

3.2　如何阅读和评估文献

同写作一样，阅读也应该在一个安静的地方、带着一定的目的、不分心地进行。当你阅读一部长篇小说或推理小说时，你的目的是寻求快乐和消遣。通过阅读来体验他人的思想是非常有趣的事情。不管是解开一个犯罪谜题、确定"谁是罪犯"，还是阅读一个冒险故事、一出戏剧或一则生活趣事，都是非常吸引人同时令人感到满足的活动。

但是阅读心理学文献不只是为了寻求快乐和自我启迪，你还有其他的事要做。你的任务是通过处理现有的知识来扩充你的知识。你在主动地寻找问题的答案，所以你必须去搜集与你的想法和观点相关的信息。对于你找到的所有信息，尽管只有一部分会出现在你的论文中，但你必须一一加以阅读和评估。你在阅读中的态度应该是分析的、怀疑的、整合的：从已经知道的信息中，有哪些可以被利用？这个研究是真实的、严谨的和可靠的吗？已有的研究是验证了你的研究假设，还是与你的研究假设相矛盾？哪些信息改变了你原来了解的事情？

为了回答这些问题，你需要辨认出心理学中的优质资料。区分优质和劣质资料的能力，一部分基于你的阅读经验，一部分基于你遵循可靠的阅读指导的能力。下面提供的阅读指导虽然谈不上是金科玉律，但它们能够帮助你在心理学文献中找出有用的资料。

- **专业的而非大众的：** 阅读心理学家写给同行专家的学术文章，而不是写给普通读者的大众读物。比如，在压力及应对方式的研究上，《社会与临床心理学杂志》（*Journal of Social and Clinical Psychology*）是比《今日心理学》（*Psychology Today*）、《时代》（*Time*）等杂志更好的资料来源。

- **聚焦于你试图回答的问题上：** 如果你对母婴之间的情感依恋感兴趣，那么你要避免阅读关于人类发展的综合性著作，或者阅读具体研究父子关系或兄弟姐妹关系的文章。

- **实证性的：** 实证论文或著作不仅建立在科学调查的基础上，而且经得起独立验证。总的来说，尽管严谨的观察研究、相关性研究和质性研究也很有意义，但最好的研究方法还是实验研究。

- **第一手资料：** 第一手资料描述了由心理学家撰写的他所做的原始研究的结果。（参见写作指南 2.1）。

- **经常被其他心理学家引用：** 要判断一篇学术论文或一部学术著作的价值，一个很好的经验法则就是看它对其他研究者冲击和影响。能

□ 检查清单：评估是否使用某个资料

□该资料是否专业的？

□该资料是否聚焦于你的研究问题？

□该资料是否实证性的？

□该资料是否属于第一手资料？

□如果该资料不是最近出版的，它是否经常在文献中被引用？被心理学家引用？如果不是被心理学家引用的，那又是被哪些人引用的？

□该资料是最近的吗？

□该资料是可获得的吗？

被其他研究者采用的研究就是一个好研究。

- **最近的：** 及时性在学术的发展中非常重要，最新的研究结果能够改变既有认知。
- **可获得的：** 只有当你能够获得一篇文章或一本书时，这个资源才是有用的。

3.2.1　如何阅读期刊文章

期刊文章提供了一个观察……心理学内部研究方式的窗口。这些文章记录了……心理学家是如何构想研究假设、设计实证研究、分析收集到的观察资料和解释他们的研究结果的。此外，期刊文章还提供了宝贵的存档功能：文章中充满了学科常识和心理学家个人累积的知识。（Jordan & Zanna, 1999, p. 461）

阅读期刊文章不是一个消极被动的活动。利用已有的阅读经验，要学习阅读一篇期刊文章并非难事，但是文本中丰富的事实和缜密的论证需要你花时间去适应（掌握它们有助于你学习写作研究报告，了解这一点会让它们看起来不那么可怕）。

写作者就是在研究写作资料时遵循了特定指导准则的读者，这些指导准则包括（Williams and Brydon-Miller, 1997）：

- **不要仓促阅读，有很多文献需要反复阅读。** 阅读总是要花费时间的，尤其是阅读一些专业的资料。给你自己预留足够的时间来阅读。不要仓促阅读，否则你会遗漏资料中的细节，或者读完之后回想不起什么信息。要知道很多资料是需要反复阅读的。

- **手边必须常备一本词典**。没有人认识一种语言中需要知道的所有单词。无论你是多大年纪、有多少经验，你总会碰到一些没有见过的单词。每当你碰到一个不熟的单词时（例如 encomium, supernumerary），记得停下来查一下词典（现在立马查一下这两个单词的意思）。

- **读者必须具有合理的怀疑精神**。合理的怀疑是指愿意全面且仔细地评价任何一篇心理学文献中呈现的观点。具有合理的怀疑精神就是在接受某些结论之前先检验它们：该文献的假设是否正确？作者对研究结果的解释恰当吗？该理论合理吗？

- **边读边写**。阅读文献时不要忘了做笔记，快速记下重要的引文。如果你所读的书或论文是属于你的，那你可以圈划重点并在空白的地方记下你的想法。相比于仅仅阅读，边读边写可以让你学到更多的东西。

- **解释是有多种可能的**。你的观点很重要。对于一个心理学问题，没有作者能给出决定性的或"正确的"答案。作为读者，我们可以自由地质疑作者的答案，甚至用我们自己的解释去替代作者的观点。我们要鼓励不同的观点，而非打压。

积极地质疑你读到的内容

　　具体阅读一篇期刊文章的情况又是怎样？我们应该如何完成这样的阅读？我的回答是你应该以一种批评的、评价的方式来完成，即提出问题然后寻找答案。当你阅读一篇期刊文章时，针对每个部分问你自己以下几个问题：

- **题目和摘要**：文章题目告诉了你关于研究的哪些信息？摘要是否提

供了关于研究假设、研究设计、研究结果和讨论部分的足够信息？
你还需要知道哪些信息？

- **引言**：这篇文章要研究什么问题？为什么要研究这个问题？这一研究提供了哪些具体的创新之处弥补了以往的研究不足？研究者希望获得什么样的答案？

- **方法**：谁是研究参与者？学生？成人？白鼠（rattus Norvegicus）？这一研究的操作化——将研究假设转化为可以实证检验的研究问题——本质是什么？研究的操作化是合理的吗？研究者操控了哪些自变量？测量了哪些因变量（结果变量）？所有的实验指导语、问卷或调查表都是清楚的吗？

- **结果**：有什么证据可以证明实验的所有操控和测量都是有效的？主

阅读期刊文章时需要思考的问题

- 文章引言部分的文献综述是否为研究问题提供了充足的信息？是否定义了一些关键术语？

- 是否存在一个实验对照组？如果不存在，研究者有解释原因吗？这些解释合理吗？

- 文章的方法部分是否解释得足够详细，以至于任何人都可以重复这项研究？如果不是，被漏掉的细节是什么？

- 实验参与者是否经过抽样、选择和（或）随机分配到不同的实验组？他们是否具有代表性？该研究的样本量是否足够大？

- 即便你不了解作者为了获得研究结果所使用的统计分析方法，你还能够理解作者对研究结果的描述吗？研究中附带的表格和（或）图表是帮助还是阻碍了你对研究结果的理解？

- 该研究的意义是否令人信服，是否提高了研究的可信度？

- 该研究可以如何改进？你有哪些具体的建议？

要的研究假设得到支持了吗？主要的研究发现是什么？研究者是否用了和这些研究发现一致的行为术语来解释它们？

- **讨论**：本研究如何增加了我们对已知主题的了解？该研究是否解答了一些问题？它解答了哪些问题？它引出新问题了吗？具体是什么问题？它的实际意义和理论意义是什么？针对这一研究结论接下来可以做些什么？

思考这些问题也有助于你写作和修改自己的文章。此外，如果你阅读的是关于实证研究的文章，还有一些问题值得关注（参见上页方框）。

3.2.2　略读：做一个快速的预先阅读

我上过一门教你如何快速阅读的课，然后在 20 分钟内读完了《战争与和平》。它跟俄罗斯有关。

——伍迪·艾伦（Woody Allen）

有时候写作者需要对一篇研究的全部内容有一个快速、可靠的了解，但是他又没有时间来仔细研读。在这样的情况下，他就需要做一个预先阅读或**略读**（skimming）。略读不是一场比赛，它必须在写作者认真的考虑下进行。通过略读材料来寻找其中的关键问题和想法，是了解这些材料是否与你的论文相关的**第一步**。当你起草自己的论文时，你可以更为仔细地阅读这些材料。

在你阅读的过程中，你还要记住一点：没有一个研究是完美和全面的。研究中总有一些未被回答的问题，一些比你想要知道的更多的东西。正如已故的统计学家雅各布·科恩（Jacob Cohen, 1990, p. 1311）写道：

略读一篇研究性文章的步骤

略读一篇研究性文章有五个步骤（Booth et al., 2003）。略读时，别忘了拿起笔来记下文章的要点。

第一步：对文章整体有一个初步了解。为了快速了解一篇实证研究文章的大体内容，你可以：

- 阅读摘要。
- 这篇文章是最近发表的还是以前发表的？
- 这篇文章所在期刊的质量如何？发表在该期刊上的有哪类文章？提交的文章要经过同行评审吗？
- 你对这篇文章的作者有了解吗？他是心理学领域内或关于这一研究主题的公认的专家吗？
- 看一下文章每个主要部分下的标题（它们构成了文章大纲）。
- 快速浏览参考文献部分，找到熟悉的和新的引用。

第二步：识别文章的主要论点。阅读引言部分的最后几段来找到这篇文章的研究假设。当你了解了研究的主要问题后，转向讨论部分去看看这一研究问题在多大程度上得到了支持，写作者是否对今后的研究工作给出了暗示。如果在讨论部分很难快速找到详细的信息，那么略读结果部分。

第三步：查找支持性的要点。如果文章的研究假设和研究发现都非常清楚，你就可以决定是否应该保留这篇文章，以便将来进一步细读。如果你仍然不确定，那么重复第二步。或者，你可以在文章的每一部分发现一些句子，这些句子是作者想要提出的支持论点的具体要点。你可以通过一些过渡性的词语（例如，"首先……""其次……""最后……"等）来找到那些支持性的要点。略读这些词语后面的内容，以此评估每个要点在支持主要论点上所贡献的价值。

第四步：浏览关键主题。浏览整篇文章，查看与你的研究相关的所有关键的主题或概念（尤其是你不熟悉的）。检查一下你之前放弃的文章或其他资料中是否有出现过这些关键主题。如果真的有，你可能需要重新阅读之前的文献。

第五步：根据需要，略读段落。前四个步骤应该会让你对这篇文章有一个比较好的了解。如果你对文章所要探讨的问题范围仍然感到不是很清楚，那么略读文中的每一个段落来抓住其大意。

略读一本书

上面提到的略读一篇文章的五个步骤也同样适用于略读一本书（Booth, Colomb, & Williams, 1995）。你可以把一本书的每一章都看作一篇文章，然后运用上面的第二到第四步来略读。代替上面的第一步，你可以：

- 快速浏览这本书的序言部分。
- 检查目录，看一下概述的、总结的和（或）结论性的章节。
- 查看独立的章节及其标题（这些标题组成了这本书的大纲）；阅读每一章的（简短的）小结。
- 扫一眼参考文献部分，注意最新的引用及其作者。
- 略读索引部分，找到书中频繁引用的一些术语和主题。

一个成功的研究并没有彻底地解决一个问题，它只是在某种程度上使某个理论上的观点看起来更有可能性。

必然地，总是有更多的东西需要去了解。

3.3　阅读时做笔记

做笔记是一项重要的技能。你的目标是用几句话来简要概括你所阅读的文献的主要观点，并把这些观点融入你自己对研究主题的思考中。如果没有特殊的原因需要你具体记录原文，那么做笔记时最好还是用你自己的语言来概括你所读到的内容。这样做有两个好处：第一，避免抄袭（下面会详细讨论）；第二，积极地思考别人的观点，以便将它们变成你"自己的"观点，将它们与你已经知道的其他信息整合起来。被动地做笔记，比如抄写材料、用马克笔标记文中的内容，并不会帮助你记住读过的文献。你不妨还是将原始资料带在身边，这样需要的时候就可以随时查阅。做笔记时，你应该自由地思考，并且集中在你的写作上。

3.3.1　使用笔记卡片

在笔记卡片（带线或不带线的 3 英寸 ×5 英寸大小的索引卡）上做笔记是一个可贵的传统。在我们这个普遍使用笔记本电脑和掌上电子设备的年代，使用笔记卡片看起来明显有些过时。但是，尽管科技飞速发展，笔记卡片仍然是一个便捷的为研究性论文做笔记的方法。使用笔记卡片的主要优点是：它迫使你用简洁的语言来记录你所读到的最重要的观点。如果你还要在一张笔记卡片上记录必要的参考文献信息的话（参见写作指南2.2），那你就只能写几个核心的句子了。

一张典型的笔记卡片可以包括：简要的引文；关键术语及其定义；简短概括的研究发现、理论或假设；阅读中想到的一些问题，这些问题有可能发展成一篇论文的论点；或者你对一篇文章或一本书的评价（"有争议的想法但是过度专业的写作"）。笔记卡片最上面的几行要用来包含书籍或论文的来源信息，在这些信息的下面才开始做关于这本书或这篇论文的

做笔记 101：关于做好笔记的一些建议

- 用蓝色或蓝黑色墨水的笔来做笔记。其他颜色的墨水看久了对眼睛不好，而且很快就会褪色。

- 用你惯用的手写形式（正体、草体均可）来做笔记，你能够清晰地辨认就好。

- 不要对整本书的内容做笔记，而是对书的最后一章或总结性的章节做笔记。通常，作者会在这些章节里重述全书的重要主题，并把所有零散的概念性内容密切地串联起来。

- 如果你阅读的文献是一本书，那么千万别忘了对作者的"自序"做笔记。大部分的作者都会在序言里解释他们的意图，以及他们的工作与已有研究如何不同。

- 避免对作者以外的人所写的序做笔记，"他序"的用处通常不大。在很多书中，"他序"是由作者的朋友写的，所以其内容多是赞美之辞，而非对这本书的内容给出批评或严肃的评价。

- 当你浏览期刊时，为了节省时间，第一遍可以只读文章的摘要部分。从简短的摘要中记录下这一研究的假设、方法、发现和含义。当你准备深入阅读这篇文章时，再回头查阅这些笔记。

- 绝对不要在你累了或困了的时候做笔记；你这时做的笔记不仅字迹潦草、语无伦次，而且很可能是错的。

来源：改编自 Dana S. Dunn, *The Practical Researcher: A Student Guide to Conducting Psychological Research*, Second Edition, p. 99, Wiley–Blackwell, 2010.

笔记。一些研究者（包括我）喜欢在笔记卡片的左下角写上一个词来做标记，比如当笔记卡片上概括了一部作品的研究范围时就在左下角写上"概要"一词，当笔记卡片上引用了原文中准确的内容时就在左下角写上"引文"一词。这样，你在写作的时候就能很快确定每张卡片上的内容了。最后，只要你一直保存着这些笔记卡片，一般关于同一个文献就会有好几张笔记卡片。

3.3.2　使用研究笔记本

　　也有很多写作者不使用笔记卡片而用一本小的笔记本来记录同样的信息。你的研究笔记本（参见第二章第 24 页）就可以用于这一目的。使用笔记本的一个好处是：它的所有纸页都是装订在一起的，不像笔记卡片那样是松散的，这样就可以防止重要的笔记丢失。一些学生运用"两页法"来做笔记和起草论文。打开你的笔记本，可以看到两张空白页：左一页、右一页。你可以在左页上做笔记，就像在笔记卡片上做笔记一样。之后，当你再次阅读这些笔记时，可以在右页上简要地写下你的想法和回应。（这一过程与第二章第 24 页描述的辩证的过程有点不同。）

　　参见上一页方框中列出的一些记笔记的技巧，这些技巧可以提高你的研究效率，并使你的研究更加严谨。

3.4　识别和预防剽窃

　　一个写作者所能犯的最严重的过错之一就是剽窃（plagiarize），也就是逐字抄写另一个人的文字和观点，并把它们当作自己的。故意剽窃他人的作品就如同说谎、欺骗或偷盗，都是通过损害他人的利益而使自身获益的行为。剽窃是盗窃的一种形式，只是偷盗的碰巧是词语、观点甚至写作风格，而非有形的财物。当一个人有意使用他人的言辞且没有恰当地说明其出处时，这就算剽窃。恰当地说明出处是指：标注实际作者的姓名为来源，同时明确他的言辞为引语。故意剽窃是错误的行为，因为剽窃者有意抄袭

写作指南 3.1

避免剽窃的方法

怎样才能避免剽窃他人写的东西呢？有一个简单的方法可以让你避免抄袭其他写作者的文字：

- 阅读你想要概括的文本。
- 把这份文本拿开。
- 用你自己的话撰写一个概要。

学生经常因为撰写概要而苦恼不已。他们总是感到被迫要把自己写的东西和原有的文本做比较，并且总是觉得自己写得不够好、不那么正确。为了解决这一问题，以及更大的剽窃问题，在你开始撰写概要之前，先问问自己下面几个问题。快速写下这几个问题的答案不仅有助于你撰写概要，而且会提示你记起一些细节。

1. 该文本是关于什么内容的？
2. 文本中的主要观点是什么？
3. 该文本是否陈述了某个观点、主张或假设？如果是，那么这个观点、主张或假设是什么？
4. 你同意这个观点、主张或假设吗？
5. 作者是否提供了支持性证据？如果提供了，那么证据具体是什么？
6. 文本中有让你惊讶的内容吗？
7. 对该文本你还有哪些疑问？

回答完这些问题后，你就可以开始撰写概要而不用担心自己会犯剽窃的问题了。

资料，是为了取得优势，为了逃避工作，为了表现得像某个领域的专家，或者为了其他某个不正当的理由。

相比于故意剽窃者，非故意剽窃者也抄袭他人的言辞，但他是在没有意识到的情况下这么做的。非故意剽窃者可能直接从材料中抄下了他人的观点，打算引用这份材料，但之后他把注意力转到了其他问题上，继而忘记给获取的引文加上引号，忘记标注日期和页码等。当他在一个星期左右之后再次看到这些笔记的时候，他发现这些话语表述得非常好，非常值得加入自己的论文。糟糕的是写作者没有意识到，那次草率的笔记和相关记忆的消失恰恰导致他成了知识的盗窃者。对写作者来说，这种非故意的剽窃比其他任何事情都要尴尬（ Booth et al., 1995 ）。那么，非故意剽窃算是说谎、欺骗或偷盗的一种形式吗？是。即便是无意的，"写作者"确实犯有剽窃他人文字的错误，而"非故意"这一性质并不是开脱错误的理由。在学术界，人们对故意剽窃和非故意剽窃的看法和处理是相同的。

3.4.1　一个关于剽窃意识的练习

完成下面这个简短的练习，它会向你展示如何快速识别剽窃和避免剽窃（ adapted from Prohaska, 2007 ）。在你开始进一步阅读之前，请先拿出一支笔和一张纸。准备好了吗？想象有三个学生——让我们分别叫他们莫、拉里和克里——选了人格心理学的课程，并且每个人都写了一篇关于精神分析理论的论文。这三个学生都依据同一份材料完成了他们的论文。下面是这份材料的节选（ Berger, 1988, p. 32 ）。

关于人类行为和精神分析理论的第一个较为全面的观点，是从无意识驱动力和动机的角度来解读人类发展的。这些无意识冲动被认为会影响一个人思考和行为的方方面面，从我们一生当中面临的一些至关重要的选择，包括选择去爱或去恨哪个人或哪些事，到我们日常生活中最琐碎的小事，包括穿衣方式、饮食选择、我们说话的内容和方式、我们白日梦的内容，以及我们事实上如何推断我们所有的个人喜好、厌恶和癖好。

现在，请看下一页识别剽窃的练习。练习中展示的三段文字分别是从三个学生的论文中节选出来的。阅读每一段论文节选，然后回答相应的问题，同时把你对这三个问题的回答写在纸上。有个重要提示：这**不是**任何类型的玩笑——莫和拉里剽窃了。你如何得知这是真的呢？

你写下了些什么？莫和拉里是剽窃者吗？很难下结论说他们不是：抄写他人的**大部分**文字当作自己的，这仍然是剽窃。莫很明显直接复制了书中的内容（将他论文节选的部分和原文段落相比较）。拉里的论文没有比莫的论文好到哪儿去，他也公然抄袭了原文。但与莫不同，拉里在（直接复制的）原文段落中增加了一些新的单词和短语（比如，"我认为""它们""你的"），当然这些微小的改变并不能掩盖他剽窃他人文字和想法的事实。拉里的小小创新并没有从本质上改变伯杰书中的段落，这一段落几乎是完整地保留在了拉里的论文中。虽然拉里标注了原作者，但是这一事实没有改变任何事（它确实让拉里的老师更容易找到被拉里剽窃的原文段落）。

那么，克里的论文节选怎样呢？克里阅读并引用了伯杰（1988）的著作，但他**没有剽窃**，而是**释义**（paraphrase）了他所读到的内容。他用不同的词汇重新叙述和重写了伯杰著作中的主要观点。文本的原始含意被保留了，但概要是克里自己总结的。（关于引用和释义的详细指导，可参见第七章第 187 页。）克里撰写的概要是我们应该学习的一种释义，因为他保留了原文的基调、范围和信息。这里要注意的问题很清楚：声称他人的文字是自己的，这是错误的行为。

一个消除剽窃的练习

将这三段文字和原始材料进行比对。

莫的论文

精神分析理论从无意识驱动力和动机的角度来解读人类发展。这些无意识冲动被认为会影响一个人思考和行为的方方面面，从我们一生当中面临的一些至关重要的选择，包括选择去爱或去恨哪个人或哪些事，到我们日常生活中最琐碎的小事，包括穿衣方式、饮食选择、我们说话的内容和方式、我们白日梦的内容，以及我们事实上如何推断我们所有的个人喜好、厌恶和癖好。

问题1：解释你为什么认为莫的论文有或没有剽窃原文。

拉里的论文

我认为精神分析理论是从无意识驱动力和动机的角度来解读人类发展的。在这个理论中，无意识冲动被认为影响一个人思考和行为的方方面面。它们影响你一生当中面临的一些至关重要的选择，包括选择去爱或去恨哪个人或哪些事。它们也影响你日常生活中最琐碎的小事，包括穿衣方式、饮食选择。它们还影响你说话的内容和方式、你白日梦的内容，以及你事实上如何推断你所有的个人喜好、厌恶和癖好（Berger, 1988）。

问题2：解释你为什么认为拉里的论文有或没有剽窃原文。

克里的论文

伯杰（1988）认为，精神分析理论强调了无意识驱动力和动机的重要性。根据这一理论，我们的所有思想和行为都受无意识冲动的影响。我们的生活——我们对配偶的选择，对最喜欢的食物的选择，甚至我们选择开哪种车，决定追求哪种职业——没有哪一方面可以免除无意识的影响。

问题3：解释你为什么认为克里的论文有或没有剽窃原文。

在写作中决定何时引用或释义，表 3.1 给出了一些建议。

表 3.1 引用还是释义？这是一个问题

应该引用

- 为了表现某一作者兼研究者是某一领域的专家。
- 当引用的内容是用来给论文指引方向时。
- 因为作者的原始词汇、短语和观点对读者来说很重要，所以直接引语可以是生动的、难忘的、丰富的，甚至是有力的、感人的（例如，"不要问你的国家能为你做什么，而要问你能为你的国家做什么。"——约翰·肯尼迪［John F. Kennedy］总统的就职演说，1961 年 1 月 20 日）。
- 每当引文中出现的一些术语或论点存在理论上或实证上的争论或不同意见时。
- 如果某些特定的单词和短语被证明对以往的研究者来说是非常重要的——这些研究者不仅引用过而且回应过这些单词和短语。
- 为了引起读者的注意力，关注研究者是如何发现和阐述关于某个研究假设、事实或观察的特定论点的。
- 引用次数不多。如果你使用引文，谨慎地选择你要引用的文字。

应该释义

- 为了大体上概括一些内容：一个主张、想法或理论，一些研究发现。
- 当关注的重点是在原文的内容而非原文的某个具体评论或冗长的引文上时。
- 为了用一种比原文更简单、更直接的方式来呈现研究者的想法。
- 每当要审视的只是原文中的一部分而非全部的观点时。

3.4.2 补充建议

防止剽窃要求身为写作者的你认真做笔记。当你引用原文时，记得在你的笔记卡片或笔记本上用双引号（" "）把你所引的句子或区域（一个文本"区域"通常包含三个或三个以上的句子）标出来，并且在同一页内记下这个资料的来源信息。（确保你记下了原文所在的页码，这样才能在原始的参考文献中找到引用的内容。）最后，在笔记卡片清楚可见的地方写上"引用"或"引文"一词。

练　习

1. 在你的研究笔记中，快速写下你在本章中所学到的关于如何阅读心理学文献的三件事。

2. 前往你所在的图书馆的期刊阅览室，查看某一心理学期刊最新出的几期。选择一篇文章，然后使用本章中提供的方法来练习略读或预先阅读。

3. 阅读这篇文章。在你阅读的时候，把你对这篇文章的看法写在你的研究笔记本上。试着回答本书第 52 页的检查清单中所列出的问题。

4. 对你打算用在自己论文中的两份资料做笔记。一份用笔记卡片做笔记，另一份用笔记本的"两页法"做笔记。你更喜欢哪种方法？用你更喜欢的方法对你剩下的资料做笔记。

5. 选择另一篇你想用在自己论文中的文章。阅读这篇文章，然后把它放在一边。运用写作指南 3.1 中提供的问题提示，在你的研究笔记本上撰写一段关于这篇文章的概要。

6. 找到你觉得很难阅读或理解的一篇期刊文章。什么原因让你觉得这篇文章难以理解？是作者写得晦涩难懂，还是这一研究领域或主题的某些知识难以领会？如果要让这篇文章变得更易于将来的读者理解，你会做些什么？描述一下。

7. 练习释义。阅读一篇期刊文章的摘要，然后把这篇文章放在一边。花几分钟的时间写一段文字来描述研究的目的（假设）、参与者样本、方法、结果和启示。把你的描述和原来的摘要相比较，你的释义有没有遗漏一些信息？如果有，那你遗漏了什么内容？

8. 从一篇期刊文章中选择一段你觉得很难理解的文字，重写这个段落使它变得容易被人读懂。

第四章

着手写作

等待。

——弗兰兹·卡夫卡（Franz Kafka, 1883—1924）

卡夫卡将"等待"（wait）这个词贴在他的书桌上，无声地提醒自己、鼓励自己在开始写作任何短篇故事或小说之前先把要写的内容思考清楚（Boice，1994）。当卡夫卡等待的时候，他明智地运用时间来为自己实际的写作工作做准备。等待这一做法牵涉到基本的写作过程，如思考主题、列提纲，起草、修改、编辑、校对论文等（Boice，1994）。等待涉及那些完善和改进了任何一种写作的关键活动。

一些学生完全按照他们自己的理解过于从字面上去遵循卡夫卡的建议：他们在开始写作之前等待的时间太长，以至于作业截止的前一天还在熬夜写作。结果，他们的论文构思得不够周全，完成得仓促而又草率，组织得也不好。尽管如此，一些学生依然声称他们在压力下才能更好地工作，他们的写作灵感需要最后关头的全神贯注，伴随着流汗、剥夺睡眠、猛喝咖啡才会出现。这种等待只是拖延到最后一分钟，而不是卡夫卡精神中的那种创造性的工作准备。

我希望你采用的是和卡夫卡以及其他成功的作家一样的等待态度。采用一个作家关于等待的观点，主要目标是避免拖延和通常由拖延造成的"疯狂"（binge）写作。指导写作的老师会给所有马拉松式的强迫性写作都贴上**疯狂写作**的标签。疯狂写作就是在压力下写作，而大学生就是众所周知的疯狂写作的代表。由于提交作业的截止日期突然临近，导致的结果是虚假的或被迫出现的灵感，以及一篇仓促而就的——如果真有"完成"的话——论文。

为什么疯狂写作易于发生，下面给出了几点原因（Boice，1994）：

- 写作的动机不明或完全没有。

- 离截止日期还很远。

- 截止日期突然近在眼前（由于拖延导致遗忘、疏漏或忽略了截止日期）。

- 写作者被其他事情扰乱计划或分心，例如赶着提交其他课程的作业。

- 浪费掉了大块时间。

疯狂写作的预兆很常见，你或许就对它们十分熟悉。我们中的大多数人都曾经历过疯狂写作，问题是有些人总是依赖疯狂写作，现在在大学里是这样，将来在工作中也会是这样。疯狂写作往往适得其反，它使写作者陷入"思维加速，判断力降低"的狂热中，把人弄得筋疲力尽，结果却不尽如人意（Boice, 1994, p. 4）。

有一个简单的方法可以避免疯狂写作：分成一小段一小段时间（例如 15 分钟到 30 分钟为一段）来写而不是一次就写好几个小时（Boice, 1994）。与被逼到最后一分钟相比，较小而稳定的写作进展通常能让你更快、更好地完成论文。想象一下在截止日期的**前**一天或两天就已完成论文的感觉会有多好——就像我们下面将要看到的，这种事情完全有可能。

为了避免陷入拖延和疯狂写作的双重险境，请尝试本章给出的写作练习。下面方框中提供了涉及这些练习的写作过程的简要概述。你可以看到，写作过程中共有 5 个步骤：（1）计划写作，（2）列提纲，（3）起草论文，（4）修改论文，（5）寻找反馈。依据写作者正在完成的写作任务的性质，每一个步骤可以包含多种活动。现在浏览这些步骤，当你认真开始写论文的时候记得再看一遍。

写作过程中的步骤

第一步：计划写作

- 写作前用表达性预写（如自由写作、有重点的自由写作）来明确或探索一个主题。

第二步：列提纲

- 用相互作用（transactional）的方式安排和组织观点。
- 明确论文的中心论点。
- 选择一种写作格式（如 APA 格式、MLA 格式）。

第三步：起草论文

- 在提纲的基础上充实"血肉"。
- 创建一个"诱使初稿"，或者其他大致的论文初稿。

第四步：修改论文

- 重新思考已经写好的内容。
- 如有需要，调整文章的段落或结构。
- 校对新的草稿，检查是否有语法、时态或拼写错误。

第五步：寻求反馈

- 与同伴或导师分享修改后的论文。
- 在他人反馈的基础上创建新的修改稿。

4.1　开始：写作前的活动

大部分写作者都承认开始写作是最难的事。面对一张空白的纸或空空的电脑屏幕，难免让人气馁。怎样才能用字填满这些空白呢？

在本章开头，我提到等待是写作中的一个优点，但是现在我准备暂时反驳自己的观点。作为一个写作者，你能做得最好的事就是在你感觉完全准备好之前就开始写作（Boice, 1994）。等待涉及计划写作活动，或者回顾已经写好的内容。在你完全准备好之前开始写一些东西，不仅可以让你利用等待的成果，同时也让写作变成一个令人安心的、熟悉的活动。你只需要花一小段时间写作，而且最初的内容不必是完美的。你的写作主题可能有点粗略——那没关系。开始的时候，主题有点松散和不确定比过于紧凑和局限要好。这一阶段的目的是让写作成为一种习性（second nature）。职业写作者们证明，把写作变成一种日常习惯可以确保他们在想写的时候就能写，并且是带着自信去写。在你充分阅读或非常熟悉你的主题之前开始写，实际上可以帮助你把零散的想法关联起来并在写作中找到重点（Boice, 1994）。

那你应该如何开始呢？开始写作包含了**预写**（prewriting），也就是在正式写作前做一些热身练习。自由写作和列提纲就是两种预写形式。这两种技巧有一个共同目标：让你快速写出字词以便你的文章开始成形。

4.1.1　自由写作

自由写作（freewriting）是一个比较宽泛的术语，指一个人持续写下他头脑中出现的任何事情（Elbow & Belanoff, 1995; Williams & Brydon-Miller, 1997）。自由写作是一种不间断的写作。拿一支铅笔或钢笔确实地在纸上写 10 分钟左右才提起笔尖。在这段时间里的写作不仅是持续的，而且能把我们从强加给自己的编校细节中解脱出来（这点留到之后再谈）。自由写作的时候，绝不要停下来考虑动词时态、拼写、语法、标点是否正确，书写是否整洁，潦草写下的想法是否包含了你全部想说的观点。自由写作也可以通过电脑完成——我们可以称之为"自由打字"（freetyping）。关掉电脑屏幕对于自由打字很有帮助，这样做可以避免让你在时间花完之前停下来进行编辑（关于"盲写［invisible writing］"，see Elbow & Belanoff, 1995, p. 13）。你要学会写出更多的词，学会又快又舒服地写作，为了看看你的思想会把你带到什么地方去，只有暂时关掉内部和外部的编辑器。

只要你真诚地把自己的想法和感受写在纸上，进行自由写作就没有正确和错误的方法之分。当你卡住了、不确定接下去要写什么的时候，你可以简单地写一写你被卡住的地方，或是你对无话可写有多气恼。好消息是在一次又一次自由写作期间，大部分人会发现他们并不会"无话可说"太久。

这种内心和写作都自由的结果可以是非常有趣而且富有成效的。一旦下笔，随后再回顾自由写作的内容，人们往往发现自己是有东西可写的。当然，不是所有填满第一页纸的自由写作的内容都有用，但是偶而有一些句子或短语是可以经常利用的，要不就是某行推论或某个观察结果值得在文章或论文中进一步予以探索。再次强调一下，自由写作的关键在于让你习惯写作，对源源不断地写出字词和短语变得熟悉自在，在脑中浮现一些想法以备之后写论文或完成其他写作时使用。

下面是我以前的学生雅伊梅·马克斯（Jaime Marks）所完成的一个自由写作的例子：

> 我刚刚与研究小组的其他成员见了面，我们花了一个小时讨论了我们项目的各个方面。不幸的是，无论我们讨论哪个方面，似乎多少都会得到一些让人沮丧的消息。我对当今儿童所要面临的种种决定的困难程度感到惊讶、愣然，并且自愧不如。我们想知道为什么现在有这么多机能不全（的家庭），我也想知道那些面临这么多阻碍的孩子——例如，因缺乏父母支持而面临各种经济烦恼——是如何设法走向成功的。我在想作为一个老师看到孩子们日复一日地面临这么多烦恼会是一种怎样的感受。

自由写作练习 1：你经验过吗？

　　如果没有过自由写作的经验，其实很难重视它，更不用说理解它了。初学者认为自由写作听上去很蠢，甚至是骗人的，或者认为这样做就是浪费时间。为什么不现在就花上几分钟试一试呢？拿出一些纸和用来写字的笔，或者在电脑前坐下。如果你手边有计时器或闹钟，用上它。*现在就开始写作，不写满 10 分钟左右的时间不要停下来。写作期间，不要检查你的想法，仅仅写下你脑中出现的任何东西。*

　　你第一次尝试自由写作做得怎样？你写了多少字？大部分学生对他们轻而易举地写满一到两页纸感到惊讶。这次尝试告诉我们要写出字词并没有想象的那么困难。保存好你第一次自由写作的内容，因为你之后可能会用到它。如果可以的话，第二天再尝试一次 10 分钟的自由写作。第二次是不是更容易些？你都写了些什么呢？

有重点的自由写作

　　当我们使用自由写作来探索某个主题，来为论文或其他某个具体原因展开一个想法时，我们就是在进行**有重点的自由写作**（focused freewriting）。有重点的自由写作与基本的自由写作唯一的不同点在于：前者强调探索**一件**事情。有重点的自由写作"驾驭了'自由写作的力量'——这种力量使你能够在没有计划或不担心质量的情况下快速地在纸上写下文字——以便探索一个主题"（Elbow & Belanoff, 1995, pp. 12—13）。你并非写下任何出现在脑子里的东西，而是在短时间内不停地就一件事来写，同时寻找与之相关的意义（Hacker, 1991）。

　　在你写作一篇心理学论文的时候，有重点的自由写作能够帮助你完成多项任务：

- 为论文提出一个主题。

- 探索可能的假设。

- 就 APA 格式论文的一个给定部分创建一个大致的初稿。

- 展开实验方法和步骤。

- 明确具体的例子用以支持或阐明一个理论。

- 诠释并应用实验结果。

- 思考研究发现，指出其意义和未来的研究方向。

- 克服无法开始写作的障碍。

有重点的自由写作的下一步是通过修改使内容变得精炼（本章稍后会介绍这一主题）。逐步地，自由写作的片段可以被剪切下来并粘贴在一起（通过文字处理软件编辑文本，或者照字面上，重新整理打印的或手写的文章片段并用胶布粘在一起；参见 Bem, 2000；也可参见写作指南 1.1）。选择性地使用有重点的自由写作，其优点是在传统写作开始之前，使文章向前推进、展开和变长。

在下面这个有重点的自由写作的例子中，马克斯小姐试图明确一篇文章的主题：

我绞尽脑汁似乎也想不出任何有用的东西。我想我最终想到了某件事，主要是因为这件事对我个人产生了影响。当我的祖母由于患上阿尔茨海默症导致健康状况逐渐下降的时候，我对整件事感到非常震惊和悲伤……处于（思维）不一定连贯的情况下，老年痴呆症患者是怎样的？他们的家人应该怎样处理这种情况？我想要研究这些病人的抑郁状况，如果他们意识到了自己衰退了多少的话……

自由写作练习 2：具体化

再次拿出十分钟左右的时间，这次仅仅思考一件事并写下来。这里有一些建议性的提示，能够帮助你开始这一练习：

- 讨论你打算写作的论文主题。为什么这个主题有意思？它揭示了关于行为的哪些内容？
- 描述日常行为的事例来阐明一个理论或假设。你怎样确保这些例子是合适的？
- 讨论心理学中你最感兴趣的领域。
- 描述你亲眼见过的让你停下来、有所思考和感到惊讶的一些行为。

坚持这种自由写作，以便你在将来可以运用它。你可以写在你的研究笔记本上，或者开始写日记，总之保持这种私人化的、探究性的写作。

4.1.2　列提纲

与随心所欲的自由写作不同，列提纲是有结构的，甚至是受约束的。**提纲**（outline）是你写作论文的具体指导，是你论文的架构或"骨架"。一旦你拟好了提纲，你就有了一张指导写作的地图，这张地图可以通过自由写作和有重点的自由写作变得具体起来。

一个提纲首先明确了你在写作练习中形成的某个正式主张，即一个中心论点或假设。然后这个中心论点要得到一个或多个主要观点、证据的支持，并且这些观点和证据要以一种逻辑的、有秩序的方式被提出来，以便为读者阐明写作者的论证过程。每一个主要观点事实上又会得到一些次要细节（例如：事实、数据、引用）的支持。提纲内的不同层级迫使写作者就不同重要性的观点做出选择，同时也要考虑呈现这些观点的顺序——哪些观点有意义？应该放在哪里？列提纲的工作允许写作者把各种观点、细节移来移去，灵活地展开论证过程，在诉诸某一种方法之前去尝试不同的提出问题的方法。

一个基本的提纲看起来就像这样：

中心论点

Ⅰ.主要观点一

    A.次要细节

        1.事实、数据、引用

        2.事实、数据、引用

    B.次要细节

        1.事实、数据、引用

        2.事实、数据、引用

Ⅱ.主要观点二

    同上

想象一下你要描述你家的布局。你会怎样去描述？你可能会以一个分层的顺序来描述各个房间及其中的家具：

我的家

客厅

    安乐椅

    落地灯

    沙发

    咖啡桌

餐厅

桌子和椅子

餐具柜

你在这份提纲中所提供的细节的层级会影响人们能在多大程度上想象和理解你家的布局。同样，你的论文提纲的结构也会影响读者能否理解你必须说的事情。

APA 格式论文的提纲

我们在第一章已经介绍了由美国心理学协会提倡使用的写作格式。

表 4.1　APA 格式的实证论文的主要部分

题目页——题目、姓名、作者单位；*总是出现在第 1 页。*

作者信息——用一两段文字呈现作者的相关信息和其他必要的细节；*出现在题目页的下半部分。*

摘要——简要概括论文内容；*总是出现在第 2 页。*

引言——描述研究问题、研究目的和所有假设；*总是出现在第 3 页。*

方法——介绍实验参与者或样本的特点；*介绍开展研究要用的所有仪器和完成实验的每一个步骤。*

结果——解释所有的分析并呈现得到的全部结果。

讨论——回顾并诠释关键的研究发现；*思考它们对今后研究的意义。*

参考文献——按字母排序的顺序列出所有在文中讨论过或引用过的资料的来源。

附录——提供在其他地方无法找到的支持性材料（例如，实验中所用的刺激材料）；*只有绝对必要时才加上。*

表格和图表——概括数字信息，或者以图形的形式直观地呈现数据。

APA 格式的优点是它为写作者提供了一个基本的写作提纲。表 4.1 中展示的提纲就是我们所说的"骨架",因为它缺乏具体的心理学内容(暂时是这样)。所有呈现实验结果或其他调查结果的论文,都会遵循表 4.1 中展示的主要部分的基本提纲。

本页和下一页的提纲示例展示了表 4.1 中 APA 论文的主要部分如何扩展成为一个具体的写作真正的研究性论文的计划,包括"次要的"细节——一个真实的研究项目所涉及的事实、数据和引用——在内。(这个提纲在第五章被扩展为一篇论文样例,详见本书第五章第 3 节)。只有论文的主体部分需要列提纲;其他部分不需要列提纲,也不会从列提纲中获益。在这个提纲或其他任何一个提纲中,写作者可以加入比本书提供的甚至更好的细节层级。提纲就应该是灵活的,可以根据需要扩增或缩减。

一篇 APA 格式的实证论文的提纲样例

这个提纲样例是根据第五章第 3 节提供的一篇 APA 格式的学生论文列出来的。斜体字标出了引自那篇论文的具体内容。下面的提纲只展现了 APA 格式论文的四个主要部分。

I. 引言

  1. 研究领域概述

    a. *适合小组合作学习和单独学习的教学策略的有效性*

  2. 本文所要探讨的具体问题

    a. *个体在小组和单独学习时假定的记忆存储和回忆的过程*

  3. 文献综述

    a. *例子:Mueller & Fleming, 2001; Brodbeck & Greitung, 2000; Clark et al., 2000*

4. 研究假设（包括所有自变量和因变量），以及研究方法的简要描述

    a. 小组学习是否比成对学习或单独学习带来更好的回忆信息的效果？

    b. 自变量：小组学习、成对学习、单独学习

    c. 因变量：基于共同阅读的回忆测试

II. 方法

1. 实验参与者（例如：数量、性别、来源）

    a. 20 名（5 名男性，15 名女性）大学生；年龄在 17 岁—28 岁之间（平均年龄为 20 岁）基于方便原则获取的样本，即方便样本（ convenience sample ）

2. 描述研究要用的所有仪器、特殊测量工具（例如：人格量表）等

    a. 短篇故事；多项选择的测试

3. 详细描述实验从开始到结束的步骤

    a. 阅读和研究短篇故事的三种实验情境（小组、成对、单独）

    b. 在一段时间后完成回忆测试

    c. 取得参与者的知情同意书

III. 结果

1. 概念性地回顾研究假设

    a. 据预测，小组合作学习的记忆效果比成对学习或单独学习更好

2. 回顾主要的实验结果，包括所有的数据分析，必要的时候附带上理由

    a. 没有发现显著差异（ $p < 0.05$ ）；小组合作学习并没有比其他两种形式的学习更好

3. 回顾所有次要发现

    a. 无

IV. 讨论

　　1. 实验结果意味着什么？这些结果支持研究假设吗？

　　　a. 实验结果并不支持研究假设，但是由于样本较小、统计功效较低，结果仍不清楚；结论有待进一步研究

　　2. 研究中存在的问题，如果有的话

　　　a. 所选的阅读材料可能太简单；创建要求更高的因变量

　　3. 下一步做什么？

　　　a. 改善研究方法，然后重复实验；考虑实验参与者在学习过程中所受的挫折可能带来的影响

使用提纲

　　即便在已经完成的论文中，提纲也仍然应该是清晰的。所有写得好的论文都可以简单地通过草草写下各部分的标题和小标题辨认出它的提纲。APA 格式的论文的主要部分（见表 4.1）当然很突出，但在每个部分之内，小标题也代表了提纲的一部分。作为辨识提纲的练习，为什么不为你的研究论文所要用到的文章重列一个提纲呢？这样做能让你对如何完成自己的论文提纲有更深的见解。

关于组织和完善提纲的建议

　　记住，没有完美的提纲。选择你更喜欢的提纲类型——简单的或详细的。依靠罗马数字和大写的英文字母来组织各部分的标题和主要观点是一个常用的方法，如果你习惯于将事情都列出来或标上数字，那就用这个办法。这里还有一些其他建议：

　　• 在你创建一个像上述样例那样的结构性提纲之前，尽可能多地写下你能用在最终论文中的一些偶然的观点、想法和事实。一旦你完成这一步工作后，就可以将零乱的短语重写成完整的句子，纳入你的提纲中了（see Howard & Barton, 1986）。

- 确保仅用一两个句子来概括任何一个主要观点。你可以将支持性细节加在主要观点的下面，或者保留到真正的论文中使用。

- 相比于将提纲写在一张纸上或电脑屏幕上，不妨试试将主要观点写在一些便签纸上。然后将便签纸贴在墙上组织提纲，这样你就可以来回移动各个便签，直到你得到一个好提纲。最后再将这个提纲记录在纸上或电子设备中。

- 决定提纲中主要观点的顺序，确保从一个观点到另一个观点之间符合逻辑，同时移除或重新安置那些不符合逻辑的观点。

- 尝试着将每一个主要观点扩展成一个段落。如果主要观点太复杂，可以在提纲中将它修改成多个观点（段落）。

- 在提纲中用行为事例来阐明主要观点。

- 把支持主要观点的关键研究列入你的提纲。记得在提纲中写下作者的姓氏和出版日期。撰写初稿时，要将完整的引用信息加到参考文献部分。

- 写作时要重新查阅提纲作为指导，但不要因此就害怕修改它。一些写作者建议我们应该等到初稿完成之后再修改提纲，但另一些写作者认为提纲的修改应该是持续进行的。你可以选择最适合你的方式。

- 如果你在写作论文的某个部分（例如"讨论"）时卡住了，你可以先做一些有重点的自由写作，然后利用写作结果为卡住的部分起草一个详细的提纲。提纲不必覆盖整篇论文。

- 查看你的软件，一些文字处理软件有显示大纲的功能。

4.2　写作初稿

　　杰出作家们的初稿也是糊里糊涂的，这种事让人既震惊又欣慰。我们可以从研究修改稿中学到一件事情，那就是直到说出口之后，写作者并不清楚他到底想说什么。

——约翰·加德纳（John Gardner）

　　自由写作和列提纲能让你开始写作一篇论文，那接下来呢？下一步涉及创建一个完整的初稿。在写作初稿的过程中，写作者"草草"地把信息放在该放的地方，但他知道需要进一步修改。初稿是"迅速完成且又不清晰的"，旨在让写作者对整篇论文——哪些信息有用，哪些信息没用——有一个初步感觉和把握（e.g., Booth, Colomb, & Williams, 1995; Hubbuch, 1985）。写作初稿的目的不是让每一个句子都很完美，让每一个想法和定义都非常清晰。初稿只是一个开始，而不是结束。

4.2.1　"诱使初稿"：从最粗略的草稿开始

　　即便有一个详细的提纲可用，开始写作可能还是很困难。几年前，我想到了一个简单的让写作得以开始的方法。我的方法保证让你感觉到：事情正在取得进展，写作是可管理的，没有理由感到被压垮。我把自己所写的初稿叫作"诱使初稿"（trick draft），因为我是照字面上诱使自己去写作初稿的（Dunn, 2011）。这样的初稿中并没有包含很多细节，但是当我写完的时候，我感到某件事情已经完成了，这样对我的下一轮写作将会是有益的。

　　如何写作一个"诱使初稿"？首先，在电脑前坐下并打开你最喜欢的文字处理软件。然后，输入你的提纲并在每两个主要部分之间插入**分页符**（即从当前页跳到下一页顶部）。自然，次要细节和支持性信息可以输入同一页，作为支撑一个主要观点的材料。仅仅用了几分钟，你的提纲就扩展了好几页。接下来，你只需要逐步阐述主要观点及其附带的文本，使之变成连贯的段落，让论文成形即可。

本页的方框中给出了创建 APA 格式的研究性论文的"诱使初稿"的简单指导。你可以根据需要调整这些指导，以适应其他类型的论文。如果你遵循这些指导来做，你的 APA 格式论文的初稿从一开始就有了 7 页纸，这个事实将会让论文写作变得不那么可怕。当然，随着你进一步展开写作，每部分的标题就不会再出现在每一页的顶端。这个简单的诱使技巧我用过很多次，因为当你用这种方式建立起一个框架后，所有的长篇写作看上去都没那么吓人了。

创建 APA 格式论文的"诱使初稿"的步骤

第 1 步：使用文字处理软件创建一个新文档。将文字格式设置成双倍行距。

第 2 步：在空白页的中间位置，打出一个可行的论文题目（如果你还没有想好，就只打上"题目"一词）。另起一行在题目下居中输入你的姓名，然后另起一行输入你的单位名称。现在你有了论文第 1 页——题目页，*插入分页符*。

第 3 步：在第 2 页顶端居中输入"摘要"，*插入分页符*。

第 4 步：在第 3 页（引言第 1 页）顶端居中输入和第 1 页相同的论文题目，*插入分页符*。

第 5 步：在第 4 页顶端居中输入"方法"，*插入分页符*。

第 6 步：在第 5 页顶端居中输入"结果"，*插入分页符*。

第 7 步：在第 6 页顶端居中输入"讨论"，*插入分页符*。

第 8 步：在第 7 页顶端居中输入"参考文献"。*插入分页符*。

第 9 步：在你的电脑上保存这 7 页文档，然后打印一份出来。**这就是诱使技巧**：你的写作是从这 7 页纸开始的，而且这时你还没有把自由写作的材料、提纲中的论点、初稿的细节加进去。

4.2.2　撰写假设并组成段落

起草一篇论文也包括撰写一个中心论点或假设，然后组成段落。**中心论点**（thesis）这个词主要用于人文学科，在社会科学和自然科学领域则主要使用**假设**（hypothesis）这个词。心理学家笔下的假设，是实验中要检验的问题。由于心理学家使用假设来探究某个研究理论，因而假设是大部分心理学论文的焦点。

理想情况下，一个假设应该用一个或两个具体的句子来呈现，例如：

> 据预测，生理早熟的青春期男生比女生有更好的情绪适应能力。

思考这个例子中的假设（即早熟对男性而言比对女性更容易适应）和下面两个不同写法在表达清晰度上的区别：

> 生理成熟对处于青春期的男生和女生的情绪适应能力有不同影响。

> 青春期的男生和女生对生理成熟的情绪适应有所不同。

坚持具体的假设。除非你之前对"生理成熟"和"情绪适应"下过定义，否则你在提出假设时也要对这些变量加以具体描述。

实际上，在任何一篇论文中，写作者都会以类似但不必然相同的文字反复提及假设。重复的句子会让人乏味。让我们回到刚才提到的青少年的例子：

> 我们预期，早熟的男生会比女生更容易适应伴随青春期而来的情绪变化。

> 我们发现，生理晚熟的女生比晚熟的男生在调节青春期情绪动荡

上做得更好。

　　写作者在重提假设的时候绝对不能跑题，所以在写作过程的任何阶段始终牢记假设是一件非常重要的事。你可以在写作的时候在面前放一张上面完整地写着"我的假设是……"的纸片来提醒自己（Silverman, Hughes, & Wienbroer, 2002）。你还可以把这张纸片贴在你的电脑显示器上或立在你的桌子上。当你修改论文时也要随时能看见它。

　　正如假设强有力地表明了写作者的一个观点，论文中的每一个段落也是这样。段落带领着读者一点一点地了解写作者的每个想法和支持他的想法的大量论据。段落的结构非常基础：开头第一句话表明写作者在这段文字中的观点，后面的话解释具体的问题，使观点更严谨。从一个观点过渡到另一个观点的标志就是另起一段。

　　一个明确的段落包含以下几个成分（Silverman et al., 2002, p. 69）：

· 一个包含主要观点的句子；

· 一个解释主要观点中概括性词语的词义的句子，如果有这种词语的话；

· 一个或多个支持主要观点的事例（附带适当的引用）；

· 对每个事例为什么支持主要观点给出一个解释；以及

· 一个总结句。

在这个基本的构成上进行改动也没有问题，只要最后出来的段落仍然能和其他段落及整个论文构成一个连贯的整体就可以。

　　对论文写作的初学者而言，如果起草的段落写得太多或太少，就容易产生问题。每个段落长度应该控制在 10 句话之内（5 句还要更好），但是新手写作者常常将尽可能多的信息塞到一个自然段内。根据你的个人阅读经验，想必也知道没完没了地阅读一大段文字有多无聊。分段对于写作者和读者来说是自然的精神休息。如果一页上的段落少于三个，那就说明你的段落写得太长了。

你可以在段内出现逻辑中断的地方把一个长段落分成几个比较小的段落，比如（Silverman et al., p. 71）：

- 引入某个新的想法或主题。
- 呈现一个具体的或支持性的事例。
- 描述一个理论、实验或研究。
- 从一个主题到另一个主题的过渡是明显的。

太短的段落也一样是有问题的，因为当论文中的段落太多时，就会显得写作者对具体的主题知之甚少，或者写作者是一个不能整合自己想法的人。除了少数例外，段落的长度不应该少于三句话。如果你论文中的某个段落确实少于三句话，要么是你写得太少了（应当增加内容），要么是这一段所要表明的观点对你的论证来说不是必要的（应当删掉）。一个短段落通常可以通过加入一个阐明主要观点的具体例证来变长。要么，写作者也可以将两个短段落合并为一个长段落，或者将一个短段落并入一个更大、更详细的段落中，来挽救那些短段落。

4.2.3 起草 APA 格式论文的建议顺序

起草论文不一定要"线性地"按照步骤来写，也就是说，你不一定要从题目页一直写到表格和图表部分，并且完成摘要、引言等中间部分（见表 4.1）。线性的写作方法对于撰写论文的开题报告（research proposals）更有用。开题报告包括题目页、摘要和引言部分、提议的方法部分、预期

□ 非线性检查清单：起草和写作一篇实证论文

□ 1. 起草*方法*

□ 2. 起草*结果*

　　□返回步骤 1 进行修改和编辑

□ 3. 起草*引言*

　　□如果使用了参考资料，将其加入参考文献

　　□返回步骤 1 和步骤 2 进行修改和编辑

□ 4. 起草*讨论*

　　□返回步骤 1 至步骤 3 进行修改和编辑

□ 5. 起草*摘要*，包括关键词

　　□创建*题目页*，包括作者注

　　□建立*表格和（或）图表*

　　□将正文中的引用和参考文献匹配

　　□添加*附录*（如果需要的话）

　　□返回步骤 1 至步骤 4 进行修改和编辑

□ 6. 取得同伴对初稿的反馈

　　□在同伴反馈的基础上修改初稿

　　□返回步骤 1 至步骤 5 做最后的修改和编辑

□ 7. 提交最终稿

改编自 Dunn, 2010, p. 135。

的结果部分，以及参考文献，这些部分都应该在你收集任何数据**之前**完成（参见第五章第 5 节）。

　　相比于用线性方式写完一篇研究论文，我更推荐你跳过一些步骤先完成后面的部分，再回过头写前面的部分。记住，APA 格式是灵活的，它没有要求你按照从头到尾的顺序来完成论文。让我准确地解释一下我的意思：

上一页的检查清单展示了一种可以替代线性写作方式的选择，这种方式让写作者从论文的主要部分往外写。不是从题目页开始写，而是从论文的中间部分入手，先写对你来说最直截了当的、最熟悉的部分，即研究的方法部分（见步骤1）。理想情况下，你应该就在实验的最后一个步骤决定后、收集数据的过程中写作方法部分。这样做能够确保所有的细节在研究者的记忆中仍是清晰的。

　　写完方法部分后，下一步自然就是起草结果部分（见步骤2）。好的写作者会把他们的研究发现牢牢地记在心里，因为结果如何会影响到论文余下的部分是如何写的。记住，你是在报告你的研究，旨在回答一个受关注的问题，而不是在写一段经历，叙述关于是什么导致你做这项研究的，或者你在研究过程中遭遇了哪些不可避免的弯路和转变（Bem, 1987, 2000）。当你完成了检查清单的前两个步骤后，应该立刻对这两部分的草稿进行必要的修改。

　　在第一轮修改之后，接着是撰写 APA 格式论文的引言（见步骤3）。当引言成形时，参考文献部分也相应地成形了。一旦完成了引言部分的草稿，回顾前三步并进行必要的修改。接下来起草论文的讨论部分，并做更多修改（见步骤4）。只有到了步骤5，APA格式论文的前后部分才开始成形。步骤6涉及将你论文的完整初稿与你的同伴分享，他们能够以一种新的眼光和视角来看待你的工作（本章最后会提供关于如何给予和接受反馈的指导），而你可以结合他们的意见完成论文的最后一轮修改和编辑。第7步是提交论文的最终稿。

4.3　写作修改稿

　　修改论文初稿进而完成第二稿并不难，只要你关注论文的**目标读者**，也就是那些将会阅读你论文的个体或群体就好。你的责任是用清楚明白的语言把你的研究呈现出来。要想做到这一点，你需要在写论文的时候把你的读者考虑在内。

4.3.1 三个需要考虑的问题

当你为一个对心理学感兴趣的读者写作时，有三个主要问题需要考虑，即语气、读者知识背景、说服力（Silverman et al., p.59）。下面，让我们依次进行讨论。

语 气

你会在写作中用什么样的语气、风格、态度或语态（参见第九章第5节）来表达你的想法？心理学家的写作通常相当正式，重点集中在他们的主题而非他们自己身上。许多研究者也将写作重点放在事实、理论、研究发现甚至推测上，而非个人经验上。因此，他们通常用第三人称写作，而这会带来距离感或模糊感，例如：

> 然后实验者收集了调查结果并进行了操作检查。

写作者是实验者之一吗？谁知道呢？用第一人称修改这句话可以将事情说得更明白：

> 然后我们收集了调查结果并进行了操作检查。

这样修改后，模棱两可的感觉消失了，句子更通顺了。

一些老师鼓励学生写作时不要带入个人感情，仿佛与情绪保持距离能够让观察变得更加客观或"专业"。我不同意这个观点。我希望你对你所写的题目充满热情，同时依然能够站在一个专家的立场上，避免偏见和个人因素影响写作。事实上，没有人想要阅读死气沉沉的文章，而过于依赖第三人称会使文章变得非常无聊；而且写好研究报告与做好研究一样重要（e.g., Stenberg, 1993）。你可以在论文中使用第一人称代词（例如"我""我的"），只是你要有选择的、为了某个目的而用（例如，当你借助个人事例来阐明某个心理学理论时）。

　　本书就是故意用非正式的语气来写的。原因很简单：我需要吸引你的注意，同时给出关于写作的实用建议。用不那么正式的语气写作并不是让你草率或懒散地写作。除非出现在直接引文中，否则你绝不应该使用俚语（如"ain't""cuz"）。此外，你还要避免花哨、浮夸的写作（例如，"心理学太有趣了！我超想了解人们行事的动机！"），避免讽刺和不合适的幽默，避免强调个人经验而非经验知识（empirical knowledge）。

读者知识背景

　　写作时，你需要经常考虑哪些是你的读者已经知道的，哪些是你想让他们知道的。一方面，你不需要提及那些过于基本的信息。比如，除了个别例外，你没有必要在一篇论文中去定义"心理学"这个词。另一方面，你必须对读者不熟悉的或感到新奇的术语（例如，拉丁方设计 [Latin sqare design]、混淆 [confounding]）进行详细解释，最好结合例子加以说明。你可以假设你的读者对这些术语充满了好奇，而帮助他们进一步了解这些知识正是你的责任。

说服力

　　科学从根本上说是一项人类事业，它包含了说服别人相信：你的研究发现符合假设。虽然你要推销的就只有你的观点，但你仍然必须写得有说服力，否则就有疏远你的读者的风险。扎实、有说服力的研究性论文具有强大的吸引力，能够将读者引入其中。这些文章总是含有大量描述已有研究的事例，用来支持写作者的观察或推测。包括你的导师在内的专业读者，倾向于根据心理学文献来评价你的论据，所以你必须知道并且使用相关的心理学文献（参见第二、第三章）。而你的同伴在阅读你的论文时，基本上对你在多大程度上预见和处理了他们所想到的问题更感兴趣。

最后，作为一个写作者、一个初露头角的心理学家，你有责任既像一个老师又像一个专家一样行事。写作一篇文章意味着去告知、去教导你的读者关于心理学的某个主题或现象。你和所有研究者肩负着同样的科学责任：你必须尽自己最大的努力来讲述关于人类行为的真相。

4.3.2　进一步改进论文的建议

这里还有一些写作修改稿的建议：

- 试试多产写作者兼研究者克里斯托弗·彼得森（Christopher Peterson, 1996）称之为**喷涌法**（spew method）的一种方法，它与自由写作十分相似。虽然缺乏一个有吸引力的名称，但这种方法可以被描述为：在你写作的时候用你能想到的任何字词、句子和段落去填满你的初稿。记住，初稿完成之前不要进行任何重写或修改——在俨然有序之前先任由它混乱一点。
- 总是把最近一次的论文修改稿打印出来，这样你就能在开始写作下一稿之前先把这一稿整个修改一遍。除非你非常熟悉在文字处理器上进行写作和编辑，否则先在打印稿上进行修改，之后再将改动的地方输入电脑，这通常会带来更好的效果。

- 把草稿设置成双倍行距（有些作者建议三倍行距；see Parrott, 1999），这样行与行之间就会有足够的空间让你写下想法、进行修改、加入一些新的句子或段落。设置页边距也是同样的道理——至少保留 1 英寸的宽度。

- 远离辞典（thesaurus）。好的写作者能够使用日常用语取得很好的效果。

- 做一个收藏者：保存好所有打印出来的论文修改稿。一些导师想要看看你的研究项目是如何从设想到实现的。此外，你也可能决定要重新利用被你放弃的早期草稿中的一些想法。如果不保存好之前的文稿，你就没法这样做了。

- 在你一稿一稿地修改论文过程中，记得把完整的参考资料添加到参考文献部分。如果等到论文写作的最后阶段再去查找参考文献是非常耗时、枯燥和容易出错的（参见第七章）。

- 当你写作修改稿的时候，问自己下面几个问题：有没有漏掉什么？有没有忘记什么？如果我是读者的话，哪些是我想知道但这里没有呈现的？草稿中的哪些部分篇幅太长或太短？哪些部分很无聊？

4.3.3　完成一篇论文需要写作多少稿?

完成一篇论文需要写作多少稿？我只能回答："那得看情况。"这个答案也许不那么令人满意，但却是事实。论文的主题、导师的要求，以及你的写作经验、努力和技巧，这些都会影响你在取得精炼的定稿之前需要写作多少稿。我宁可自己写作的论文稿数过多，也不愿意犯稿数太少的错误。当然，篇幅较短的论文（例如 5 页—10 页）需要写作的稿数可能比篇幅较长的论文（例如 15 页—20 页）要少。但还是得看具体情况。

我们很快将会着手对完整的论文草稿进行修改并寻求反馈，但在这之

写作指南 4.1

关于写作者和写作的迷思

关于写作者和应该如何完成写作的谬见如今到处可见。请不要相信它们。下面是一些常见的"谎言"。结合你在本书中学到的关于写作的知识，你能看出为什么这些谬见是有问题的吗？

1. 好的写作者通常一次就能写出完美的文稿。
2. 好的写作者不到他们心情好的时候就不写作。
3. 好的写作者需要大块的、不被打扰的时间来变得有创造力。
4. 好的写作者只在他们有原创性的、创造性的概念时才写作。
5. 好的写作者不到作品完成时不会给别人看。
6. 好的写作者天生就具有创造性——他们写得好不是被教出来的。

下面则是我在这些年中听到的关于写作的谬见：

1. 写作很简单，每个人都知道怎样去写。
2. 语法和标点的使用是任意约定的。
3. 在我上完第一年写作课后，我就再也不用为写作担心了。
4. 科技论文的写作不需要创造力。
5. 心理学学生不需要变成好的写作者。

改编自 Boice, 1990, p. 15。

前，写作者可以通过一件事情来评估草稿的质量：**大声地将论文从头到尾地读出来**。听你自己写出来的东西是捕捉其中的语法错误、不当措辞或乏味语句的最好办法。语言应该有很好的韵律，而不是沉闷的或没有条理的。过长的句子听起来就和读起来一样乏味。听你自己所写的内容也能让你辨认出不好的观点，以及那些无法支持观点的或被你遗漏的事例。试试这个方法。当然，勇敢的写作者会对着一位真实的听众来朗读自己的论文。这很好，但你也可能想把他们的好意留到更晚一点，留到你想请他们直接阅读和评论你的论文时使用。

修改草稿的最后一个策略——**反向提纲**（reverse outline）——同样值得一提（Peterson, 1996）。这一策略的目标是从已有的论文草稿中提炼出一个提纲。检查这个反向提纲，借此确认是否有遗漏的信息、放错位置的段落，或者对整个论证没有起到什么作用的内容。当你重新检查了现有草稿的大框架后，修改草稿通常就会变得容易一些。

4.4　修改：每一次都需要从头到尾地修改

有经验的写作者都会先对论文草稿进行全面修改，之后再处理其中的细节。新手写作者往往正好相反，这对他们很不利（Hayes & Flower, 1986）。当你开始修改论文的时候，要从总体出发，不要过多地专注于做表面改动。你可以按照下面三个步骤来修改你的论文（Elbow and Belanoff, 1995）：

1. **重新思考**——编辑句子和段落使之更加清晰或更有意义；打磨文本，这样它就可以更好地表达你想表达的东西了；使论文观点的呈现方式更有效且更容易让人记住。

2. **重新布局**——对论文的内部结构进行再加工。记住，提纲是可以更改的。

3. **校对**——校对论文，查找拼写、语法和标点上的错误；删除多余的文字（Strunk & White, 1972）；确保最终的文本符合 APA 格式的要求。

在这里，我们将会考虑前两种修订方式。至于校对和格式的指导建议，则可以在本书第九章中找到。

我会在每个写作阶段开始的时候修改草稿。我先回顾自己在上一阶段所写的内容，从开头的地方开始修改。结束修改后，再接着上次没写完的地方继续往下写。在开始写作之前先对上一阶段的写作进行修改，有两个原因：第一，当人们写作的时候，特别是用文字处理器进行写作的时候，想法会来得很快、很猛烈。从上个阶段开头的地方开始修改，可以让你核实自己的意图是否在文中得到了很好的表现。第二，从头开始修改，可以让你重新回到论文的思维状态中去。知识和创造力一旦启动是很快速的，并且在你还未意识到的时候，文字就已经从指下流出。

你可以在纸稿或打印稿上修改你所写的内容，而不是在电脑屏幕上进行修改。在屏幕上修改论文，你一次就只能看到几段文字。但在纸稿或打印稿上修改，你可以同时看到整篇文章。当你把论文铺开在面前时，就更容易考虑一些问题了，诸如移动某些段落、加入或修改某些句子、删掉某部分内容，甚至移动整页文字。一旦你在纸稿上从头到尾地修改好了论文，你就可以用文字处理软件输入最终的改动。

当你每次回顾论文草稿的时候，一定要阅读第 99 页到 101 页的检查清单，其中给出了关于如何修改一篇实证论文及避免常见错误的建议。

4.4.1　重审文稿

一旦你完成了一篇完整的论文草稿，先将它放一两天。这个酝酿阶段将有助于你用新的眼光来看待自己的论文，有可能会激发你想起第一遍写作时遗忘的内容（Peterson, 1996; Poincaré, 1913）。你可以在睡了一个好觉或做了一些其他事情后，充满精神地回到你的文稿上，准备好用一个新的视角来看待它。

□ **检查清单：修改一篇实证论文**

引言

□ 是否清楚地指出了该研究的目的与重要性？

□ 是否具体地陈述了研究假设？

□ 是否给该假设中包含的变量下了定义？

□ 该假设是否得到已有研究、观察和（或）事例支持？

□ 在该假设之后，是否给出了对实验方法的简要概述？方法论本身引出论文的方法部分。

□ 是否就该研究问题为什么值得检验给出了某种解释？

方法

□ 是否尽可能明确地描绘了实验参与者(多少男生，多少女生；平均年龄；来源；他们是否得到报酬；有多少人从实验中退出或被实验排除，为什么）？

□ 实验步骤是不是详细到可以让读者重复这一研究？

□ 传达给实验参与者的关键指示是否逐字进行了报告？

□ 是否有免责声明，宣布参与者所受的对待和询问与美国心理学协会规定的伦理准则相一致？

结果

□ 结果部分的开头有没有重新提到研究假设？

□ 所选择的用来分析数据和检验假设的统计方法是否具有逻辑性？

□ 是否所有的研究结果都有文字和统计数据做解释（参见第六章）？

□ 论文中出现的所有数字、统计符号和希腊字母有没有与原始的数据分析对照核实过（参见第六章）？

□ 是否所有的表格和图表都在正文中被提及和被解释过了（参见第八章）？

□ 研究发现是否以一种逻辑的秩序或顺序呈现的（也就是先讲首要发现，然后再讲次要发现，等等）？

讨论

☐ 有没有从概念上重新审视研究假设？

☐ 引言和结果部分所提出的问题是否在讨论部分中得到了回应？

☐ 对于所有的研究发现，是否有其他解释？如果有的话，文中是否探讨过？

☐ 对于取得的所有实验结果，是否有和预期不符或与假设相反的情况？如果有的话，是否考虑过可能的解释？

☐ 是否指出了研究的不足之处并进行了解释？

☐ 是否讨论了研究发现的意义或实际应用？

☐ 有没有为未来的调查提供方向？

☐ 论文的结尾是不是有趣、不无聊？

参考文献

☐ 正文中的引用与参考文献匹配吗？

☐ 所有的参考文献格式是否都符合 APA 格式规范（参见第七章）？

☐ 参考文献是最近的吗？如果不是的话，为什么？

☐ 你在这一部分列出了多少参考文献？数量够吗（例如 10 个—20 个）？

总体问题

☐ 论文的每一个主要部分能否脱离其他部分被独立阅读？

☐ 论文是否已经校对过，改正语法、标点和拼写错误了（参见第九章）？

☐ 是否确认过论文中没有一两句话的段落？

☐ 是否有足够的描述性小标题？修改小标题会不会让论文的提纲对读者来说变得更清楚？

☐ 论文的格式正确吗（例如，是不是 APA 格式）？

☐ 表格和图表是否符合 APA 格式要求（参见第八章）？

当我重审论文草稿的时候，通常都会做一些改动。我会想起我在第一遍写作时遗忘或忽略的内容。那些我写作时所纠结的问题或有问题的地方，在过了一天之后似乎看上去不那么可怕了。只需要经过一点点时间，或者稍稍转移注意力，一些写作者就会发现他们的"问题"不再是问题，他们第一次表述的观点其实就很好（Peterson, 1996）。这并不是在鼓励你不加考虑地满足于自己之前的文稿，而是鼓励你用新的视角去审视之前的文稿。

在理想的情况下，你应该在把论文定稿提交给导师之前完成最后一次审视。而在你最后一次审视论文前，至少给自己留够24小时（48小时会更好）的时间。当你重审文稿的时候，想一想你的导师或同学会有怎样的想法。哪些内容他们可能会喜欢，会漏掉，或者会建议你修改？保持距离和"换位思考"可以让你确定最后要做的改动，使你的论文更严谨。不过，既然你在重新审视自己论文的基础上做出修改，为什么不真的请你的导师或同学读一读你的论文并给出评论呢？

□ 检查清单：实证论文中应该避免的常见错误

□ 引用研究者的时候，**不要**提供他们的第一个名字[1]、所在高校的附属机构，或者其他额外的个人信息。

□ 回顾以往的研究时，**不要**提供不必要的细节（例如，研究是在哪所大学开展的；有多少参与者，研究者是如何招募参与者的）。

□ 报告以往的研究发现时，**不要**提供实际的统计结果（也就是，不要出现统计符号）；只用行为术语描述发现了什么

□ **不要**使用过多的表格或图表。

□ **不要**引用对论文不必要的参考文献。

□ **不要**引用你课堂上使用的教科书；要依靠第一手资料。

1　英文作者只标注姓氏，不标注名字。——编注

4.5　寻求反馈

心理学家之间经常互换论文草稿以寻求他人对自己论文的评论。事实上，大多数研究者在提交自己的实证论文以供审查和发表之前，都会先向同事寻求反馈意见。为什么呢？因为额外的反馈可以让研究者有机会改进他们的研究总结。基本上，用一个新的视角可以看到写作者没有注意到的论文中的优点或缺点，因为写作者对自己的论文太过熟悉了。

写作研习会（writing workshop）已经彻底改革了写作教学。现在，学生们常常在提交论文给导师评分之前积极地寻求同伴对自己的论文给予反馈（e.g., Elbow & Belanoff, 1995）。也许你已经参加过包含研习会的写作课程了，学生们就在研习会上分享彼此的文稿。心理学专业的学生研究者也能够从审读者的评论中获益（Dunn, 1994）。

4.5.1　教授、同学还是写作中心？

至于你可以寻求反馈意见的审读者，你可能有三种选择：你的导师、你的同班同学，或者学校写作中心的老师。由于太近的人之间会有明显的利益冲突，我不建议你向密友、恋爱对象或家人寻求帮助。许多导师都很乐意阅读自己学生的论文初稿。你可以在你导师的办公时间去找他，看看他是否愿意这样做。你也可以请求你的同班同学或值得信任的同伴来阅读你的论文。确定你所选的人明白你想要的是对你论文的真诚批评，而非过度赞美。最后，现在许多高校都设有写作中心，其中配有受过专门训练的老师，可以对学生的写作给出意见。你所需要做的就是提前打电话预约一位写作中心的老师，准时出现并向他说明你的写作任务，然后将你的文稿交给他审读。

4.5.2 如何（优雅地）接受反馈

每一个人都喜欢赞美；没有人喜欢批评。面对别人对你论文的批评，你很容易摆出防御姿态，但你必须试着不那样做。记住，审读者真心想要帮忙，你的责任就是仔细倾听他们说了什么（也就是谚语所说的，不要迁怒于报信人）。我时常提醒我的学生，如果你的同伴对你论文的某个部分感到难以理解，那么事实上我必然也会觉得难理解——而且我是那个打分的人。所以请密切关注你的审读者对你的论文有什么样的反馈，记录下来，并在下一稿中适当进行修改。记住一个简单规则将会帮助到你：**读者总是对的。**

你想要从审读者那里得到什么样的反馈？记住你的审稿人并不是你论文的校对者；改正文中的表面错误是你自己的工作（参见第九章）。你所寻求的是对方能对你的论证清晰度进行指导，对你的行文予以评价，对你遗漏的信息给出暗示，或者对论文哪部分比其他部分更好说出他的感觉。邀请你的审读者对论文的内容做出评价。

当审读者读完你的论文草稿后，询问他们具体的看法。你可以考虑使用下一页方框中列出的问题，来帮助你进行讨论，并且确保你从审读者那里得到了你所需要的信息。仔细倾听对方的评价，同时做好笔记。如果你不确定某个评价的意思，或者你需要对方进一步说明，那么礼貌地询问你的审读者以获得更多信息。

还有一件事：你不是必须听从审读者的建议（除非/也许/当这个审读者就是你的导师）。如果你真的不同意对方的评价，那不用它们就好了（也就是说，"这毕竟是你的论文"；Williams & Brydon-Miller, 1997, p. 103）。但是，请你尊重这些意见，并且感谢那个抽时间评价你论文的人。对你的审读者总是心怀感激，当他写作的时候，主动提出你可以阅读他所写的文稿。

向审阅心理学论文的读者所问的问题

1. 这篇论文的主要观点是什么?

2. 你对该研究的看法是什么? 它对你来说有意义吗?

3. 你能回想起研究假设是什么吗? 该假设是如何被检验的?

4. 研究方法背后的逻辑是否清晰? 研究方法是否描述得足够详细, 以至于别人可以从头到尾重做这个研究?

5. 研究结果是什么? 这些结果支持论文的结论吗?

6. 论文的各个部分有难理解的吗? 看上去是否有什么信息被漏掉了, 或者需要更详细的讨论?

7. 你认为论文各个部分的篇幅可以被压缩吗? 哪些部分可以?

8. 参考文献看上去足够多吗?

9. 您能提供改进这篇论文的其他建议吗?

4.5.3 如何(优雅地)给予反馈

给予反馈并不意味着做一个复仇式的批评家。用你想要获得反馈的方式来给你的同伴提供有帮助的、有礼貌的反馈(也就是, 遵循写作研习会的"黄金法则")。记住, 阅读和评论他人的论文可以提高你自己的写作水平; 有时候, 发现别人论文中的问题要比发现自己的问题更容易。这一经历也许可以帮助你避免在自己的论文中犯相同的错误。你甚至可能通过阅读同伴的论文学会一些写作风格和技巧。

你可以使用下一页方框中的问题来指导你该如何审阅同伴的论文。(用这些问题来审阅你自己的文稿也是个好主意。)回答这些问题可以帮你组织你要给的反馈。设法给予你的同伴最具体的反馈, 同时总是记得要找到论文中值得肯定的地方讲一讲。

读者在审阅心理学论文时所要思考的问题

1. 引言中对研究主题的介绍是否有足够的深度并提供了足够的细节？

2. 你觉得该论文的研究假设有意义吗？文中的例子能很好地支持假设吗？

3. 该论文的方法部分容易照着做吗？有没有缺少什么重要细节，会让重复这个实验存在困难？

4. 研究发现是否清晰？它们在多大程度上符合该论文的假设？如果出现不符合的情况，作者有没有承认结果与预测关系不匹配呢？

5. 该论文是否符合 APA 格式？

6. 讨论部分有没有把研究结果放到更大的语境中讨论？这些结果是否有任何启示或应用？该论文的结论是有趣还是无聊？

7. 段与段之间的过渡是否清楚且符合逻辑？

8. 你可以提供哪些具体建议来改进这篇论文？

4.5.4　如何举办同学间的写作研习会

留出一些课堂时间，或者在课堂外见面来分享彼此的心理学论文草稿（或者某个部分的草稿，例如引言或结果部分）。每一个写作者都将自己的论文复印件与另一个写作者互换，这样就可以阅读彼此的文稿，然后在上面写下评论、建议和修改意见。审读者可以用上面方框中列出的问题作为评述论文的指导。当论文作者拿回经过修改的文稿时，应该通过使用上一页方框中列举的问题，来从审阅自己论文的读者那里寻求更多反馈。然后，论文作者应该吸取所有有用的反馈意见，再次修改论文。

练 习

1. 写下三件你在本章中学到的关于写作的事。

2. 在你的研究笔记本上进行一次 10 分钟的自由写作。休息一下，然后再进行一次 10 分钟的与你的论文主题有关的有重点的自由写作。

3. 想象你有 10 分钟的时间来给某人描述一个研究主题。创建一个提纲，把论及该研究主题的重要问题包含在内，然后把这个提纲记在你的研究笔记本上。

4. 在你的研究笔记本中，先用一句话概括一个假设，再用一段话描述一个理论、所有自变量与因变量以及一个例子来支持你的假设。

5. 在你的研究笔记本中，针对某个已经发表的研究发现，为不同的读者撰写三个简短的概要：（a）你的导师，（b）你的同学，（c）一个从来没有上过心理学课程的人。

6. 从你已经完成的一篇论文草稿中提炼出一个反向提纲。

7. 与一个同学交换论文草稿。然后，使用本章中提出的关于如何接受和给予反馈的指导，为彼此提供建设性的批评意见。

8. 举办一次写作研习会，与同学互换论文。在文稿上标注评论和修改建议，然后分享和讨论你和你的同学阅读论文时观察到的常见错误。让审读的同学再次检查论文。

9. 重点讨论论文中值得肯定的地方。与同学互换论文，让每一个人指出他们所阅读的论文中的所有优点（不是缺点）。讨论一下这些优点。

第五章

撰写 APA 格式的论文：内容与指导

你已经完成了实验，并且分析好了数据。现在是时候去动笔、发表、让全世界了解你的发现了！

——达里尔·J·贝姆（Daryl J. Bem, 2000, p. 3）

读完前几章后，相信你已经准备好更深入地学习心理学写作的规则了。本章我们将聚焦于 APA 格式的研究性论文每个部分之内的具体内容。我会为你提供《美国心理学协会出版手册》中清楚说明的写作指导，以及我作为教师和写作者所收获的写作技巧。当你坐下来撰写一篇 APA 格式的论文时，本章的内容可供你参考。虽然这里的重点在于实证论文的写作，但本章也提供了撰写 APA 格式的其他文章的指导建议。

5.1 APA 格式的优点

APA 格式的文章通常被用于向心理学家、更广泛的科学组织或感兴趣的读者传达关于行为的研究。为了实现这一目标，这些文章都依赖一种标准化的组织框架，其规定了在哪里、如何摆放特定的信息可以使读者的受益最大化。APA 格式规范了心理学写作的方方面面，从标点符号的使用到页码的标注，从行文结构到参考文献的编排方式。论文写作的标准化具有以下优点：

- **连贯性**：统一的格式能使读者在大部分出版物中找到特定信息的位置。相应地，写作者也知道如何准备文章才能迎合读者的期待。
- **清晰性**：一种常见的写作文体能使报告中的研究假设、方法及发现更加清晰。
- **简约性**：能让科学研究在简洁但又有所侧重的叙述中得到解释。

- **反复性:** 在任何一篇心理学文章中,重要观点都会被反复提及。如此,APA 格式的所有论文的主要部分都可以独立于其他部分而被阅读,因为每个主要部分评述了与其他部分相同的关键主题,只是包含了不同数量的细节。

这四条优点可以共同引出一条新优点:

- **准确性:** 科学研究的所有总结都必须尽可能地做到零差错。

如果写作者充分利用了这些优点,那么它们可以确保任何一个受过良好教育的人都能理解 APA 格式的文章,并能从中获得一些道理。APA 格式的文章意味着要有教育意义,因此它应该对心理学领域内和领域外的读者都具有可读性。

5.1.1　适合实证写作的贝姆的沙漏模型

在一篇 APA 格式的文章中,正文的核心包含四个部分:引言、方法、结果与讨论。在写作上极具天赋的社会心理学家达里尔·贝姆认为:从概念上来说,一篇实证文献的核心就像一个沙漏(Bem, 1987, 2000; see also Bem, 1995)。文章开始时探讨的内容比较宽泛,随着进入方法部分逐渐缩小研究范围,变得越来越具体、越来越突出重点,然后当评述结果和讨论部分中结果的启示时,视角再一次拓宽了。

当你开始列提纲、打草稿和动笔撰写 APA 格式论文的时候,请将贝姆的沙漏模型牢记于心。沙漏的形状是一个很好的比喻:先宽泛,接着具体,然后再拓宽。这将会帮助你在写作的过程中正确地处理细节。

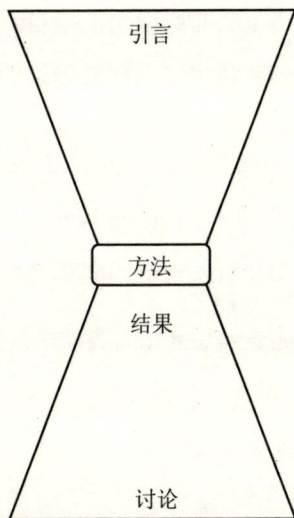

图 5.1 APA 格式实证论文的沙漏模型

来源："The Hourglass Model of APA–Style Empirical Papers" from *The Practical Researcher: A student Guide to Conducting Psychological Research 2e* by D. S. Dunn, 2010. Reprinted by permission of Wiley–Blackwell.

5.2 以 APA 格式撰写实证或研究论文

5.2.1 题 目

　　拟定题目的基本规则其实很简单：杜绝无聊——吸引读者的注意（Sternberg, 2000a）。当然，这个规则并不是鼓励写作者编造愚蠢的或有争议的题目，而是提醒我们尽量不要依赖陈词滥调或过时的套话。有太多的文章题目都类似于"某自变量对某因变量的影响"（请自行填入你喜欢的自变量与因变量），或者"一项关于……的实验"，或者"一项关于……的研究"。这些题目本质上并没有什么错误，但是它们也没有什么吸引人的地方。读者浏览文章题目的速度通常很快，以便略过所有不能激发好奇心的题目，留心那些听上去有吸引力的题目。

我快速翻阅了一些期刊，找出了一些起得好的题目。示例如下：

Interacting with Sexist Men Triggers Social Identity Threat Among Female Engineers（Logel, Walton, Spencer, Iserman, von Hipple, & Bell, 2009）

与性别歧视的男性互动会引发女性工程师的社会认同威胁

Greater Strengths of Character and Recovery from Illness（Peterson, Park, & Seligman, 2006）

积极的性格优势与疾病的康复

The Peculiar Longevity of Things Not So Bad（Gilbert, Lieberman, Morewedge, & Wilson, 2004）

感觉没那么坏，恢复却没那么快

Racial Discrimination and the Stress Process（Ong, Fuller-Rowell, & Burrow, 2009）

种族歧视与压力过程

When What You Say About Others Says Something About You: Language Abstraction and Inferences About Describers' Attitudes and Goals（Douglas & Sutton, 2006）

谈论他人，映出自己：语言抽象性与对描述者的态度及目标的推断

Patterns of Thinking in Militant Extremism（Saucier, Akers, Shen-Miller, Knežević, & Stankov, 2009）

好战的极端主义中的思维模式

Forgotten But Not Gone: The Recall and Recognition of Self-Threatening Memories（Green, Sedikides, & Gregg, 2007）

虽然遗忘，但未消失：对自我威胁记忆的回忆与再认

你可以去图书馆的期刊借阅区域，翻阅涉及你的论文主题相关内容的期刊（参见本书索引部分可以获取一些合适的期刊）。当然，请不要照抄一个题目，而是考虑模仿一个好题目的格式与精髓。

哪些因素造就了一个好题目？好题目通常遵循了一定的模式：

- 准确、简明地揭示了一篇文章的目的；
- 包含了强调理论、自变量和（或）因变量的关键词；
- 体现了变量之间的重要关系（例如，因果关系，对结果的测量、混淆、重新诠释）；
- 依托关键词，以便文献检索数据库（例如，PsycINFO）适当地识别出与文章相关的信息。

APA 格式的题目应做到相对简明，理想的长度介于 10 到 12 个词之间。过短的题目可能无法提供充足的信息，而过长的题目则可能使读者感到厌烦，或者可能有将真实的研究目的与不必要的信息混淆在一起的风险。

拟定一个题目

拟定题目是完成一篇 APA 格式文章的最后步骤之一。在你还没有深刻领会一个研究项目及其发现之前，你绝不应该动笔拟定题目。当你准备拟定题目时，在电脑上打开一个空白文档，或者在面前放上一张白纸，然后写下你认为应该包括在题目中的所有要点。接下来，删除多余的字词或短语，特别是像"一项……的研究""一项……的调查""……的影响"，你需要的是能够准确传达你的研究目的的字词。

　　删除了多余的字词后，接下来应该做什么呢？现在，题目的第一个词是否强调了你的研究所得出的重点（Szuchman, 2002）？如果不是，调整题目中字词的顺序，使它以重点词为开头。因此，相对于

The Effects of Spatial Reasoning on Pattern Recognition in Children
儿童空间推理能力对模式识别的影响

下面的表述更加凝练：

Spatial Reasoning Affects Pattern Recognition in Children
空间推理影响儿童的模式识别

尝试用不同方式拟定同一个题目，直到最终挑选出最好的一个：

Children's Pattern Recognition: Effects of Spatial Reasoning
儿童的模式识别：来自空间推理的影响

Spatial Reasoning Affects Pattern Recognition in Children
空间推理影响儿童的模式识别

There It Is Again: Spatial Reasoning Affects Children's Pattern Recognition
再次表明：空间推理影响儿童的模式识别

Thinking Spatially Promotes Pattern Recognition in Children
空间思考促进儿童的模式识别

Spatial Thinking in Children Helps Them to Recognize Patterns
空间思维有助于儿童识别模式

撰写题目与题目页的快速小结

- 通常来说论文题目不应超过 10 到 12 个单词。

- 题目应出现在第一页上半部分的居中位置（参见第九章的格式指导）。

- 避免使用不必要的字词（例如"……的影响""一项关于……的实验""一项关于……的研究"等）。

- 不要在题目中出现缩写（例如，应当使用"长时记忆"，而非"LTM"）。

- 作者姓名与单位（学院、大学或其他所属机构）名称应采用双倍行距，位于题目正下方居中位置。

- 参见题目页样例（第 141 页）。

- 关于撰写论文题目的更多指导，详见《美国心理学协会出版手册》。

5.2.2　作者注

　　作者注应该写得简短、亲切，而且直接，其中包含研究的资金来源、致谢，以及联系人方式等信息。大多数的学生论文都不需要提供作者注，但有一些可能需要提供，尤其当研究项目是由多人合作完成的时候。下面是一个基本的作者注，适用于 APA 格式的学生论文：

作者注

　　史蒂文·J·史密斯，比格泰大学[1]心理学系。

　　非常感谢国家荣誉心理学会（Psi Chi）地方分会为我提供资金支持，用于复印研究中所用的调查问卷。感谢琼斯教授和研究方法 202 课程的同学对论文的早期版本提供了有用的评论。

　　与本研究有关的交流，请联系史蒂文·J·史密斯。联系地址：美国安妮顿市比格泰大学 222 信箱，邮编 11111。电子邮箱：sjs@bigtime.edu

---

1　Bigtime University，此大学及大学所在地（Anytown）皆为作者虚构。——编注

撰写作者注的快速小结

- 作为题目页的一部分，"作者注"放在文稿第 1 页论文题目、作者姓名及单位名称下方的居中位置。

- 再次注明作者姓名，并添加相关院系或机构名称。

- 注明研究中获得的经费支持来源（例如补助金、奖学基金）。本科生论文很少得到资助，但一些研究生论文确实得到这样的资助。

- 感谢学院的支持。向那些为你的论文提供了建设性的评论或对研究给予帮助的个人表示感谢，这是专业礼节。

- 提供联系方式，以便读者可以获取更多有关研究的信息。提供你的邮寄地址或者电子邮箱地址，这样所有对你的研究感兴趣的人就能联系到你（这一点对学术会议展示或期刊投稿特别有用，详见第十章）。

- 参见作者注样例（第 141 页）。想要获取更多指导，请参考《美国心理学协会出版手册》。

5.2.3 摘 要

如果说文章题目是要吸引读者的注意力，那么摘要就是要持续抓住这种注意力。摘要可以说是决定 APA 格式文章成败的关键部分，作者在摘要中必须有说服力地阐明读者为什么要花费时间来阅读这篇文章。摘要不仅应该吸引那些对该主题有一定了解的人，而且应该吸引那些可能对该主题产生兴趣的初涉猎者来进一步阅读。写好摘要并不容易，它应该是你完成一篇 APA 格式文章的最后步骤之一（详见第 90 页的非线性检查清单）。除非你已经写出一篇扎实的论文草稿，否则不要动笔撰写摘要。在你试图写作这一简短的概要之前，你必须了解相关的文献资料，以及你自己的研究假设、方法和结果。

APA 格式要求摘要应该写成一个简短的、首行不缩进字符的段落，长度介于 100 到 120 词之间（理论性或综述性文章的摘要，长度在 75 到 100 词之间）。《美国心理学协会出版手册》提倡摘要应该写得实事求是、独立完整、简明扼要、高度凝练，并且易于理解。

摘要应该涵盖以下几点内容：

- 接受检验的问题；
- 该研究的主要假设（很多论文有不止一个假设，但是绝不要把它们都写进摘要中）；
- 记录有任何实验材料和（或）仪器、实验参与者（例如，数量、性别与年龄）或动物被试（必须表明它们的属种）、实验设计与实验过程的研究方法小结；
- 简要描述该研究的主要发现；
- 未来的研究方向。

下面是来自《情绪》（*Emotion*）期刊的一个摘要范例。该研究调查了对未来事件存在消极期待的代价与益处。留意文章作者戈卢布、吉尔伯特和威尔逊（Golub, Gilbert, and Wilson, 2009, p. 277）是如何做到简明地描述了两个实验和一个现场研究，同时涵盖了必要的内容的：

对未来事件的消极期待或许能在消极事件发生时缓和个体的沮丧情绪，但它也会使得个体在等待事件发生期间倍感糟糕。有三项研究显示对未来事件存在消极期待的代价大于好处。在两项实验室实验和一项现场研究中，参与者认为他们在等待消极事件发生时的内心感受比等待积极事件时的感受更糟糕；但是一旦事件真正发生了，他们之前的期待对当下的感受却没有可观测的影响。这些结果表明，要使积极情感最大化，预见烦恼可能是一种十分糟糕的策略。

关键词：情感预测，悲观，期待

撰写摘要

　　动笔撰写摘要之前，你可以先写出抓住文章每个主要部分主旨的总结句，包括：引言（也就是主题范围、文献、研究假设）、方法（也就是实验参与者和实验过程的简要描述）、结果（也就是实验参与者做了什么，他们的行为是否证实了假设），以及讨论（也就是该研究对已知的研究成果意味着什么，对这个研究领域有何意义）。在初稿中，宁愿写得具体，也不要写得概念化、理论化。要为每个主要部分撰写一句（或最多两句）概括性的句子并不容易，但你必须这么做，然后再考虑补充必要的细节。

　　或者，你可以就你的项目研究论文进行有重点的自由写作，确保写下的内容描述了研究背景、假设、方法、发现及其意义。你可以用文字处理器来完成这项工作，以便统计字数、调整语句、让摘要保持在合理的长度内。

　　提供关键词。当你写完摘要之后，在它的正下方居中位置列出不超过五个能够抓住文章中心主旨的关键词或短语（参见戈卢布、吉尔伯特和威尔逊的摘要）。第 143 页的论文样例中也提供了关键词样例。

5.2.4　撰写 APA 格式摘要的结构化方法

　　撰写 APA 格式摘要时，你可以采用如下方式拟出摘要的结构：如果你的摘要的最大字数限制是 120 词，那么你有大约 10 句话且每句话以 12 个词为限，来描述你做了什么、发现了什么，以及你为什么撰写这段摘要。采用这种方式，你可以在不遗漏任何必要信息的情况下写出一份简明扼要的摘要。下面的指导准则（改编自 Lori J. Toedler［2006］的讲义）可以帮助你完成撰写摘要的任务。记住，这些指导准则并不适用于所有研究。但是，它们可以帮助你迅速拟出一份摘要初稿，经过完善与修改就适合你的论文需要了。

- **背景和（或）目的（一句话）**：描述你为什么进行这项实验，以及这项实验为什么重要。
- **假设（一句话）**：描述主要假设和变量（读者可以在文章的主体部分找到次要假设与变量）。
- **样本（一句话）**：指出实验参与者的数量、性别、年龄范围，以及他们是如何被招募的。
- **设计（一句话）**：运用适当的术语来解释研究设计（例如：两组被试间设计、随机分配）。
- **方法与测量（两句话）**：描述你对自变量的操纵，控制条件的实现，以及对因变量的测量。
- **结果（两到三句话）**：关注结果与假设的关系如何。如果预期效应没有显现，那么描述你所发现的任何有趣的结果。
- **结论（一到两句话）**：阐述研究的深远意义。如果可能的话，向业余读者提供这项研究的关键信息。

撰写摘要部分的快速小结
- 一篇实证论文的摘要长度在 120 词以内。
- 一篇理论性或综述性论文的摘要长度在 75 到 100 词之间。

- 摘要**绝不要**像段落一样首行缩进字符。
- 摘要出现在 APA 格式文稿的第 2 页。
- 参见摘要样例（第 143 页）。
- 在摘要的内容下面列举不超过五个关键词。
- 关于撰写摘要的更多信息，参见《美国心理学协会出版手册》。

5.2.5　引　言

引言的目的是为读者提供与该论文所检验的问题相关的有重点的文献综述。尽管如此，一篇好的引言并非仅仅为某个研究问题提供相关的背景材料。引言给写作者提供了一个机会，来让读者真正地理解心理学问题背后的科学推理。引言可以让你从心理学文献中得出或拓展出一些道理。

引言涵盖以下五个点内容：

1. 与主题相关的已有文献的回顾：*我们已经知道了什么？*
2. 陈述研究目的：*为什么要进行这个研究？*
3. 理论意义：*该研究得出的结果可以怎样拓展我们已有的知识？*
4. 对变量的描述与定义：*你测量了哪些变量，操纵了哪些变量？*
5. 清晰地阐述研究假设与支持这一假设的理由：*该研究检验的是什么问题？为什么？*

撰写引言

当你在引言中陈述这些要点时，你必须做到清晰明了、直截了当，不要牵强附会。因此，在文章的开头部分，最好指出这个研究主题为什么有趣（例如，"一些人倾向于日久生情，而另一些人则容易一见钟情。哪些

写作指南 5.1

引言开场白

　　引言部分的一个好的开头能够吸引读者的兴趣，促使他们继续阅读文章。肯德尔等人（Kendall, Silk, & Chu, 2000, p. 43）提供了一些关于如何撰写关键起始段的策略。你可以尝试以下几种引言开场白：

1. **一个日常经历**：将你的研究主题与一个常见的事件，或者读者可以认出的每天都会发生的事相比较。（例如，"如今，绝大多数职业人士都能体会到他们工作和家庭生活之间一种紧张的不平衡状态。"）

2. **缺乏相关研究**：如果关于某个主题或问题以往几乎没有做过什么研究，那么要解释研究的必要性通常不会很难。（例如，"所有具有感觉能力的人都有知觉，但是我们对知觉的特性与本质却知之甚少。"）

3. **一个反问句**：反问句能让问题变得更加个人化，从而引导读者审视他们自己对于某个主题的思考与感受。（例如，"爱的本质是什么？"）

4. **一个引人注意的事实或数据**：以某个与论文主题相关的、通常令人惊讶的信息作为开头。（例如，"就学术能力而言，大多数学生都认为自己的学术能力高于平均水平。这是一个令人难以置信，但十分有趣的现象。"）

5. **一个比喻或类比**：运用比喻或类比的手法能够让看上去不同的事物或观点之间产生一种相似性，从而促使读者把注意力集中在一个主题的这种宽泛性上。（例如，"心理学家威廉·詹姆斯［William James］认为，人类的意识就像河流一样流动，连绵不绝又时刻变化，总是有几分相似。"）

6. **历史沿革**：把一个研究问题偶尔放到历史语境中去审视是适当的，

> 尤其是旨在探究某一主题是如何随着时间的变化而变化的。(例如,"在美国行为主义鼎盛时期,心理学本身受到的关注却日益低下。")

因素会导致爱情突然降临,而非姗姗来迟?"),而不是简单地,甚至无趣地直述主题(例如,"本研究旨在探索决定一场恋情开始的影响因素。")。虽然这后一种陈述方式看起来还可以,但并非是最好的写作,更谈不上吸引读者了。

你要在文章的起始段就抓住读者的兴趣。请参考下面这个有力的例子,它在叙述一桩悲剧的同时,激励读者从心理学的角度去思考问题(from Lickel, Schmader, & Hamilton, 2003, p. 194):

1999 年 4 月 20 日,科罗拉多州的利特尔顿发生了一桩惨剧。两名学生——埃里克·哈里斯(Eric Harris)和迪伦·克莱博尔德(Dylan Klebold)——闯入他们所在的科伦拜中学,残忍地杀害了 12 名学生与 1 名老师。之后这两名年轻人在学校图书馆,也就是大多数受害者遇害的地方自杀了。在接下来的几天里,关于该事件的新闻报道席卷了整个美国,并引发了公众的广泛讨论。究竟谁该为这桩惨剧最终负责?毫无疑问,是埃里克和迪伦做出了残忍的杀戮行为,但在许多人看来,不仅这两个年轻人应该受到谴责,他们的父母、朋友,以及与这两个杀手有关的其他人都应该受到谴责。像这样的情况,即人们对事件的谴责蔓延到犯事者之外的其他人身上,可以被描述为"集体责任"(Fineberg, 1970; May, 1987)。当前的研究旨在通过特别关注那些预测出普通大众如何判断科伦拜校园枪击事件的集体责任的因素,从而理解人们在现实生活中是如何判断集体责任的。

引言部分的主体是文献综述，也就是对与你所进行的研究直接相关的已有文献进行仔细的、适当全面的论述。请注意"适当全面"（reasonably thorough）这个短语：你的任务不是描述或引用每一个与你论文中的研究内容有关的出版物。文献综述不是文献历史。只有与你当前的研究工作直接相关的过往研究，才应该被你引用或讨论。当你回顾这些研究的时候，只需要呈现主要的研究发现、结论、相关方法、测量工具或技术，而无须提及具体细节，比如实验参与者的数量、研究进行的时间、地点，等等。想要知道具体细节的读者可以借助你论文的参考文献部分，追查相关文献及信息。

当你回顾过往研究的时候，要关注的是研究结果，以及它们与你的研究之间的关系，而不是研究者的姓名。使研究本身而非研究者的姓名成为你论文中句子的主语。当我阅读学生的论文初稿时，我总是读到类似这样的句子：

> 1984 年，耶鲁大学心理学家罗伯特·J·斯滕伯格（Robert J. Sternberg）和苏珊·格拉耶克（Susan Grajek）在《人格与社会心理学杂志》（*Journal of Personality and Social Psychology*）上发表了一篇探讨爱的结构性本质的文章。

事实上，受到关注的应当是斯滕伯格和格拉耶克的研究成果，而非研究者本身、他们所属的机构，或者他们发表文章的刊物。

> 要探究爱的本质，需要对三种可供选择的结构模型进行检验（Sternberg & Grajek, 1984）。

研究者兼作者的姓氏与出版时间应该放在句中或句尾的括号中（参见第七章第 183 页）。不过，当你确实需要描述研究者各自的贡献或不同研究者相互争鸣的理论，又或者确实需要改变你的写作风格时，你应该把作者的姓氏当作句子主语。你可以这样写：

> 斯滕伯格和格拉耶克（1984）检验了三种旨在揭示爱的结构性本质的模型。

只是要确保关注作者本身的句子应该相对较少。

　　运用 APA 格式写作论文的学生通常按照时间顺序来组织相关研究文献（Thaiss & Sanford, 2000）。最先被引用和讨论的是最早的文献，然后是较早的文献，一直到最近的相关出版物。此外，有一个更好的撰写文献综述的方法，那就是按照主题分类来回顾以往研究（e.g., Thaiss & Sanford, 2000）。如果几篇文章采用的是同一种研究方法，那就把它们放在一起评述。从概念上将有着共同主题的文献放在一起评述，可以使这些文献的主旨更加突出，并且使这些研究与你的研究之间的联系变得更容易理解。

　　不可避免地，你将会要评论前人研究中的不足之处。现在看似明显的缺点在研究进行的当时很可能不那么显而易见。在任何情况下，你的批评都不应该是推测，你必须用实证证据来证明自己的想法。因此，不要急于批判前人的研究（"我们并不清楚为什么早先的研究者完全忽视了去检验友谊在恋爱吸引力中的作用。"）。你应该通过检验前人研究的方法中的不足，从而提出你对该研究的质疑；运用最新的研究发现对过去的结果给予新的解释；或者，突出强调不同研究中不一致的地方。这些批评必须是专业的、有建设性的，而非针对个人的。在你指出他人不足的同时致谢其贡献的情况也完全有可能发生。批评的关键是针对已知研究，探索以实证为根据的挑战，而非提出未经证实的（以及不友好的）意见（see Sternberg, 2002）。

在引言的最后一两段，你应该清楚地陈述研究假设和预期结果，并简要叙述用以检验假设的研究方法。相对于可靠、准确（但又令人厌烦）的陈述，例如"本研究的假设是：私密形式的情感表露对约会情侣之间的恋情应该会有促进作用"，你应当尝试简洁的表述："预计私密形式的情感表露可促进约会情侣之间的恋爱关系"。除了陈述假设，别忘了提及预期结果："与听到对方的中性表露的情侣相比，听到对方的情绪性表露的情侣应该会报告他们的对象拥有更高的恋爱吸引力"。因为你的研究方法主要在方法部分加以描述，所以在引言中提及时应该是简短的，但又是描述性的："为了探究情感表露在恋爱吸引力中起到的作用，一些情侣被要求互相描述他们过去的一个情感转折点（即情绪性表露），另一些情侣则被告知要分享他们选择现在的专业方向而非其他专业的理由（即中性表露）"。

最后，刚刚接触 APA 格式的学生常常认为他们不应该在引言部分介绍自己的研究方法，认为论文的每个部分都必须独立于其他部分。但是，为了让论文的每个部分做到真正的独立，必须让它们共享一些信息。例如，如果不把研究假设同用以检验假设的研究方法联系起来的话，那么研究假设将会显得没什么意义。

撰写引言部分的快速小结

- 不要在引言中突出其他研究者的姓名。
- 依据《美国心理学协会出版手册》，在论文第 3 页，也就是引言开始的那一页的顶端居中位置，应该再次输入论文题目，并设置为双倍行距。

- 引言一般是用过去时态写的，因为你在这一部分回顾了已经发表的文献和你自己的研究——（想必）你已经进行过研究了。
- 引言包括三个要点：对主题的总体概述、文献综述和研究假设（并且简要提及预期结果和采用的方法）。
- 参见引言部分样例（第 145 页—147 页）。
- 关于撰写引言的更多信息，参见《美国心理学协会出版手册》。

5.2.6　方　法

论文的方法部分是提供给想要评估实验内容的，或者想要从头至尾重复实验的读者的一张蓝图。周密的方法部分能让读者在脑海中做完实验全程，想象实验参与者是如何参与实验的。读者还可以通过仔细阅读研究的方法部分，来评估这个实证研究的信效度（APA, 2010）。

方法部分就像一出戏剧的脚本，包含台词和舞台指示：一些演员背诵台词（也就是实验者），另一些演员仔细倾听台词（也就是参与者），所有的行动都由舞台指示来协调。这些指示包括：辨别要操纵或测量哪些变量，实验者和参与者要做什么，实验使用了哪些刺激材料、人格量表、调查表或调查问卷，以及何时向参与者进行事后说明（debriefing）。

撰写方法部分

当你撰写方法部分的时候，应该适当地加以描述，但又不要描述得那么具体，以至于原本可以用一句干脆的话说好的事被你写成了一个过分详尽的段落。方法部分可以涵盖以下子部分，以小标题为标记，通常遵循以下顺序：

• **参与者**或**被试**：在这一子部分中，你要描述实验的人类参与者（男性和［或］女性、儿童、幼童或婴儿，数量，他们的平均年龄和年龄范围，他们是在哪里、如何被招募的，以及其他相关信息），或者动物被试（性别、重量、属、种、品种编号或动物提供方名称、数量，以及其他相关的细节信息，尤其是它们的生理状态与经历过的治疗）。

下面是一个简要的参与者部分的范例，选自加斯珀和克洛尔（Gasper & Clore, 2002, p. 35）文章的方法部分：

参与者

　　56 名男性，51 名女性，以及 1 名没有报告其性别的被调查者，是为了获得课程要求的学分参与本实验的。

• **仪器**或**材料**：仪器指的是任何特殊的实验室设备、电脑软件，或者读者应该了解的其他设备。同时，你还要提供仪器制造商的名称与型号。特制的实验设备（例如，一个独特的动物迷宫）应该在附录中用图像加以说明或用文字加以描述。材料通常指的是调查表、调查问卷，或者向参与者展示的其他刺激信息。以前出版的测量工具（也就是人格量表或其他标准化量表）也被归入材料部分，并且应该在参考文献部分加以标注。至于新的测量工具，则应该用适当的细节进行描述，以便读者可以重复实验（你可以放在附录里）。

下面是实验仪器部分的范例，描述了作者在该实验中使用的刺激材料（from Bergeson & Trehub, 2002, p. 72）：

刺激材料与仪器

数字音频录制是在一个装有大型 IAC 降噪装置的小隔间内、用隔间内的 SHURE 5155D 麦克风完成的，麦克风连接着 Denon PMA—680R 型立体声放大器和配备有 SoundScope 软件的 Radius 81/110 电脑（GW 仪器有限公司，萨默维尔，马萨诸塞州）。我们将对测试阶段进行录像，以确保婴儿的情绪在实验各阶段是可比较的（来排除由婴儿心情变化引起的母亲声音变化的情况）。

- **过程**：过程部分提供了实验的时间进程。一个完整的过程应该包括：对实验设计与所处理任务的基本描述；如何把参与者分配到特定的实验条件下（如果有的话）；告知参与者的指导语最重要的细节；描述所有自变量与因变量，以及任何在实验中控制的额外变量；提到向实验参与者进行事后说明，以及实验事实上遵守了 APA 要求的伦理指导（参见本页的方框）。

下面是过程部分的范例，它将实验过程和关于实验所用仪器的信息放在了一起（from Kimchi & Hadad, 2002, p. 42）：

过程与仪器

实验的每个试次都包含以下一系列事件。首先，呈现一个中央注视点 250 毫秒，紧接着是 250 毫秒的间隔，随后呈现一个不同持续时间的刺激（一个直立或倒置的字母，或者一系列随机分布的圆点），之后立刻呈现测试，直至参与者做出反应。

参与者尽可能又快又准确地按压两个按键中的一个，对两个测试图形做出相同或不同的判断。由电脑记录参与者的反应时间。如果参

关于实验设计要问的问题

关于在一篇研究性论文的方法部分的过程子部分，应该如何处理实验设计，赖斯（Reis, 2000）总结了一些基本问题。你可以运用这些问题初步构建你的过程部分，你在这一部分通常要解释你的实验设计。

1. **你的研究设计属于哪一种？** 你是采用相关设计（correlational design）、准实验设计（quasi-experimental design）还是实验设计（experimental design）来进行研究的？有多少自变量与几个实验水平？实验是参与者间设计（between-participants）、参与者内设计（within-participants），还是混合设计（mixed-participants）？当你使用一种不常用的设计时，请提供一定的参考依据。

2. **实验参与者是如何被分配的？** 你是如何把参与者或动物被试分配到各个实验条件下的？

3. **自变量是什么？** 实验中使用了哪些自变量？例如，实验中的哪些条件表示自变量？你对实验地点（也就是实验室或实地）的哪些方面进行了控制或评估？

4. **因变量是什么？** 有哪些变量可以用来评估自变量对实验产生的影响？

与者做出错误反应，则立即通过声音提示予以反馈。在每组测试结束时，就错误反应的试次进行重复试验。参与者通过黑色不透光的纸板上的一个圆形小孔（直径 14 厘米）来观察电脑屏幕。

注意，你不需要把所有的子部分都写进每篇 APA 格式论文的方法部分。一个基本的方法部分包括：一个参与者或被试子部分，以及一个过程子部分。仪器和材料子部分可以根据实验的性质选择性地加以介绍。灵活性非常重要，有很多论文会加上一些独特的小标题，使得研究报告更易于理解

（参见上面仪器部分与过程部分各自的范例）。

如果你的实验依赖已经发表的素材（例如，实验指导语、过程、测量工具等），则可以用如下表述确保方法部分的简洁性：

> 我们的实验依赖与斯滕伯格和格拉耶克（1984）所用完全相同的材料和过程。

你可以先对你的研究方法做一个简要介绍，然后让读者参阅你所参考的文献的方法部分来获取更多细节信息：

> 实验参与者完成了一份人口统计学和家庭史的问卷，以及几份关于喜好的标准化指导语和测量工具（see Sternberg & Grajek, 1984）。

如果你要在论文中使用以前出版的素材，请向你的导师确认，让读者参阅以前的文献是否可行。你的导师可能还是会希望你撰写具体的方法部分，以此来获得相关的写作经验。

撰写方法部分的快速小结

- 方法部分紧接着引言部分。
- 作为一个部分的标题，"方法"一词居中、标粗。
- 方法部分包含一些子部分，子部分标题设置为左对齐并标粗，包括**参与者**（对人类而言）或**被试**（对动物而言）、**仪器**或**材料**，以及**过程**。如果有必要，你可以创建新的小标题名称。实验设计（参见129 页的方框）通常在过程部分的最前面加以描述。
- 参见方法部分的样例（第 149 页—151 页）。

写作指南 5.2

撰写方法部分，少即是多

学生有时候在他们的方法部分描述了过多细节。毫不夸张地说，有些人几乎记录下每一次眨眼和每一次呼吸。那样的细节实在太多太多了。你可以假定你的读者具备一定的知识，接下来的建议有助于你的方法部分变得简洁：

1. **不要对普通的东西进行过度说明**。一些事情不需要提及，因为情境的要求暗示了它们的存在。如果参与者在填写一份调查表，那么无须说明他们使用的是铅笔（2 号铅笔！）还是圆珠笔，或者这些撰写工具是从哪里来的。

2. **无须解释标准的实验设计、术语或方法**。假定你的读者对心理学研究比较熟悉。你不用详细地解释随机分配或刺激材料的抵消平衡（counterbalancing），你只需要陈述参与者被随机分配到各个实验条件下，或者对刺激材料采用抵消平衡法以避免顺序效应就可以了。

3. **基本上，从参与者的视角来描述实验过程**。尽管你可能是实验者，但你研究的是关于参与者的经历。你的角色，包括你的所言所行的确是重要的，但你描述的主体应该侧重于参与者所见的研究过程。

4. **如果有些东西不止一次被用到，你不需要再次描述它们**。在方法部分，任何提到不止一次的东西，例如量表、指导语、调查表或测量工具，只需要参见最初的描述。如果一个实验者多次重复相同的指导语，则应该提供一份逐字逐句的指导语，然后根据需要参见它。

5. **遵循字数经济原则**。在可能的情况下，减少不必要的细节信息。如果参与者被要求在不出错的情况下尽可能快速地阅读一篇文章，在方法部分只需要指出本实验强调速度与准确性即可（Szuchman, 2002）。

• 关于起草方法部分的更多信息，你可以重新审视你在引言部分所引用的期刊文章，或者参阅《美国心理学协会出版手册》。

5.2.7 结果

结果部分呈现了建立在对实验数据的统计分析基础上的研究发现。这一部分告诉读者，就被检验的假设而言，"发生了什么"。你所获得的实验结果是确证了还是否定了你的期待？本书第六章提供了如何选择适当的统计检验方法和撰写结果部分的具体指导，所以我在这一段中仅做简略描述。

撰写结果部分

写得好的结果部分应该采用平铺直叙的方式，首先提醒读者你的研究假设，说明你所用的统计学上检验假设的分析过程，然后给出真实的数据结果。当你呈现结果的时候，关键是用语言来描述它们（用言辞描述发生了什么），用统计信息来描述它们（用统计学符号和检验统计量的数值来描述发生了什么），以及用数字来描述它们（用具体的数字来描述发生了什么，比如比较平均值时）。结果部分通常包含表格和图表，分别使用数字和图形来阐明数据之间的关系（参见第八章）。

结果部分应该准确地记述你所发现的事实，而不是解释原因。这部分的写作应该是清晰的、陈述式的，着眼于行为上发生的或未发生的事情。与研究发现有关的说明、推断或评论，应该保存到讨论部分中。例如，在结果部分只提及假设是否被证实，等到了讨论部分再进行更深层次的探讨。

在结果部分，你只需要报告数据分析的结果，而非实际数据。因为统计分析可以总结研究发现，所以在一篇 APA 格式的论文中无须呈现原始数据。不过，请务必保留你的原始数据！一些老师希望在学生论文的附录中看到实验的原始数据，而另一些老师只想知道这些数据是可以取得的（实际上，美国心理学协会鼓励研究者在文章发表之后，把他们的原始数据至少保留五年）。

撰写结果部分的快速小结

- 作为一个部分的标题，"结果"一词居中、标粗。
- 结果部分的开头应该为读者重述主要假设。如果有不止一个假设，那么应该依次回顾每个假设（参见第 175 页）。
- 每一条统计信息都必须用与行为有关的、清晰的、描述性的术语加以解释（也就是，具体论述实验参与者的表现如何）。
- 在可行的情况下，应当用描述性统计（也就是平均值、标准差、全距）来支持推论性统计（也就是，某个观测数据是否为某种群体所具有的特性）。
- 出现在结果部分的任何一个表格或图表，都必须在文中有文字提及与阐释它。
- 关于如何选择合适的检验统计量、如何组织研究发现，以及如何组织结果部分，可以在第六章中找到具体的建议。
- 参见结果部分的样例（第 151 页—153 页）。
- 关于撰写结果部分的更多信息，参见《美国心理学协会出版手册》。

5.2.8　讨 论

已经发表的文章的讨论部分展现了科学是如何运作的。

——诺曼·安德森（Norman H. Anderson, 2001, p. 7）

> 在你说完所有你要说的内容之后，你还能说什么？
>
> ——罗伯特·卡尔菲（Robert Calfee, 2000, p. 133）

讨论部分位于 APA 格式论文的末尾，然而它也是一种开始：无论如何，这一切意味着什么？讨论部分起着反思整个研究的重要作用，从回顾研究假设与结果到构想"宏伟愿景"，即这些研究发现对于已有的和将来的学术研究有何影响。根据以往资料来看，关于如何撰写一个全面的讨论部分的建议非常少（Calfee, 2000），即使《美国心理学协会出版手册》也没有提供很多指导。

撰写讨论部分

当你撰写讨论部分时，必须做到以下四点：

- **重述研究假设与结果**。你期待发现什么？你有没有发现你想发现的结果？为什么？当你描述一个符合（预期）结果的假设时，你可以依靠前人的研究或理论来作为解释性的支持材料。这一部分比较简单，因为支持性证据在引言和结果部分都有所列举。然而，当你的预期被证明是错误的时候，你必须寻找可以解释你的研究发现无效的理由。通常最好是从研究方法开始寻找，但还有一个好主意，那就是考虑你用来展开假设的逻辑可能是错的这件事的可能性。除非你另做一个实验加以检验，否则你无法确定这种可能性。不过，你一定可以在写作中对此做出一点推测。

- **思考研究发现的更广泛的含义**。既然关于行为你获得了一定的研究发现，那么研究发现意味着什么？它还告诉我们哪些有关行为的信息？讨论部分的第二点比第一点有创造性得多（Szuchman, 2002），因此，有时候会更难写。当研究结果支持假设时，富有创造力的研究者就会长时间地认真思考：这些结果意味着什么？它们是否与其他行为有所关联？换言之，这些结果是否暗示了关于行为的更复杂的或更简单的分析层次？而对于没有得到结果支持的假设：理论上是否存在问题？检验方法是否存在问题？否定了假设的结果是否暗示了别的可能性？虽然无效的结果不能清楚地表明你的假设出错的原因，但是有意义的结果可以让研究者从与假设**相反**的方向彻底思考其他解释，甚至是文献的其他部分。你是否应该重新思考和修改假设，甚至重新审视得出原先假设的大量理论依据？如果你的结果未能重复前人的研究，是否有可能是你的参与者影响了实验结果？

- **承认研究中没有奏效的部分或任何存在的问题**。没有研究能对一个主题给出最终定论。没有研究是完美的，无论其完成得有多好，结果有多令人满意。优秀的研究者会坦诚地面对自己研究中的不足。事实上，在研究方法、方法的实施，或者有可能在研究发现的模式上，总会存在一定的局限。不过，我们也要避免提及过于琐碎的问题。一方面，有许多研究因为依赖缺乏多样化、相对同质化的参与者群体（例如，典型的出身中产阶级的大学二年级白人学生；see Dawes, 1991; Sears, 1986）而被批评。另一方面，哪怕是一个小样本量，如果有可能会影响实验的统计功效（statistical power），那也是值得在论文中提及的（see Dunn, 2001; Rosenthal & Rosnow, 1991）。我们要把研究中的典型问题和那些会对研究的有效性构成威胁的问题区分开。

- **看向未来——接下来是什么？** 有太多的讨论部分往往模糊地以关于该主题还需要"更多研究"来结束。这种结尾几乎没什么意义，因为在心理学领域，很少有主题不需要额外的研究。你可以具体一些，并为将来的研究提供一个短期内合理的方向，尤其是当你的研究结果暗示了接下来会怎样时。一个了解相关文献且深入思考的研究者能够提出有待进一步调查的问题。

一旦你能做到这四点，那么着眼于让你的讨论更有特色。毕竟，讨论部分是一篇 APA 格式论文中最具个人特色的一部分。努力阐述你认为是你研究中重要的和真实的内容。为什么你的发现非常重要？为什么读者应该关注这些问题？

乌齐茨卡和拉弗朗斯（Woodzicka & LaFrance, 2001, p. 28）在一篇关于真实的与想象的性骚扰的研究中撰写了一段非常出色的总结。正如你将会看到的，这两个研究者通过强调研究的重要性来指出问题，提出解决方案。

尽管类似的实验和回顾性调查都提供了关于女性认为自己应当如何应对性骚扰和她们记得自己如何应对性骚扰的重要信息，但是与实际经历相比，她们可能高估了自己对抗这种行为的比率。此外，依赖这些研究方法也可能会让研究者忽视与短时反应和长时反应直接相关的复杂情绪反应。我们主张运用多重模式来研究女性对性骚扰的情绪和反应。实际试验性骚扰的范例、做日记研究、对性骚扰受害者进行结构性访谈，再结合回顾性调查数据，也许能让我们更准确地了解女性面对性骚扰会有怎样的反应。如果我们持续理解女性面对性骚扰的情绪反应，同时公众认识到大部分女性实际是如何应对性骚扰的，在一定程度上有助于减轻人们对性骚扰受害者的歧视。

撰写讨论部分的快速小结

- 作为一个部分的标题，"讨论"一词居中并标粗。

- 在任何一篇文章的讨论部分的开头，写作者都要回顾主要假设，以及实验结果是否支持该假设（也要考虑额外的假设与发现）。

- 如果研究发现有更广泛的含义，加以讨论，并且承认研究中存在的问题（尽量避免琐碎的问题）。

- 指出一条将来的、具体的研究方向（如果你只有一个大体方向，则无须列出）。

- 参见讨论部分的样例（第 153 页—155 页）。

- 关于撰写讨论部分的更多信息，参见《美国心理学协会出版手册》或卡尔菲（Calfee, 2000）的文章。

5.2.9　参考文献

科学的参考文献能够支撑写作者的观点，因此也是 APA 格式论文中不可或缺的一部分。谨慎使用参考文献不仅可以建立起你的论文的可信度，而且可以提升你对心理学文献的熟悉度。APA 格式论文中的参考文献还能起到教育作用: 读者可以找到原始文献来回溯写作者的思考历程。本书第七章将详细介绍如何引用之前的研究和如何用要求的格式准确报告参考文献。

整理参考文献的快速小结

- 作为一个部分的标题，"参考文献"一词居中。

- 参考文献部分始于讨论部分之后新的一页。

- 只引用与你的研究直接相关的，以及你实际阅读过的出版物。

- 无论引用哪种文献，其中包含的信息必须是准确的，同时严格遵从 APA 格式关于参考文献的指导要求（参见第七章）。
- 对于引用各种参考文献的具体要求，参见第七章（也可以参见第 156 页参考文献部分的样例）。
- 关于引用前人研究的详尽指导，包括罕见引用或模糊引用，可以参见《美国心理学协会出版手册》。

5.2.10 表格和图表

人们通常使用表格和图表来简单、清晰、明了地传达关于数据（或数据关系）的信息。表格包含统计数据，而非原始数据；而图表则使用从数据中得出的散点图、线形图、模式图等来说明数据关系。因此，表格必须传达精准的数字信息，而图表则提供快速的、可视化的信息摘要，并不要求与表格中出现的信息一样精确（APA, 2010）。本书第八章将介绍制作符合 APA 格式的准确图表的方法。

表格和图表部分的快速小结

- 表格包含数字，通常表现为描述性统计（例如，平均值、标准差）或推论性统计（例如，一些 t 检验的结果）。
- 图表能够快速直观地表现并不必然包含数字的结果。当用图表呈现数字时，通常没有表格中出现的数字那么精确。
- 关于创建表格和图表的具体指导，参见第八章。
- 关于表格和图表的更多信息，也可参见《美国心理学协会出版手册》。

5.2.11　附　录

在 APA 格式中，附录包含的信息如果放在正文中可能把读者的注意力从正文上引开，可能占据太大篇幅或并不合适。在学生论文中很少有附录部分。

附录部分的快速小结

- 作为一个部分的标题，"附录"一词居中。
- 附录部分包含了一些专业材料，这些材料不适合放在 APA 格式论文的主体部分（更多细节，可参见《美国心理学协会出版手册》）。

5.3　一篇研究性论文样例

下面这篇论文样例[1]呈现的是一个学生第一次尝试用 APA 格式撰写论文。页面右边缘的评论描述了 APA 格式的规则，相应的箭头则强调了论文中的例子。

1　为了让读者更好地理解 APA 格式和论文各部分的具体写作，该论文样例中除参考文献部分与表格和图形部分外，其余均采用双语展示。——编注

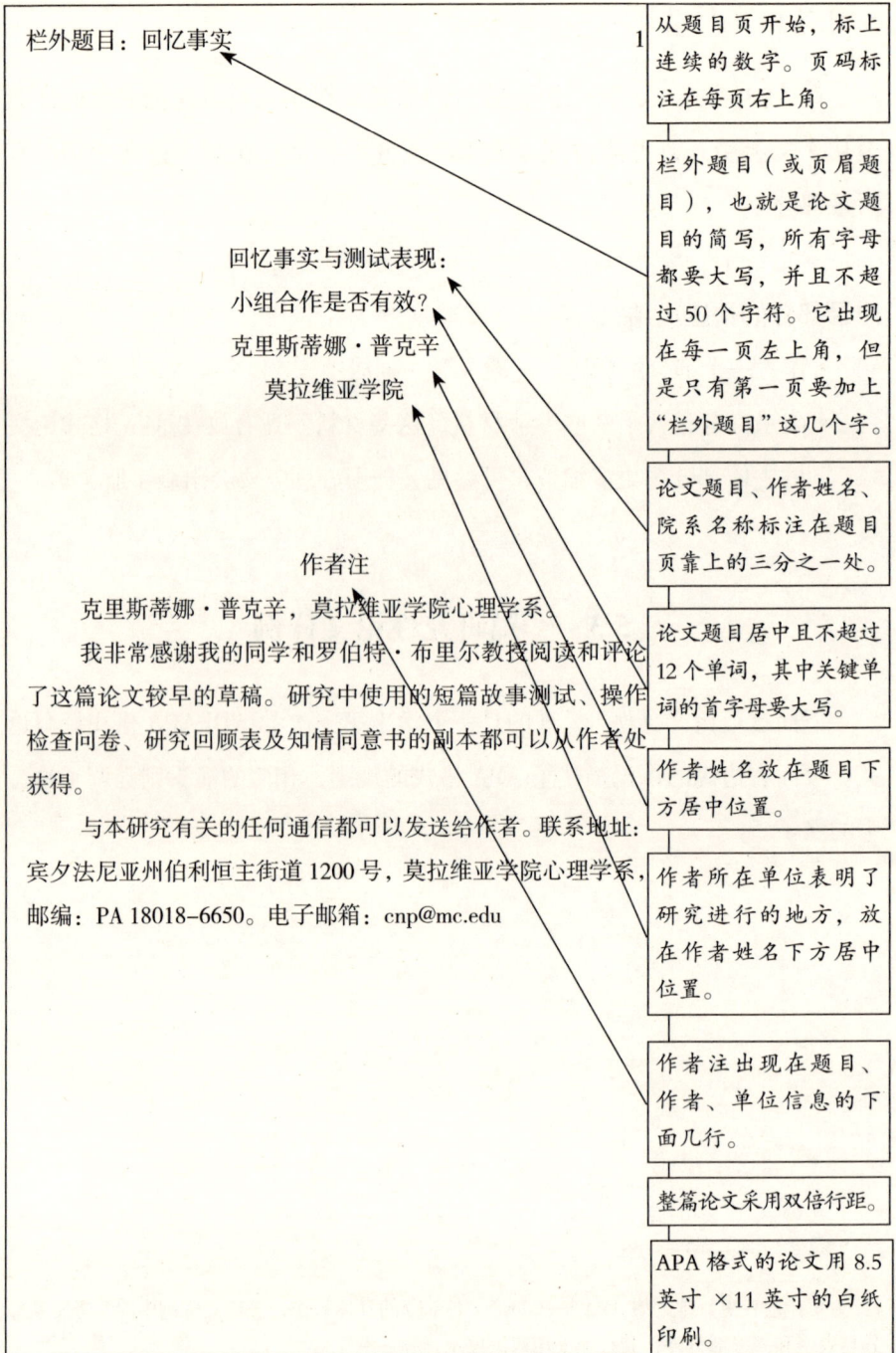

栏外题目：回忆事实   1

从题目页开始，标上连续的数字。页码标注在每页右上角。

栏外题目（或页眉题目），也就是论文题目的简写，所有字母都要大写，并且不超过 50 个字符。它出现在每一页左上角，但是只有第一页要加上"栏外题目"这几个字。

回忆事实与测试表现：
小组合作是否有效？
克里斯蒂娜·普克辛
莫拉维亚学院

论文题目、作者姓名、院系名称标注在题目页靠上的三分之一处。

论文题目居中且不超过 12 个单词，其中关键单词的首字母要大写。

作者注

克里斯蒂娜·普克辛，莫拉维亚学院心理学系。

我非常感谢我的同学和罗伯特·布里尔教授阅读和评论了这篇论文较早的草稿。研究中使用的短篇故事测试、操作检查问卷、研究回顾表及知情同意书的副本都可以从作者处获得。

与本研究有关的任何通信都可以发送给作者。联系地址：宾夕法尼亚州伯利恒主街道 1200 号，莫拉维亚学院心理学系，邮编：PA 18018-6650。电子邮箱：cnp@mc.edu

作者姓名放在题目下方居中位置。

作者所在单位表明了研究进行的地方，放在作者姓名下方居中位置。

作者注出现在题目、作者、单位信息的下面几行。

整篇论文采用双倍行距。

APA 格式的论文用 8.5 英寸 ×11 英寸的白纸印刷。

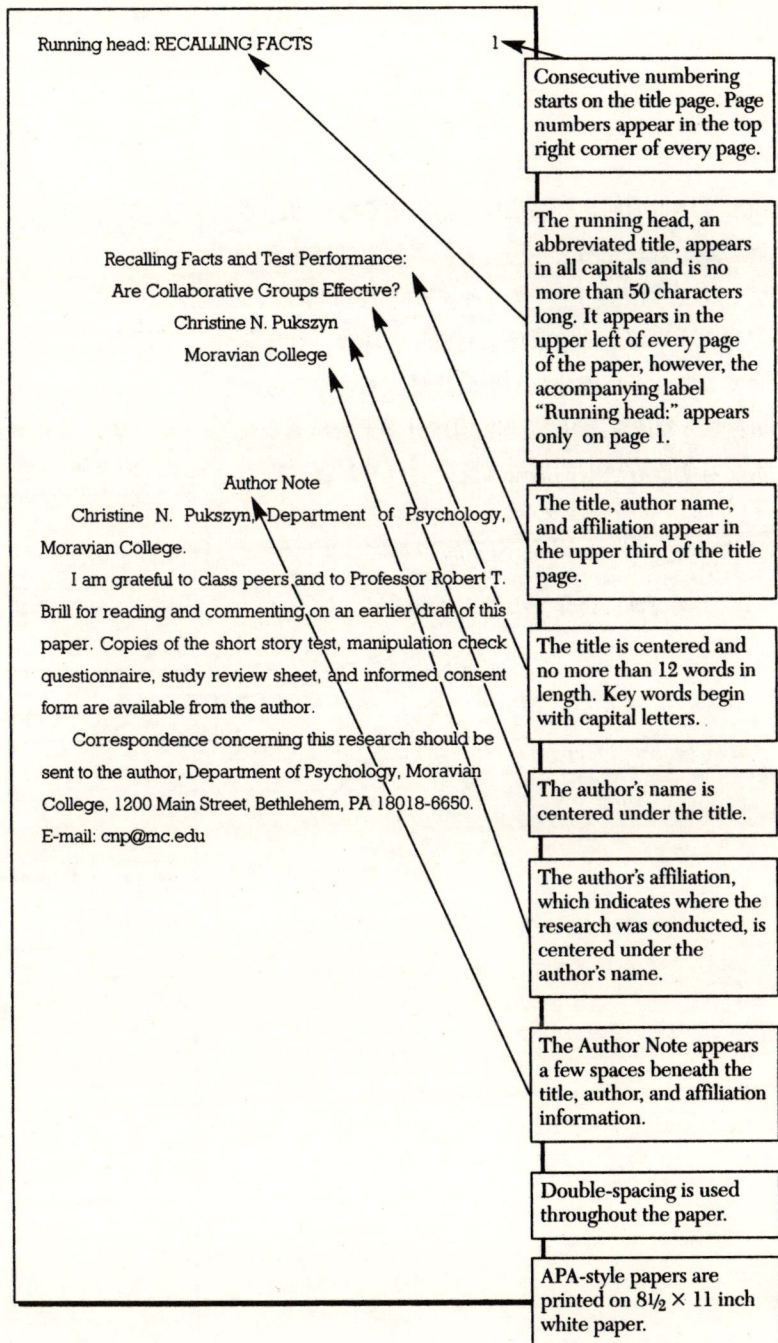

Running head: RECALLING FACTS   1

Recalling Facts and Test Performance:

Are Collaborative Groups Effective?

Christine N. Pukszyn

Moravian College

Author Note

Christine N. Pukszyn, Department of Psychology,
Moravian College.

I am grateful to class peers and to Professor Robert T.
Brill for reading and commenting on an earlier draft of this
paper. Copies of the short story test, manipulation check
questionnaire, study review sheet, and informed consent
form are available from the author.

Correspondence concerning this research should be
sent to the author, Department of Psychology, Moravian
College, 1200 Main Street, Bethlehem, PA 18018-6650.
E-mail: cnp@mc.edu

Consecutive numbering starts on the title page. Page numbers appear in the top right corner of every page.

The running head, an abbreviated title, appears in all capitals and is no more than 50 characters long. It appears in the upper left of every page of the paper, however, the accompanying label "Running head:" appears only on page 1.

The title, author name, and affiliation appear in the upper third of the title page.

The title is centered and no more than 12 words in length. Key words begin with capital letters.

The author's name is centered under the title.

The author's affiliation, which indicates where the research was conducted, is centered under the author's name.

The Author Note appears a few spaces beneath the title, author, and affiliation information.

Double-spacing is used throughout the paper.

APA-style papers are printed on $8\frac{1}{2} \times 11$ inch white paper.

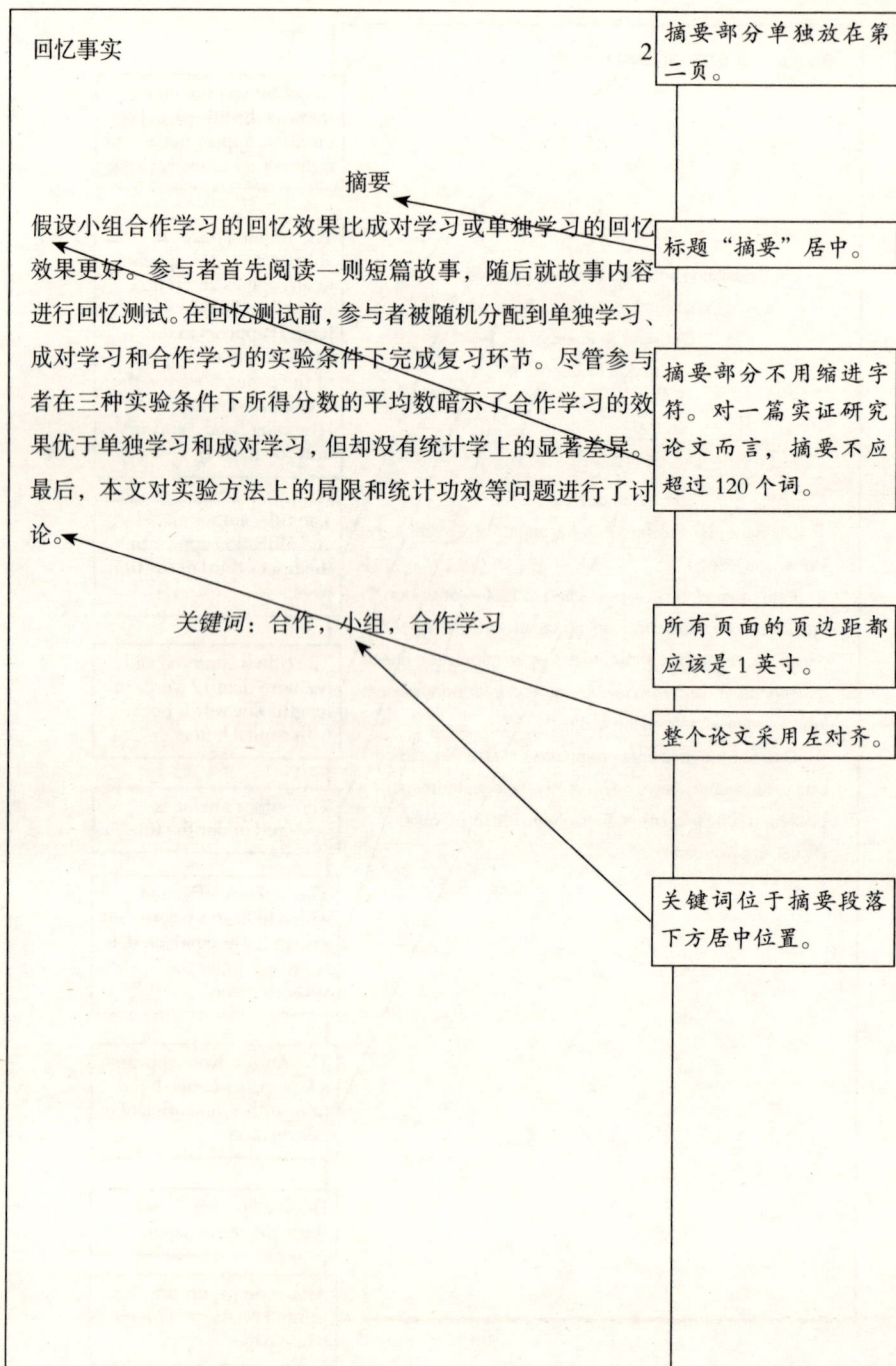

回忆事实　　　　　　　　　　　　　　　　　　2

摘要

假设小组合作学习的回忆效果比成对学习或单独学习的回忆效果更好。参与者首先阅读一则短篇故事，随后就故事内容进行回忆测试。在回忆测试前，参与者被随机分配到单独学习、成对学习和合作学习的实验条件下完成复习环节。尽管参与者在三种实验条件下所得分数的平均数暗示了合作学习的效果优于单独学习和成对学习，但却没有统计学上的显著差异。最后，本文对实验方法上的局限和统计功效等问题进行了讨论。

关键词：合作，小组，合作学习

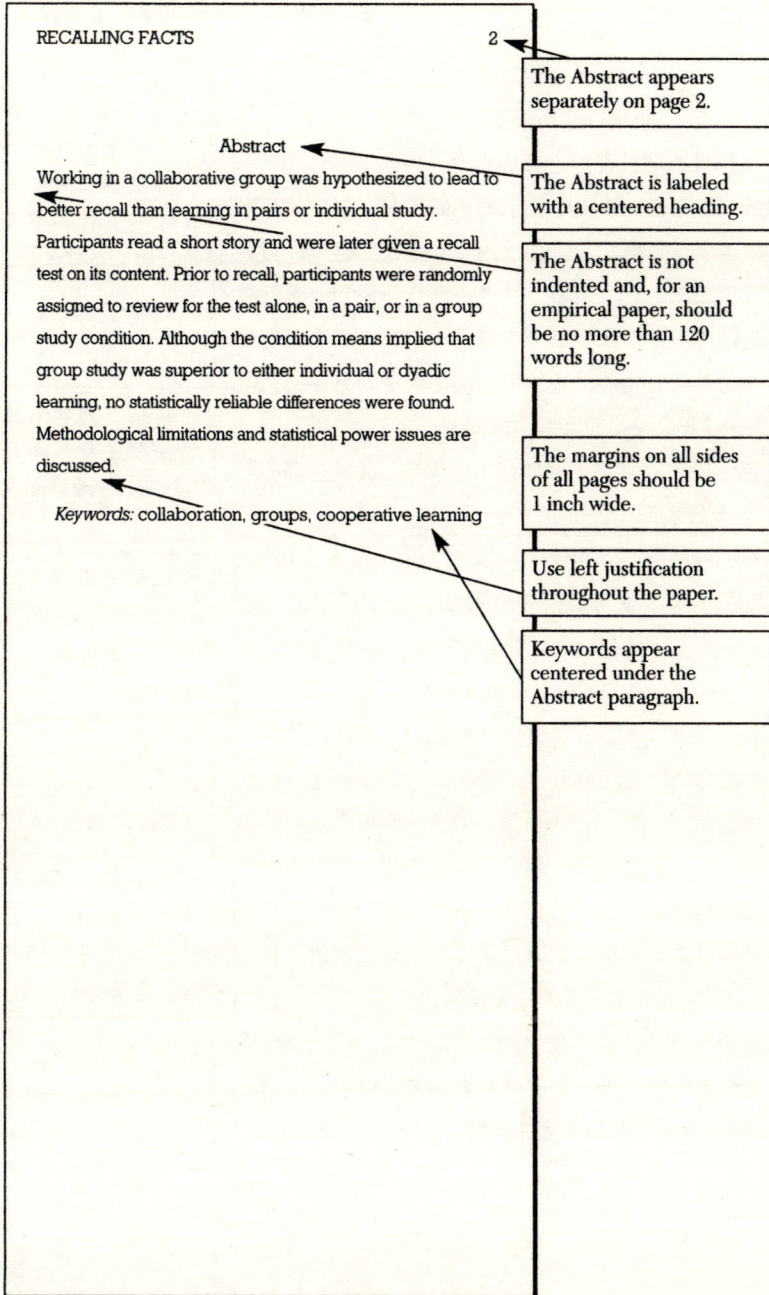

RECALLING FACTS   2

Abstract

Working in a collaborative group was hypothesized to lead to better recall than learning in pairs or individual study. Participants read a short story and were later given a recall test on its content. Prior to recall, participants were randomly assigned to review for the test alone, in a pair, or in a group study condition. Although the condition means implied that group study was superior to either individual or dyadic learning, no statistically reliable differences were found. Methodological limitations and statistical power issues are discussed.

Keywords: collaboration, groups, cooperative learning

The Abstract appears separately on page 2.

The Abstract is labeled with a centered heading.

The Abstract is not indented and, for an empirical paper, should be no more than 120 words long.

The margins on all sides of all pages should be 1 inch wide.

Use left justification throughout the paper.

Keywords appear centered under the Abstract paragraph.

回忆事实　　　　　　　　　　　　　　　　　　　　　3

引言从第三页开始

回忆事实与测试表现：

小组合作是否有效？

　　当前美国课堂的教育标准聚焦于通过考试来评估和展示学生学业情况。随着学术水平要求的不断提升，学生被鼓励学习和掌握越来越多的知识。这也激发老师去探索可以促进学生回忆所学知识的有效策略。其中一个众所周知的课堂教学策略就是以小组互动代替单独学习。小组动力、引人注目的合作学习是否真的能够提升学生的回忆水平及其在回忆测试中的表现，这仍是一个有待解决的问题。

　　小组学习确实提供了一些教育上的优势，尤其是那些起因于相互合作的活动，例如信息分享（e.g., Mesmer-Magnus & DeChurch, 2009）和同步行动（e.g., Wiltermuth & Heath, 2009）。当在小组中学习时，学生通常会分享他们的思考和想法，提高他们的积极性，并且比单独学习时更好地贯彻目标（Anderson & Thomas, 1996; Brodbeck & Greitemeyer, 2000）。小组合作"可能激发出更好的表现，包括：关于如何解决各类信息的辨识问题分享一些想法，以及强化对问题解决过程的监控"（Barron, 2000, p. 392）。如果小组中的学生能够积极参与，他们就会一起合作完成工作，在发现错误的同时寻找正确的解决方法。此外，相比单独学习，在小组中学习能够探讨更多的想法。而且随着学生共同解决问题，这样的团队合作有助于提升小组的团队意识。

　　小组规模影响着其内部发生的合作的性质。一个合作小组至少包含两名成员。当一个小组只有两名成员时，他们无法依靠少数服从多数的投票来解决问题，

在引言部分起始句的上方居中位置再次列出论文题目。注意关键单词的首字母大写。

出现在括号内的引用信息按照字母顺序列出，并且用分号隔开。

括号内并列的作者姓氏使用记号（&）代替"和"，但是括号外引用时仍然使用"和"。

文中少于40个词的引文应使用双引号。更长的引文使用缩进的段落，无须引号。

RECALLING FACTS 3

Recalling Facts and Test Performance:

Are Collaborative Groups Effective?

Educational standards in America's classrooms currently focus on assessing and demonstrating learning through testing. As academic standards increase, students are encouraged to learn and retain larger amounts of information. Teachers are motivated to identify efficient strategies promoting the recall of the information that students learn. A familiar classroom strategy involves emphasizing group interaction over solitary study. Whether group dynamics, notably collaborative learning, actually enhance student recall and subsequent test performance remains an open question.

Groups do provide some educational benefits, notably those resulting from mutual cooperation, such as information sharing (e.g., Mesmer-Magnus & DeChurch, 2009) and synchronized behavior (e.g., Wiltermuth & Heath, 2009). When working in groups, students often share their thoughts and ideas, increase their motivation, and better pursue goals than individuals working alone (Anderson & Thomas, 1996; Brodbeck & Greitemeyer, 2000). Group cooperation "might lead to better performance, including sharing of ideas about approaches to solving the problem identification of different categories of information, and increased monitoring of the solution process" (Barron, 2000, p. 392). If students working in groups are actively engaged, they should work together cooperatively, identifying errors while searching for correct solutions. Groups are also capable of considering more ideas than an individual working alone. And as students collaborate to solve problems, such teamwork increases the group's sense of unity.

The size of a group influences the nature of the collaboration, if any, occurring within it. A collaborative group consists of at least two people. When a group has two members, a problem's solution must be determined in the absence of a majority vote, an

The introduction begins on page 3.

The paper's title is repeated and centered above the opening sentence of the introduction. Note that the title's main words are capitalized.

Citations appearing within parentheses are listed alphabetically and separated by a semicolon.

Parenthetical citations use an ampersand (&) in place of "and," but citations outside parentheses use "and."

Quotations of fewer than 40 words appear in the text within quotation marks. Longer quotations appear in an indented block without quotation marks.

回忆事实　　　　　　　　　　　　　　　　　　　　　　　4

而当小组成员为三人或三人以上时，往往必须进行多数票决（Clark, Hori, Putnam & Martin, 2000）。一个两人小组想必会比一个规模更大的小组更彻底地讨论一个决定。在多人小组中，当他们根据大多数人的意见做出选择时，那些不同意见通常会被忽视。但是较大的小组可以产生更为多样的想法，这一点也会影响小组合作互动的性质。

那么，以小组的形式进行合作学习能否提升回忆水平呢？一些研究在小组合作学习后的自由回忆测试中发现了意料之外的差异（Clark et al., 2000）。有些合作小组的回忆水平竟然讽刺地低于未参与小组合作的人。也许在小组互动过程中，高凝聚性导致信息分享的碎片化而非系统化。然而，另一些研究发现，任何一个合作小组正确回忆的信息量仍然高于个体回忆的平均水平（e.g., Basden, Basden, Bryne, & Thomas, 1997）。只要合作小组依然聚焦于一个主题，由部分成员分享的相关知识就可以被其他成员仔细思考。

基于先前对合作学习与回忆的研究，我的假设是：三个及以上在合作小组中一起学习的个体要比那些成对学习或单独学习的个体在回忆测试中表现得更好。参与者先阅读一则短篇故事，然后被随机分配到一个小组、与搭档成对或独自一人学习这三种中的一种实验条件下准备一场多项选择的回忆测试。假设认为：小组学习条件下，个体所得的平均回忆成绩最高，成对学习的平均回忆成绩次之，单独学习的平均回忆成绩最低。

> 首次引用某篇文献时，只要作者数量少于六个，就要列出所有作者的姓氏。

> 当有三个及以上作者时，除第一次全部引用，其余可以使用"et al."（等）加以省略。

> "e.g."（*exempli gratia*）表示"例如"。

> 在 APA 格式中，用第一人称写作是可接受的。

> 在方法部分之前，要清楚地阐述假设。

RECALLING FACTS   4

often-necessary component of groups comprised of three or more people (Clark, Hori, Putnam, & Martin, 2000). Presumably, a group of two people must discuss a decision more thoroughly than a larger group, where dissent can be overlooked in favor of majority choice. Yet larger groups can be expected to yield a greater diversity of opinions, which can influence the nature of their collaborative interactions.

> Cite all authors up to six the first time their work is used.

Collaboration, then, involves cooperating as a group, but does cooperation enhance information recall? Some research finds an unexpected difference in the free recall of information following group collaboration (Clark et al., 2000). Ironically, some collaborative groups show lower levels of recall than noncollaborative groups. Perhaps high levels of cohesiveness lead to the sharing of trivial rather than consequential information during group interaction. Other research demonstrates, however, that the amount of correctly recalled information in any collaborative group should still exceed that of an average individual (e.g., Basden, Basden, Bryner, & Thomas, 1997). As long as a collaborative group remains focused on a topic, relevant knowledge shared by some of its members can be considered by the other members.

> With three or more authors, use "et al." following the first citation.

> e.g. (*exempli gratia*) means "for example."

Based on previous research examining cooperative learning and recall, I hypothesized that three or more individuals studying together in a collaborative group would perform better on a recall test than those working in pairs or alone. Participants read a short story and then later prepared for a multiple-choice recall test in one of three randomly assigned study conditions: in a group, paired with a partner, or alone. Average recall scores were predicted to be highest for the group study condition, followed by those working in pairs. Recall scores were anticipated to be lowest in the individual study condition.

> Writing in the first person is acceptable in APA style.

> The hypothesis is clearly stated prior to the Method section.

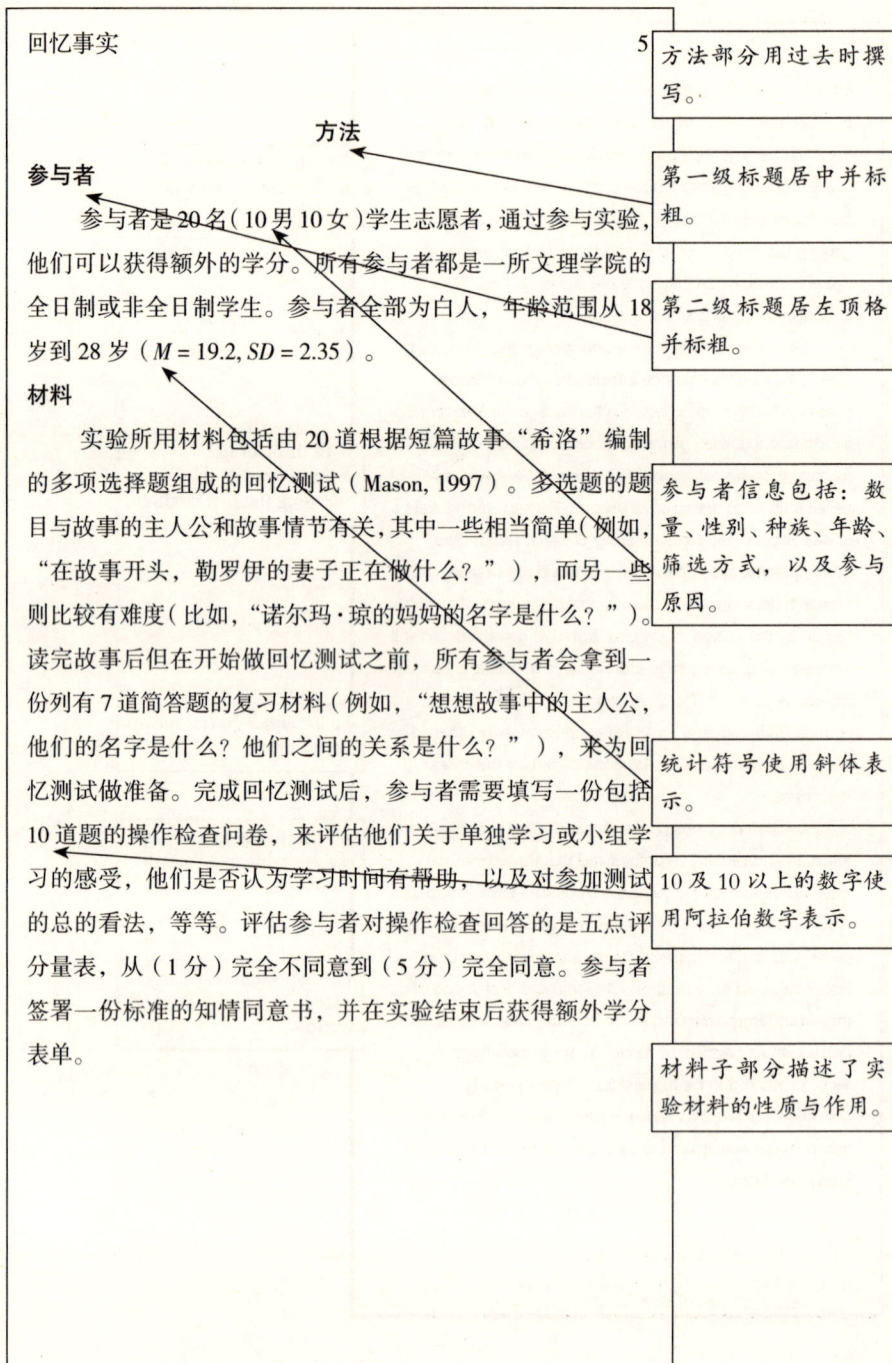

回忆事实　　　　　　　　　　　　　　　　　　　　5

方法

参与者

　　参与者是 20 名（10 男 10 女）学生志愿者，通过参与实验，他们可以获得额外的学分。所有参与者都是一所文理学院的全日制或非全日制学生。参与者全部为白人，年龄范围从 18 岁到 28 岁（$M = 19.2$, $SD = 2.35$）。

材料

　　实验所用材料包括由 20 道根据短篇故事"希洛"编制的多项选择题组成的回忆测试（Mason, 1997）。多选题的题目与故事的主人公和故事情节有关，其中一些相当简单（例如，"在故事开头，勒罗伊的妻子正在做什么？"），而另一些则比较有难度（比如，"诺尔玛·琼的妈妈的名字是什么？"）。读完故事后但在开始做回忆测试之前，所有参与者会拿到一份列有 7 道简答题的复习材料（例如，"想想故事中的主人公，他们的名字是什么？他们之间的关系是什么？"），来为回忆测试做准备。完成回忆测试后，参与者需要填写一份包括 10 道题的操作检查问卷，来评估他们关于单独学习或小组学习的感受，他们是否认为学习时间有帮助，以及对参加测试的总的看法，等等。评估参与者对操作检查回答的是五点评分量表，从（1 分）完全不同意到（5 分）完全同意。参与者签署一份标准的知情同意书，并在实验结束后获得额外学分表单。

方法部分用过去时撰写。

第一级标题居中并标粗。

第二级标题居左顶格并标粗。

参与者信息包括：数量、性别、种族、年龄、筛选方式，以及参与原因。

统计符号使用斜体表示。

10 及 10 以上的数字使用阿拉伯数字表示。

材料子部分描述了实验材料的性质与作用。

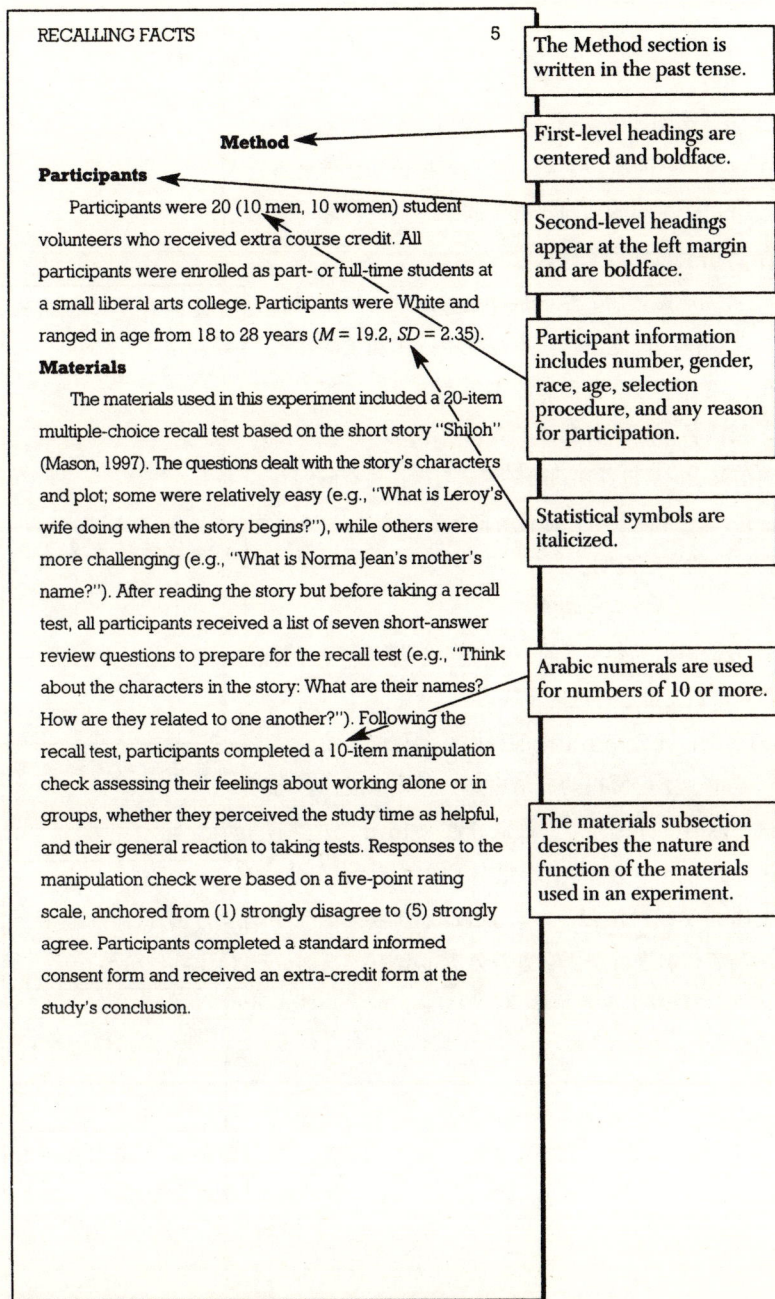

RECALLING FACTS   5

Method

Participants

    Participants were 20 (10 men, 10 women) student volunteers who received extra course credit. All participants were enrolled as part- or full-time students at a small liberal arts college. Participants were White and ranged in age from 18 to 28 years (M = 19.2, SD = 2.35).

Materials

    The materials used in this experiment included a 20-item multiple-choice recall test based on the short story "Shiloh" (Mason, 1997). The questions dealt with the story's characters and plot; some were relatively easy (e.g., "What is Leroy's wife doing when the story begins?"), while others were more challenging (e.g., "What is Norma Jean's mother's name?"). After reading the story but before taking a recall test, all participants received a list of seven short-answer review questions to prepare for the recall test (e.g., "Think about the characters in the story: What are their names? How are they related to one another?"). Following the recall test, participants completed a 10-item manipulation check assessing their feelings about working alone or in groups, whether they perceived the study time as helpful, and their general reaction to taking tests. Responses to the manipulation check were based on a five-point rating scale, anchored from (1) strongly disagree to (5) strongly agree. Participants completed a standard informed consent form and received an extra-credit form at the study's conclusion.

The Method section is written in the past tense.

First-level headings are centered and boldface.

Second-level headings appear at the left margin and are boldface.

Participant information includes number, gender, race, age, selection procedure, and any reason for participation.

Statistical symbols are italicized.

Arabic numerals are used for numbers of 10 or more.

The materials subsection describes the nature and function of the materials used in an experiment.

回忆事实   6

过程

　　参与者由两名实验者接待，并拿到知情同意书和额外学分表单。在选择自己的座位之后，参与者被告知他需要阅读一则短篇故事，并在阅读后回答有关问题。随后，参与者拿到故事并有 25 分钟的时间来阅读它。

　　当参与者完成阅读后，他们被随机分配到三种不同的实验条件下，并获得一份复习题。单独准备回忆测试的参与者组成控制组，成对学习准备测试的参与者构成第二组，而第三组则由三到四名一起准备测试的参与者组成。在用于复习的学习时间结束后，参与者拿到回忆测试与操作检查的问卷，进行答题。最后，所有参与者都要听取实验者根据 APA 认可的伦理准则所做的事后说明。

结果

　　初步的分析揭示了参与者的性别对实验没有影响。因此，本研究不会对性别变量进行进一步探讨。

　　我之前预测：在合作小组中准备回忆测试取得的成绩会比成对学习或单独学习所得的成绩更好。总体来说，参与者在回忆测试中的得分都比较高，最低分数为 16 分，并且有 4 名参与者获得了满分 20 分。尽管小组学习的参与者在得分（$M = 19.20$）上略高于成对学习（$M = 18.00$）或单独学习（$M = 19.00$）的参与者，但进行单因素方差分析（ANOVA）时，三种条件下的回忆成绩并无显著差异，$F_{(2, 17)} = 1.01, p > .05$。（见图 1）。

标准的计量单位用缩写。

APA 格式论文的各个主要部分之间无须分页符。

用过去时撰写结果部分。

注意，用文字描述研究发现时要附带平均值等统计结果。

第一次出现缩略语时要标出全称。

RECALLING FACTS   6

Procedure

Participants were greeted by two experimenters and then handed the informed consent and extra-credit forms. After choosing their own seats, the participants were informed they would read a short story and then answer questions about it. Participants were then given the story and 25 min to read it.

When participants finished reading, they were randomly assigned to one of three study groups and given a copy of the review questions. Participants assigned to prepare for the recall test alone constituted a control group. A second group consisted of participants who studied for the test by working in pairs. The third group comprised three or four participants who prepared collaboratively. Following the study time for review, participants were given the recall test and the manipulation check. All participants were then debriefed according to the guidelines for the ethical treatment of research participants endorsed by the American Psychological Association.

Results

Preliminary analyses revealed that there were no effects due to the sex of the participants. Consequently, this variable will not be discussed further.

Preparing for the recall test in a collaborative group was predicted to lead to better recall than studying in a pair or individually. In general, participants scored quite well on the recall test; the lowest recall score was a 16 and four participants achieved perfect scores of 20. Although participants who studied in groups had slightly higher scores on the recall test ($M = 19.20$) than those working in pairs ($M = 18.00$) or individually ($M = 19.00$), a one-way analysis of variance (ANOVA) found no significant differences among the three conditions, $F(2, 17) = 1.01, p > .05.$ (See Figure 1.)

Standard units of measurement are abbreviated.

Sections of the APA-style paper appear with no page breaks.

The Results section is written in the past tense.

Note that a verbal description of the findings accompanies the means and the statistical results.

An abbreviation is identified the first time it appears.

回忆事实　　　　　　　　　　　　　　　　　　　　7

　　从参与者对操作检查题目的回答中可以发现，他们认真对待了复习环节。表 1 中展示了参与者对三个样题的平均回答情况；三个组在每一个题目上的表现都没有显著差异。95% 的参与者不同意回忆测试之前的"复习环节使我感到困惑而非有所帮助"的说法。大多数人（90%）同意学习环节能够帮助他们"更加清楚和深刻"地理解短篇故事。最后，所有参与者都表示"同意"或"完全同意"在做多项选择测试时感觉"轻松"的说法。

主要用现在时撰写讨论部分。

讨论

　　此次实验的结果没有验证前人关于小组合作学习能使个体更好地回忆所学信息的研究结论。尽管我们期待个体在小组学习的条件下表现出的更高积极性，分享更多想法，能够有利于提高其在测试中的表现（e.g., Brodbeck, Greitemeyer, 2000; Willoughby, Wood, McDermott, & McLaren, 2000），但却没有获得支持性的结果。小组学习的参与者在回忆测试中的平均得分并未显著高于成对学习和单独学习的参与者。尽管三组数据之间没有显著差别，但是观测到的结果具有一定提示意义：成对学习或单独学习的学生回忆测试的平均成绩稍微低于（虽然并不显著）那些在小组中合作学习的学生的平均成绩。

讨论部分要表明研究发现所呈现的和没有呈现的内容。

　　至于实验假设没能获得实验结果的支持，可能有如下几个解释：首先，在小组合作过程中，学生可能被迫采用了大部分小组成员的学习方式。或许，小组成员在回忆测试中的表现没那么好，是因为小组内部存在没被注意到的多样化答案（van Knippenberg & Schippers, 2009），或者是因为参与者自身的学习方式与他们被分配到的这种实验条件不符（Basden et al., 1997）。第二种可能的原因是我们没有对关于那则短篇故事的多项选择测试进行预测。测试题目可能太简单了，正如参与者在三种实验条件下的回忆分数所示，

RECALLING FACTS   7

Participants' responses to items on the manipulation check indicated that they took the review session seriously. The mean responses to three sample items are shown in Table 1; there were no significant differences among the groups on any item. Ninety-five percent of the participants disagreed with the statement that the review "confused me more than helped me" prior to the recall test. Most respondents (90%) agreed that the study session provided "clarity and insight" into the short story. Finally, all participants either agreed or strongly agreed with a statement indicating that they felt "comfortable" taking multiple-choice tests.

Discussion

The results of this study do not confirm prior research indicating that collaborative group work leads to better recall of learned information. Although increased motivation and idea sharing were expected to lead to heightened test performance in the group study condition (e.g., Brodbeck & Greitemeyer, 2000; Willoughby, Wood, McDermott, & McLaren, 2000), no supporting results were obtained. Participants who studied in a group did not have a significantly higher mean recall score than those who prepared in pairs or individually. Despite the absence of significant differences among the three groups in this study, the observed results were suggestive: Students preparing in pairs or individually had slightly lower (though not reliably so) average recall scores than those who collaborated in a group.

Lack of support for the hypothesis can be explained in several ways. First, when studying together in groups, students are forced to adopt the style of most group members. Perhaps the participants' recall suffered because unrecognized diversity existed within the groups (van Knippenberg & Schippers, 2009) or because participants' innate learning styles differed from the condition to which they were assigned (Basden et al., 1997). A second possibility is that no pretesting of the short story's multiple-choice test was conducted. It is possible that the test was too easy, as indicated

> The Discussion is written primarily in the present tense.

> The Discussion indicates what the findings do and do not reveal.

回忆事实   8

它们比较相似，而且相当高。实际上，参与者在三种实验条件下所得分数的平均数都非常接近测试可能的最高分20分。天花板效应可能掩盖了由于学生准备回忆测试的复习方式的影响而造成的任何真正的差异。回想起来，学生得以接触到复习题也可能导致测试分数的提升。增加回忆测试中题目的难度或许可以突出单独学习、成对学习和小组学习方法之间的差异。最后，参加此次实验的参与者太少了，以至于统计功效太低，不足以可靠地探测出组与组之间存在的差异。如果重复实验时能克服这些不足，则实验结果可能会支持假设与现有文献。

> 要在讨论部分指出研究限制。

重复此次实验也可以检验参与者在做回忆测试前的学习环节中究竟做了什么。只要参与者合理运用可用的时间，无论哪种实验条件下的学习环节都应该可以提升其在测试中的表现。现在这个研究没有专门观察或追踪参与者在小组学习、成对学习或单独学习期间的行为活动。实验者应该使用更严格的控制措施，以便对学习期间发生的活动做出更精细地分析，这些分析可以随后有建设性地与参与者在回忆测试中的表现关联起来。

> 要在讨论部分中提供将来的研究方向。

RECALLING FACTS   8

by the relatively similar—and quite high—recall scores found in each of the three conditions. Indeed, the three condition means were very close to the test's possible high score of 20. A ceiling effect might have masked any real differences attributable to the effects of how students prepared for the recall test. In retrospect, too, exposure to the study questions could have inflated recall scores. Having more-difficult questions on the test might have highlighted recall differences among individual, pair, and group study methods. Finally, too few participants took part in this study; statistical power was too low to reliably detect any between-group differences. Addressing these shortcomings in a replication could lead to results aligned with both the favored hypothesis and the existing literature.

A replication of this experiment might also examine what participants are actually doing during the study period prior to the recall test. Any study period is supposed to enhance performance on a test, but only if the available time is used appropriately. The present study did not specifically observe or track participants' activities during their time in group, pair, or individual preparation. Tighter control should be exercised so that a more fine-grained analysis of activities occurring during the study time can be subsequently and constructively linked to student performance at recall.

> A study's limitations should be noted in the Discussion.

> Directions for future research are offered in the Discussion.

回忆事实　　　　　　　　　　　　　　　　9

参考文献

Anderson, N., & Thomas, H. D. C. (1996). Work group socialization. In M.A. West (Ed.), *Handbook of work group psychology* (pp. 423–449). Chichester, UK: Wiley

Barron, B. (2000). Problem solving in video–based microworlds: Collaborative and individual outcomes of high–achieving sixth–grade students. *Journal of Educational Psychology, 92*, 391–398

Basden, B. H., Basden, D. R., Bryner, S., & Thomas, R. L., III. (1997). A comparison of group and individual remembering: Does collaboration disrupt retrieval strategies? *Journal of Experimental Psychology: Learning, Memory, & Cognition, 23*, 1176–1191.

Brodbeck, F. C., & Greitemeyer, T. (2000). Effects of individual versus mixed individual and group experience in rule induction on group member learning and group performance. *Journal of Experimental Social Psychology, 36*, 621–648.

Clark, S. E., Hori, A., Putnam, A., & Martin, T. P. (2000). Group collaboration in recognition memory. *Journal of Experimental Psychology: Learning, Memory, & Cognition, 26*, 1578–1588.

Mason. B. A.(1997). Shiloh. In D. Hunt(Ed.), *The Riverside anthology of literature* (pp. 460–471). Boston, MA: Houghton Mifflin.

Mesmer–Magnus, J. R., & DeChurch, L. A. (2009). Information sharing and team performance: A meta–analysis. *Journal of Applied Psychology, 94*, 535–546.

van Knippenberg, D., & Schippers, M. C. (2009). Work group diversity. *Annual Review of Psychology, 58*, 515–541.

Willoughby, T., Wood, E., McDermott, C., & McLaren, J. (2000) Enhancing learning through strategy instruction and group interaction: Is active generation of elaborations critical? *Applied Cognitive Psychology, 14*, 19–30.

Wiltermuth, S. S., & Heath. C. (2009). Synchrony and cooperation. *Psychological Science, 20*, 1–5

参考文献始于新的一页。

APA 格式的参考文献按字母顺序排列。

APA 格式的参考文献应该采用双倍行距、悬挂缩进的格式。

只有期刊文章的主副题目、书籍的主副书名的第一个单词，以及全部专有名词需要首字母大写。但是，期刊的名称，除冠词（例如，of, and）外，每一个单词都需要首字母大写。

期刊名、书名和期刊卷号用斜体表示。

当文章有多个作者时，使用记号（&）来代替"和"。

回忆事实　　　　　　　　　　　　　　　　　　　　　10

表 1

参与者对操作检查上的题目的回答

题目	学习组分配		
	小组学习	成对学习	单独学习
复习环节使我感到困惑	1.00	1.10	1.40
复习环节让我理解得更加清楚和深刻	4.85	4.90	4.88
进行多项选择测试时感觉轻松	4.85	4.80	5.00

注意：表中的平均值基于五点评分量表（从 1 分"完全不同意"到 5 分"完全同意"）。

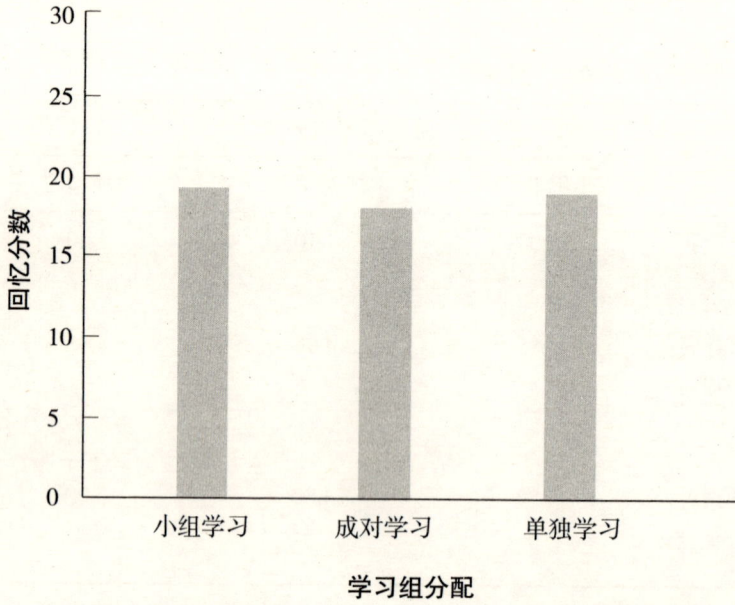

学习组分配

图 1.　基于小组学习、成对学习和单独学习三种方式的回忆分数

5.4　撰写文章评论

　　文章评论是一种简短的、有重点的写作（双倍行距下，长度通常为 4 页
—6 页），旨在分析性地评价一篇已经出版的期刊文章。撰写文章评论可
以使你对一项研究的优缺点更加了解。通过发现已经出版的文章中的一些
问题，你也可以学到一些格式要点与写作技巧，以此来提高你自己的写作
水平。文章评论可以不那么正式，但大多数都会包含以下几个部分，每个
部分都指向一些具体问题：

- **论点或假设**：这篇文章所要探讨的核心问题是什么？文章的主要假
  设是什么？

- **方法**：研究者用来检验假设的最重要的步骤是什么？这些方法是否
  适合实验任务？方法使用得是否得当？参与者人数是否足够？抽样
  的群体是否恰当？是否还存在其他问题？请具体说明。

- **用于支持论点或假设的证据**：你会如何简洁明了地概述主要的实验
  结果？研究发现是否支持研究者的假设？实验结果有何优点与不
  足？所用的统计检验是否得当？实验结果在多大程度上支持作者的
  论点？

- **对心理学研究所做的贡献**：研究者从该项研究中得出的主要结论是
  什么？这些结论对现有的研究文献有何影响？该研究是指出了一个
  新的研究方向，还是仅仅维持了现有的方向？研究中是否存在局限
  之处？

- **评价与推荐**：作者的结论是否合理合法、科学有效？哪些读者可以
  从阅读这篇文章中受益？具体来说有哪些好处？研究发现是否能够
  推广到其他时间、地点与群体中？

你可以围绕这几个部分来组织你的文章评论。至于更多的格式要求，你可以向你的导师请教。

5.5 撰写开题报告

当学生准备用 APA 格式来呈现研究项目时，一些导师会要求自己的学生撰写一份开题报告（有时也称为"计划书"［prospectus］）。有些导师布置开题报告是让学生有机会设计一个实验；另一些导师则是希望这份开题报告成为学生开展一个实验的起点。开题报告是一份研究计划，一份概述了你打算做什么和为什么这么做的大纲。从实际角度讲，APA 格式的开题报告就是一篇没有结果和讨论部分的研究性论文。方法部分通常就是这篇论文的最后一个主要部分，不过有些学生会增加一个名为"预期结果"的部分，他们在这一部分大略地叙述当他们收集和分析完数据后期待会有哪些发现。

当你撰写这样一份开题报告时，你可以参考撰写初稿的建议步骤（参见第 90 页起草论文的非线性检查清单）。由于研究仍处于初步阶段，你会发现从引言部分入手比较容易，然后完成方法部分，最后是预期结果部分和参考文献。

撰写开题报告有一个显而易见的好处，那就是它可以让你在开始实际研究工作之前把问题思考清楚。开题报告中包含的几个部分，比你开始收集实验数据后再撰写这几个部分，可以多得到一些审视和修改。这样，当研究项目实际开展之后，你就可以把大部分精力放在撰写论文的结果和讨论部分了。

5.5.1　APA 格式开题报告的部分

开题报告是标准的 APA 格式文稿的缩略版，主要由以下部分组成：

- 第 1 页：题目页
- 第 2 页：摘要
- 第 3 页开始：引言（题目在第 3 页顶部居中）
  - 确定研究问题或论点
  - 相关文献综述
  - 给出研究假设，简述研究方法和预期结果
- 方法（紧接着引言部分）
- 预期结果（选写）
- 参考文献

5.6　撰写文献综述性论文

文献综述性论文，即传统意义上的"学期论文"，是对特定主题的文献进行综合分析的文章。例如，假设你想了解父母离异对青少年学业水平的影响，你就应该查阅所有调查了青少年学术水平和父母离婚之间关系的心理学文献。在此过程中，你可以陈述你的假设，并且你的论文中包含的所有参考文献都会在某种程度上与你的假设相关联。

根据泰司和桑福德（Thaiss & Sanford, 2000, p. 88）的研究，一篇好的学生综述性论文应该包括以下三个基本部分：

1. **主题概览**——陈述主题，以及做文献综述的目的。

2. **主体部分**——批判性地阅读已有文献，对从中得出的具体主题进行
　 综述。

3. **结尾部分**——对从文献综述中得到的结论进行批判性评估，并对将
　 来的研究提出建议。

论文的每个部分都应该使用标题和小标题（从具体提纲中提取）来组
织相关文献，以便引导读者阅读。就像前面提过的，我们应该按照主题分
类而非时间顺序来回顾研究性文献。《心理学公报》《心理学年鉴》和《人
格与社会心理学杂志》提供了很好的文献综述范例。看一看这些期刊中的
文章范例，不要被它们的长度、深度或学术细节给吓退。你是在学习如何
撰写一篇文献综述性论文。包括你的导师在内，没有人期待你第一次就做
到完美无缺。关于撰写文献综述的进一步建议，可以参见艾森伯格的相关
研究（Eisenberg, 1997, 2000; see also Bem, 1995）。

关于文献综述性论文，学生关注的主要问题是："论文应该写多长？"
当然，问题的答案应该视导师的要求而定，但学期论文比较常见的篇幅是
从十几页到二十几页。撰写一篇文献综述性论文不会比做一个实证研究难
很多，只是你需要搜集和阅读大量相关文献。不过你也节省了一些时间，
因为你无须设计和开展实验，也无须收集或分析数据。完成一篇实证论文
的过程，从确定论文主题、列提纲到起草、撰写、修改、编辑论文，几乎
完全适用于撰写文献综述性论文。

5.6.1　撰写理论性论文

文献综述性论文的一种变式是理论性论文：这类文章通过为某个现象
运用一个新理论，来解释归因于这一现象的结果。文献综述性论文是依据
一个整合的主题（a binding theme）来组织已有研究的，而理论性论文则试

图从一个新的视角来重新审视一些往往迥然不同的研究发现，借此解释这些发现。撰写理论性论文很有难度，但应对这样的挑战不仅有意义，而且值得一试。理论性论文基本上以这样的方式来组织结构：

1. 呈现具体的理论与预期。

2. 在新理论的视角下来回顾现有研究。

3. 对将来的研究如何检验该理论给出建议。

你可以在《心理学评论》上找到理论性文章的范例，这份 APA 期刊致力于理论上创新的思想。前往你所在的图书馆，查阅这本期刊最近几期上发表的高质量理论性文章。不要被这本期刊中文章的长度与深度吓倒。你的目标是在一个较小的范围上模仿《心理学评论》中文章的风格，这种风格适合你作为一个学生去熟悉心理学科的工作。总之，无须赘述，熟能生巧。

练　习

1. 列举五点你从本章了解到的关于使用 APA 格式进行写作的事。

2. 前往图书馆的期刊阅览室，翻阅一些心理学期刊。记下一些你认为比较无聊、无趣或难以理解的题目。在保持科学诚信的同时重拟一个更加明确、更能吸引读者注意的题目。

3. 阅读一篇研究性文章，然后根据本书第 119 页关于撰写 APA 格式摘要的指导建议，重新为这篇文章起草一份摘要（要运用这篇文章本身的内容，而不是原摘要的内容）。

4. 前往图书馆的期刊阅览室，翻阅心理学期刊，直到你找到一篇你认为值得模仿的 APA 格式文章和一篇不那么典型的 APA 格式文章。

5. 阅读一篇研究性文章，然后运用你自己的语言和思路为这篇文章的引言部分重写一段开头，为讨论部分重写一段结语。

6. 在一篇已经出版的研究性文章中选取方法部分，然后在你的研究笔记本上试着重写这一部分，使之更凝练，但不要遗漏任何重要细节。

7. 在一篇期刊文章中找到结果部分，然后拟定一份你认为能更清晰地为读者呈现研究结果的提纲。

8. 撰写一篇文章评论。

9. 为与心理学问题相关的一篇文献综述性论文撰写一个提纲。

10. 为你选择的一个主题，起草一个开题报告的提纲，包括一段简要的描述预期结果的文字。

第六章

撰写结果部分

本章将集中讲解如何报告和诠释统计结果。我没法在这里教你如何进行统计分析，但是我可以为你就如何用文字报告数值结果提供一些指导。至于数据分析，我将假设你已经修读了初级的统计学课程，或者你的导师会在这一方面为你提供必要的帮助。阅读完本章后，你将会掌握如何使用 APA 格式清楚地撰写结果部分（更多建议，参见第五章）。

6.1　用文字表述统计结果

当你不能快速、简明地解释某个统计检验的结果时，说明你没有真正理解这个统计检验的意义。如果你没有理解这个检验，你就无法准确地解释检验所得的结果。如果你不能解释检验所得的结果，那么你该怎么办？

第一，绝对、绝对不要惊慌。第二，不要着急，花些时间仔细看明白并好好想清楚。第三，咨询那些能比你更好地理解统计结果的人，比如你的导师、你所信任的同学，或者某个经常做数据分析的人。第四，要客观地看待事物，记住统计是工具，是做推断和科学判断的指南，帮助我们展开我们所写的关于行为的结论。因此，我们在论文中就行为所做出的心理学解释远比导向这一解释的统计分析重要得多。

6.1.1　从假设的研究结果开始写

让我们来看一个假设的研究结果，注意如何诠释和表述它。有个学生研究者（比如你）决定检验一个已经做过的研究，该研究关注人们倾向于在自己周围形成非正式的私人空间。霍尔（Hall, 1966; see also Hall, 1963）认为，在西方文化里，个体只让最亲密的朋友和知己进入包围着自己的小的"气泡状"（bubble）空间。如果有陌生人或仅仅认识但不熟的人侵入这一亲密空间，受到入侵行为影响的空间主人就会感到不舒服并远离入侵者。如果你曾遇到过一个你不太熟识的人与你走得过分接近，而你像大多数人一样感到些许不适并试图后退，那么霍尔的主张似乎就是正确的。

于是，你开展了一个简单的实验：引导朋友或陌生人靠近彼此[1]。有一个实验者秘密地观察参与者的接触过程，并数出相靠近的两人之间所隔的地砖数量。根据霍尔（1966）的理论，朋友间被观察到的相隔的距离应该比陌生人之间的短。从操作层面上来说，也就是朋友间所隔的平均地砖数应该小于陌生人之间的平均地砖数。想象你在一个公众场合，例如学生团体的活动室，收集到了上述观测数据。

当你分析完数据后，你要用具体的、着眼于行为的语句来表明统计结果的意思。下一页方框里的内容可以帮助你做到这一点。其中，第一步教你确认数据分析中所用的检验方法，促使你记住这一检验方法的作用及其统计学符号（参见第一步）。在现在这个实验中，参与者被分为两个独立的实验组：朋友与朋友站一起，陌生人与陌生人站一起。适用于分析两组不同参与者间平均距离的统计检验方法是独立组 t 检验（independent groups t-test）。数据为每对参与者之间的地砖数量。按照"入侵私人空间"的假设，使用这一 t 检验可以判定朋友间被观察到的平均地砖数是否显著少于陌生人间被观察到的平均地砖数。

也许，描述性统计会显示霍尔所言是正确的：朋友间被观察到的平均距离（3.2 块砖）小于陌生人之间的平均距离（4.5 块砖）。但是，这一差

1　即朋友接近朋友，陌生人接近陌生人。——译者注

在论文中呈现统计结果的步骤：把统计数字变为文字

第一步：确认你的统计检验方法（在以下方法中选择其一）：

检验方法	该检验可做什么	统计学符号
_____ 卡方检验 （Chi-square）	检验不同类别间的差异	X^2
_____ 多因素方差分析 （Factorial ANOVA）	检验多组之间平均数的差异	F
_____ 独立组 t 检验 （Independent groups t-test）	检验两组间平均数的差异	t
_____ 相关组 t 检验 （Dependent groups t-test）	检验两组间平均数的差异	t
_____ 重复测量方差分析 （Repeated measures ANOVA）	检验多组之间平均数的差异	F
_____ 单因素方差分析 （One-way ANOVA）	检验多组之间平均数的差异	F
_____ 皮尔逊相关系数 （Pearson correlation coefficient）	检验变量间的关联度	r

第二步：整理你在研究中记录的统计信息（完成下面的空格）：

 a. 检验方法的统计符号（从第一步中找出） _____

 b. 自由度（df） _____

 c. 临界值（来自统计表或电脑输出结果） _____

 d. 统计检验值（来自计算或电脑输出结果） _____

 e. 是否接受虚无假设 接受 / 拒绝

 f. 显著性水平（例如，$p < 0.05$） _____

第三步：用文字描述结果，视情况加入相应的统计信息（包括平均数和第二步中记录的统计信息）。

改编自 Dunn, 2010, p. 240。

别在统计上是否具有显著意义？我们暂时回到统计分析上来：方框里的第二步（参见上一页）包含整理所有统计信息。除了简单地填上你所使用的检验方法（也就是你在第一步确认的独立组 t 检验）的统计符号，你还需要完成以下工作：

- 记录下统计检验的自由度和临界值（这两个值是任一类型 t 检验所必需的部分，它们在任何一种统计分析软件的输出结果中都会有）。
- 说明统计检验值（基于你的计算或电脑输出结果）。
- 接受还是拒绝虚无假设。
- 记录观察到的显著水平。

无论是人工计算还是电脑计算，第二步中列出的所有信息是任何一个统计分析过程的标准部分。

假设我们从一台计算机的输出结果中获取到信息，并且相应地填写在第二步中的空白处。如果输出结果显示自由度为 20，那么双尾检验的临界值就是 2.086（第二步中的 b 和 c 部分）。为了达到 0.05 水平上的统计显著，计算所得的 t 检验统计值需达到或超过这个临界值。假设我们进行 t 检验所得的统计值等于 2.35，这个值确实超过了 2.086 的临界值，我们就可以在 0.05 的显著性水平上拒绝虚无假设（参见第二步中的 d、e、f 部分）。

第三步主要包括用一个总结性的句子来描述行为层面发生了什么，要确保这个句子里包含了第一步和第二步里的统计信息。当然，按照 APA 格式，实验结果应该明确地指涉被检验的假设。你对实验结果的描述性总结应该具有以下两点特质：

- **简洁性**：用尽可能少的文字来说明发生了什么。

- **易读性：** 即便是不懂统计的读者也应该能够清楚地读懂发生了什么，而具有统计学知识背景的读者则应该能认同数据分析。

这里展示一种撰写假设的研究结果的方式：要清楚地提到你最开始做出的假设、你所要研究的行为、该行为被测量的方式，以及统计检验的结果：

> 我们检验了霍尔（1966）的主张，他认为在个人所谓的亲密空间内只有他的好朋友和家人才受到欢迎，而这个小的气泡状空间存在于每个人周围几英尺的范围。我们重复霍尔的实验并观察到：与比较陌生的人相比，个体允许朋友在物理距离上更靠近自己。在非正式的会面中，朋友间所隔的地砖数（$M = 3.2$）显著少于陌生人间所隔的地砖数（$M = 4.5$），$t(20) = 2.35$，$p < 0.05$。

就像这里所展示的，在你引用统计检验的计算值、自由度和显著性水平之前，先用文字总结研究结果，可以让这一结果更易于理解。事实上，在结果部分出现统计信息只是为了支持你的说明——对研究结果的诠释远比数字重要。对于类似 t 检验这样简单直接的分析来说，在诠释结果的描述性语句中引用各组平均数通常比较容易。在上面这个例子中，读者很快就能明白朋友间所隔的地砖数少于陌生人之间的。报告实际的平均数有助于读者想象朋友间的物理距离更近的场景。对于更加复杂的统计关系来说，在表格中呈现数据通常更易于读者理解（参见第八章）。关于撰写统计结果的总结，你可以在心理学期刊（参见附录）和《美国心理学协会出版手册》中找到更多例子。

在这里，必须提到关于 APA 格式的一个奇怪的地方：当你在正文中而非在表格中使用基本的样本统计量（例如，样本平均数、标准差、分布的

用 APA 格式写作结果部分的几条有用规则

《美国心理学协会出版手册》中包含一些特定的有关写作格式和规范的指导，比如以下几点：

- 正如 *datum* 是"数据"一词的单数形式，*data* 是其复数形式，*analysis* 是"分析"一词的单数形式（"I performed one statistical analysis"），其复数形式是 *analyses*（"I performed several statistical analyses on my data"）。

- *between* 一词形容的是两个事物之间存在的关系（"There was a positive correlation between variables *X* and *Y*"），而在说明三个或三个以上事物之间的关系时，则用 *among* 这个词（"Correlations were computed among the three variables"）。

- 统计学符号和数学符号不能用来替代句子里的单词。绝对不能写："The *n* of participants in the experimental condition = 20."。

- 除非一个数值永远都不超过 1（例如 *p* 的值、相关系数，等等），否则当数值小于 1.0 时，小数点前一定要出现 0。

- 在文章里使用数字的时候，九及九以下的数字用单词表示，10 及 10 以上的数字用阿拉伯数字表示（i.e., nine participants, 20 stimuli）。

- 尽量不要用阿拉伯数字作为句子开头——如果你必须用数字开头，那么使用单词表示（"Eleven participants..."），或者改变句式（"There were 11 participants..."）。

- 统计学符号要用斜体表示（例如，第 169 页方框中"统计学符号"下列的 X^2、N、p、x）。

- 当在附加说明的括号里或表格里提到描述性统计量时，要使用 APA 格式的缩写（例如，M、SD）来表示；而在正文中这些统计量时，则要使用相应的单词或短语（例如，平均值、标准差）来表示。

度量或观测离差）时，不使用类似 $\bar{x}$（平均数的统计符号）和 s（样本标准差的统计符号）这样的统计符号，而是使用 M 来表示平均值，SD 来表示标准差（相关示例参见《美国心理学协会出版手册》）。

6.1.2　组织结果部分

萨洛韦（Salovey, 2000）提醒我们，写得好的结果部分往往给读者讲述了一个好故事，而且这样的故事总是有一个良好的组织架构，使其读起来既吸引人又条理分明。萨洛韦建议写作者在组织他们的结果部分时，遵循以下几个步骤：

- 在结果部分，总是从最重要的内容，即从研究的主要发现着手。
- 按照文章其他部分呈现研究发现的顺序来展示这些研究发现。
- 在这一部分开始时，就提供给读者一个"自上而下"（top-down）的结构：提醒他们你的研究已经做了什么、为什么这样做，以及接下来要做什么。
- 按照研究发现的重要性，而非统计分析的性质来组织结果部分；再提醒一次，研究价值比任何数字都更重要。
- 解释为什么选择你所使用的统计分析方法。

所有这些建议都忠于一个更大的原则：告诉读者你做了什么，以及你为什么这样做。这一原则所蕴含的艺术就是让你的写作变得有逻辑，并且恰到好处地说明细节。你可以在萨洛韦（2000）的文中找到其他有用的建议。

如果你的研究有好几个发现，那么你该如何总结它们，又该如何与读者分享？较大规模的研究往往会比小规模的研究有着更加详尽的结果部分。拟定结果部分的基本原则已经在第五章进行了阐述。对于更为详尽的研究成果，萨洛韦（2000）建议的分层提纲模型提供了拓展和改写结果部分的可能性。

APA 格式的结果部分的分层提纲

在分层提纲中，第一段要提醒读者该研究的目的，并让他们对接下来要具体回顾的研究结果有所了解。（记住 APA 格式论文的每个部分都必须是独立的。）然后，先呈现主要的研究结果及相关支持性信息，再回顾第二重要和第三重要的研究结果。牢牢记住撰写论文的沙漏模型：应当逐

第一段简要回顾研究结果——综述
- 简要回顾总的研究假设和方法
- 解释一下本文研究的是（人类或动物）行为的哪一面
- 明确指出自变量和因变量
- 具体描述数据的性质

主要结果
- 说明你所使用的统计检验方法，并且简要解释你选择该方法的理由
- 具体描述该研究在行为层面上的发现，并且回应假设
- 支持结果的相关统计信息（统计符号、自由度、计算所得数值、显著性水平）
- 支持统计结果的表格和图表

第二重要和第三重要的结果
- 说明你所使用的统计方法，并且简要解释你选择该方法的理由
- 具体描述该研究在行为层面上的发现，并且回应假设
- 支持结果的相关统计信息（统计符号、自由度、计算所得数值、显著性水平）
- 支持统计结果的表格和图表

向讨论部分过渡

渐拓宽结果部分，以便过渡到讨论部分。上面的分层提纲（adapted from Dunn, 2001）提供了更多细节。

如果研究中有不止一个实验，那么应该如何行文。只要快速浏览一下任何一种心理学期刊中的文章，你几乎都可以发现有一种明显的"打包"（package）实验的趋势：许多文章中包含的实验不是一个，而是两个、三个，甚至更多。一般学生论文中不需要包含多个实验。但是，如果你需要这么做的话，别忘了 APA 格式是有适当的灵活性的。每一个实验都要有一个单独的引言（一般来说非常简洁，因为整篇文章的开头已经有一个标准的引言了），以及单独的方法、结果和讨论部分。如果某个实验特别简明扼要，那么它的结果和讨论部分就可以合并为一个部分。此外，每一个实验都要用一个标题居中标识（例如，实验一、研究二）。最后，含有多个实验的论文需要撰写一个总的讨论部分，来强调该研究下的多个实验所共同提出的最重要的问题。

6.2 对你的研究结果进行更深入的剖析

当你完成结果部分的初稿后，应该提出一些你自己的想法和思考。记住，你的目标不仅仅是汇报研究结果，你还应该好好思考与结果相关的一些更广泛的问题。有两个资源可以帮助你做到这一点：美国心理学协会关于统计方法的现行指南，以及呈现研究结果的五条标准。

6.2.1 美国心理学协会关于统计方法的现行指南

多年以前，美国心理学协会聚集了一组专家来讨论心理学家应该如何使用（偶尔大量使用）统计过程（Azar, 1999; Wilkinson & the Task Force on

Statistical Inference, 1999）。专家们的反馈建议是：统一标准以提高期刊中科学交流的效率。这意味着对 APA 格式论文的写作也有一些影响。当你考虑撰写你的研究结果时，由特别专家小组所提出的几个注意事项可以帮助你更清楚地写出研究结果（更多相关策略，see Wilkinson & the Task Force, 1999）。

- **在得出任何因果结论时要特别谨慎**。当写作者撰写结果部分的时候，一般都会有简化研究发现的倾向，来使这些研究发现看上去比它们实际的情况更加明确。统计检验的结果只是显示出可能正确的结论，而不是绝对正确的结论。同样，你的文章只能说明变量间可能存在的因果关系，而不应该暗示这些因果关系是绝对的。只要你有一个研究假设，就一定会存在一个对立的假设等待着去解释跟你的发现相反的研究结果。

- **在讨论结果之前先指出你的研究过程中存在的问题**。就像我们在第五章中所说的，没有任何研究结果是完美的。在研究的执行过程中，在实验参与者的行为等方面必然会存在某些小问题。在你讨论任何研究结果之前，要记得先提及这些问题。这样的坦白是诚实的表现，有助于读者思考：是否有一些问题会对他们解释或接受你的研究结果构成威胁；如果有，这些问题是如何构成威胁的。

- **界定所有变量，并且解释它们与研究的相关性**。你必须清楚地界定研究中出现的所有自变量和因变量，并说明它们与研究的关联性。为了做好这项工作，你需要在恰当的研究背景里呈现这些变量，而在这样的研究背景下辨识和讨论它们能够加强读者对你的论点的理解。不要随意提及一个变量，也不要用随便的方式介绍一个变量，你必须彻底而具体地说明它们存在于研究中的合理性和相关性。

- **考虑研究结果的普适性和实用价值**。你的研究结果告诉了你关于行为的哪些信息？这些研究结果对现有的关于行为的研究结论进行了怎样的补充、改进，或者反过来会有怎样的影响？应用你的研究结果能否拓宽我们对心理学的理解？

6.2.2 MAGIC 标准——意义重于数字

当优秀的写作者兼研究者撰写结果部分的时候，他们会对如何诠释研究结果及其意义做出认真思考。实验参与者的行为表现怎样？实验中是否存在一些因素改变了参与者的行为，如果存在，是哪些因素？他们的行为表现对于我们理解人类或动物心理的某一方面有什么样的意义？再次重

使用埃布尔森 MAGIC 标准撰写结果部分

量级：实验结果的证明力有多强？这些结果在多大程度上支持你的研究假设？

清晰度：如何用最简单、最直接的文字来总结一个研究发现？只要不丢失或曲解重要信息，对研究发现的解释越简短越好。

普适性：该研究发现能否适用于解释发生在其他情境或时间下的行为？研究结果的普适性如何？它们是拓宽了还是限制了现有的研究范围？

趣味性：谁会关注你的研究结果？谁会想要深入了解你的研究发现？是心理学家、教育工作者，还是你的导师或同学？为什么他们会关注？具体想一想。对埃布尔森来说，真正让人感兴趣的研究结果可以改变人们思考一个研究问题的方式。

可信度：你的研究发现能够得到支持和信任吗？结果背后的逻辑和研究方法合理吗？评论者会如何理解你的研究结果？

改编自 Abelson, 1995。

申，一个写作者除了着眼于行为层面上发生了什么，还必须思考这些研究发现有什么更深远的含义。

为了向读者证明研究结果"富有意义"，罗伯特·埃布尔森（Abelson，1995）提出了 MAGIC 标准。由首字母缩合而成的 MAGIC 一词指出了当研究者确认研究结果在多大程度上支持研究假设时所需要思考的五个点，分别代表**量级**（magnitude）、**清晰度**（articulation）、**普适性**（generality）、**趣味性**（interestingness）和**可信度**（credibility）。上一页方框内对这五条标准的描述对于你撰写结果部分会非常有帮助。

练 习

1. 在你的研究笔记本上，列举三点你所学到的关于撰写结果部分的事。
2. 在你的研究笔记本上，用一段文字解释一下为什么某个特定的统计检验方法适合分析某些数据。
3. 结合萨洛韦（2000）的建议起草一个结果部分。
4. 评估一篇已经发表的期刊文章上的结果部分。在这个结果部分中，总结性语句是否出现得比模棱两可的语句多？修改所有模棱两可的语句，把它们改成总结性语句并写在你的研究笔记本上。
5. 将你论文的结果部分中模棱两可的语句改为总结性语句。
6. 使用 MAGIC 标准来评估一篇已经发表的期刊文章上的结果部分。这个结果部分在多大程度上满足 MAGIC 标准？指出在哪些段落运用 MAGIC 标准可以改善这篇文章。
7. 运用 MAGIC 标准来修改你曾写过的一个结果部分。

第七章

APA 格式的文献引用

研究者使用 APA 格式进行写作的目的是为了更清楚地交流科学信息。根据 APA 格式撰写而成的任何出版物的参考文献部分都很好地体现了这一目的。参考文献部分汇集了作者认为对正文所得出的科学论点有着**支持**作用的必不可少的引用。当然，作者也必须公平地、不带偏见地引用那些研究范围或发现与自己的科研立场**相反**的科研工作。从伦理上讲，只有考虑了一个科学论点的方方面面之后，才能够决定选择其中的某一面。

7.1　引用和参考文献

在任何一篇 APA 格式的论文中，正文内提到的相关引用信息都必须以特定的格式出现在参考文献部分。反过来，列在论文最后的所有参考文献都必须是正文内引用过的。简单来讲，APA 格式论文中的引用要和参考文献相一致（Smith, 2000）。

心理学家是出于某个具体的目的而引用特定文献的。因此，APA 格式论文的参考文献部分不会将关于一个既定主题的所有可能的研究资料都列举出来，而是只列出那些与调查、回顾或讨论一个科学问题相关的最合适的研究资料。

当你写作时，请尽量参考新近的文献（Smith, 2000）。大多数心理学主题都有大量文献可供参考，再加上如今的数据库、在线馆藏目录和互联网使文献搜索（参见第二章）变得非常方便，因此，我们没有理由不使用新近的参考文献。当然，我并不是说你应该避免引用所有年代较远的或"经典的"参考文献，而是说对于大多数主题，你应该很容易找到与之相关的新近出版物。

当你引用参考文献时，除了应该保证引用的文献是存在的、较新的，还有一个要求，即准确引用。文后参考文献和文内标引必须和原材料的规定格式一致，而且内容必须做到准确无误。你要确保所有读者都能通过你所提供的文献信息追查到你所引用的原始文献，这意味着参考文献部分必须是无差错的。

7.1.1 通过阅读参考文献部分学习心理学文献

当你通过阅读选出来的一部分文献来研究一个主题的时候，浏览它们的参考文献部分是很有帮助的。当你浏览这些参考文献部分的时候，你可以凭借文献的被引次数迅速找到与你的研究主题相关的重要或"经典"引用。你可能还会有一些意想不到的发现，比如有些参考文献虽然没有被经常引用，但却对你的研究很有帮助。

是什么让一篇文章成为"经典"引用文献，或者变得有影响力？针对心理学家的调查发现，他们认为高影响力的文章通常文笔不错，有理论意义和实践价值，能引人注意且方法有趣，还能为将来的研究指明方向（Sternberg & Gordeeva, 1996）。很多文章从来没有被引用过，这并不代表这些文章没有人读，或者这些文章的观点不重要；而大部分研究都只被引用几次。实际上，社会科学引文索引（Social Science Citation Index, SSCI）和科学引文索引（Science Citation Index, SCI）会显示作者及其文献的被引次数。甚至还有一些专门发表的文献目录，罗列了心理学领域内最常被引用的文献（See Kintsch & Cacioppo, 1994; Sternberg, 1992; see also Shadish, 1989）。

当你恰当使用科学文献的时候，它们会让你的文章更有说服力，也更有影响力。因此，你有责任为读者提供准确的引用信息。为什么？首先，在最低限度上，你有责任向读者证明你对某个主题的相关文献是熟悉的，而且你知道如何使用这些文献。其次，你希望将自己了解的信息与别人分享，也许还想激励他们进一步阅读你所引用的相关文献。读者若要学习这些文献，首先必须得找到它们。如果你提供的书目信息是错误的或不够完整的话，读者就很难找到他们需要的原始文献。因此，作为一个心理学专业的学生，学习如何使用 APA 格式引用参考文献对你是非常有用的。

7.2　基本的引用技巧

就像 APA 格式的其他要求一样，参考文献的引用规则对写作者和读者来说都很容易上手。实际使用时，对读者来说则比写作者更容易一些。写作者除了必须准确地记录所有文献的来源（参见第二章），还要知道引用期刊文章、书籍、网页，甚至给编辑的信等资料的格式有何不同。刚开始学习引用格式时，可能会有一些令人却步的感觉——如此多的细节，如此严谨有序的结构。不过，只要你实际运用几次，你的进步会非常迅速，就可以毫不费力地引用文献了。你可以根据本章第 3 节的内容来学习 12 种最常用的参考文献格式。其他不常用的参考文献格式，可以参考《美国心理学协会出版手册》。

7.2.1　在正文中引用文献

写作者需要在什么时候引用文献？如同大多数研究者一样，心理学家是比较严谨的。对于他人的研究成果，绝大多数心理学家会明确地指出它们的出处。心理学家阅读与自己研究的问题相关的资料，然后引用对自己

的研究有影响的文献。作为一个写作者和阅读过相关文献的读者，你一定
要在自己的论文中引用所有帮助过你或引导过你思考的文献。

在正文中引用参考文献有两种基本方法。第一种是使用括号标注引用
的参考文献[1]：

The positive psychology movement was created to address an imbalance
in psychology, to examine beneficial processes over the more traditional
focus on negative aspects of human behavior (Seligman, 2000).

积极心理学运动的兴起是为了解决心理学研究中的失衡问题，旨
在改变传统研究对人类行为消极方面的关注，去探索人类行为积极一
面的发展过程。

这里，写作者在陈述一种说法的最后用括号标注出他所引用的相关参考文
献，这样读者就知道去哪里寻找支持这种说法的论据了。

当然，使用括号可以引用不止一个参考文献。不过，如果要引用多个
参考文献，括号中的文献必须按照作者姓氏的字母顺序排列：

People generally present their public selves to others in much the same
way they perceive themselves to be in their private thoughts (e.g., Buss &
Briggs, 1984; Schlenker, 1986; Tesser & Moore, 1986).

人们通常会按照自己内心觉知的自我去向他人展现他们公开的自我。

在这个例子中，括号里的 e.g.（ *exempli gratia*，拉丁文的"例如"）表明引
用的参考文献是支持该论点的一些例子。注意，在括号内用记号（&）标

1　为了展现基于 APA 格式的参考文献引用规范，以下例句用双语表示。——编注

引用参考文献时要问的问题：何时引用，为什么引用？

要判断在写作中是否引用他人的文献，你可以问自己如下几个问题。只要你的回答中出现一个"是"，那么就应该标注引用信息。

- 阅读完一篇参考文献后，你有没有在自己的文章中使用它的假设、研究发现或定义？
- 阅读完一篇参考文献后，它有没有帮助你思考你的研究的理论基础？
- 阅读完一篇参考文献后，你有没有重复或改编其中的研究方法，以便用在自己的研究中？
- 阅读完一篇参考文献后，你有没有从中借鉴任何统计上的、分析上的或文体上的技巧并运用到自己的论文中？

注同一文献的多位作者，用分号（；）将多个文献区分开。

在一句话中，可以出现不止一处使用括号标注的引用文献：

> Research on self-knowledge (e.g., Baumeister, 1986), self-esteem (e.g., Rosenberg, 1965), and self-monitoring (e.g., Snyder, 1974) continues to be used in comprehensive reivews of self processes (Brown, 1998).

> 关于自知、自尊和自我监控的研究一直被用于关于建立自我过程的综述评论中。

当有两个及以上的作者直接出现在正文中时，人名之间用"和"而不是"&"记号连接：

> Robins and John (1997) found that most students predict their course grades will be higher than they actually turn out to be.

罗宾斯和约翰发现，大多数学生会高估自己的成绩。

另一种基本的引用方法是将参考文献用作正文的一部分，通常是用作句子主语：

Following Chwalisz and Vaux (2000), rehabilitation researchers and practitioners are advised to consider how social support can enhance physical as well as psychological well-being.

按照赫瓦利什和沃克斯的研究，康复研究者和医师需要考虑社会支持能够怎样促进身心健康。

当然，如果一个参考文献有不止一位（但不超过五位）作者，第一次引用时应该列出所有作者的姓氏：

Ericsson, Chase, and Faloon (1980) described the unique memory skills of a research participant who chunked digits into meaningful running times.

埃里克森、蔡斯和法隆描述了一名实验参与者独特的记忆技巧，这名参与者会把数字变成区块化的、有意义的时间（例如，将 3492 记为 3 分钟 49.2 秒。——译者注）。

如果文献的作者只有一到两位，无论第几次引用都需要列出所有作者的姓氏。但是，如果文献的作者有三位、四位或五位，那么除第一次全部引用，其余引用就只需要列出第一位作者的姓氏和拉丁文缩写"et al."——意思是"以及其他人"（记得在 al 后面加上英文句点，表示缩写）。所以，第二次引用时应该像这样：

The participant in the Ericsson et al. (1980) study memorized collections of random digits over a period of several months.

埃里克森等人实验中的这个参与者对一些随机数字的记忆能保持数月之久。

如果同一份资料在同一段中被引用了不止一次，那么在这一段中只有第一次引用要注明文献的出版日期：

The participant in the Ericsson et al. (1980) study memorized collections of random digits over a period of several months. A detailed description of the training method can be found in Ericsson et al.

埃里克森等人实验中的这个参与者对一些随机数字的记忆能保持数月之久。你可以在埃里克森等人的文章中找到训练方法的具体描述。

关于如何引用多位作者合著的文献，更多建议可参见写作指南 7.1。

7.2.2 原文引用与释义

原文引用（quotation）是指直接引用某个已经出版或尚未出版的文章或著作中的言辞和观点。较短的引文（少于40个单词）可以直接放在正文中，并用双引号标出（APA，2010）：

In a particularly dark passage within *Civilization and Its Discontents*, Sigmund Freud (1930/1961, p. 23) claimed that, "Life, as we find it, is too hard for us..."

在《文明及其不满》的一段充满悲观气息的文字中，西格蒙德·弗洛伊德说："正如我们所发现的那样，生活对我们来说太艰难了……"

写作指南　7.1

引用同一作者的多个文献与引用多位作者合著的文献

多个文献

在 APA 格式的参考文献部分，同一独立作者的多个文献要按照文献的出版年份排序（从早到晚）：

Tufte, E. R. (1983).

Tufte, E. R. (1990).

- 如果同一作者既是一个文献的独立作者，又是其他文献的第一作者，那么独立作者的文献要排在多个作者的文献之前：

Johnson, D. W. (1991).

Johnson, D. W., & Johnson, F. P. (1987).

- 如果第一作者相同但第二、第三作者不同，那么文献要按照第二作者姓氏的字母顺序排列；如果第二作者也相同，那么就按照第三个作者姓氏的字母顺序排列，以此类推：

Lincoln, Y. S., & Denzin, N. K. (1994).

Lincoln, Y. S., & Guba, E. G. (1985).

Tourangeau, R., & Rasinski, K. A. (1988).

Tourangeau, R., Rasinski, K. A., Bradburn, N., & D'Andrade, R. (1989).

Tourangeau, R., Rasinski, K. A., & D'Andrade, R. (1991).

多位作者

科学研究常常是许多研究者合作的成果。因此，由多位作者合著发表一个实证研究是很常见的事。像本章或本书其他地方所描述的，要引用二至五位作者合著的文献，规则并不复杂，但是如果一个文献有六位或更多作者呢？

- 如果你是在正文中引用一个由六位或更多作者合著的文献，那么无论是第一次引用还是之后的引用，你都只要标出第一作者的姓氏，后面带上 "et al." 和出版年份就可以了。

六位作者的参考文献：Sandberg et al. (2001).

七位作者的参考文献：Tucker et al. (2001).

八位作者的参考文献：Ahn et al. (2001).

- 不过，如果是在 APA 格式的参考文献部分，只要作者不超过七位，就要将所有作者的姓氏，以及名字的首字母列出来：

六位作者的参考文献：

Sandberg, D. E., Meyer–Bahlburg, H. F. L., Hensle, T. W., Levitt, S. B., Kogan, S. J., & Reda, E. F. (2001). Psychosocial adaptation of middle childhood boys with hypospadias after genital surgery. *Journal of Pediatric Psychology, 26*, 465–475.

但是，如果参考文献有八位或更多作者，那么只需要列出前六位作者和最后一位作者的姓氏，以及名字的首字母，然后在第六位作者和最后一位作者之间，用省略号（...）来代替其他作者。

引用原文时，要提供文献的出版时间和引文所在的具体页码。为什么要这样做？因为有些读者希望能找到并阅读原文。上面的例子中标注了两个出版年份——前一个是德文原版的出版时间（即 1930 年），后一个是这里所用的英文译本的出版时间（即 1961 年），两个年份中间用斜杠（/）隔开。

注意，我在弗洛伊德（1930/1961, p. 23）的原话之后使用了三个点的省略号（...），以此告诉读者我只引用了原文句子的一部分。如果我引用了整句话，那就无须使用省略号了，而是以句号或其他的标点符号来结束这句话（APA，2010）。

40 个词或 40 个词以上的引文必须以一个独立的缩进段落出现，并且设置为双倍行距，不必加上引号。引文段落应该向右缩进大概 0.5 英寸（或 5 个空格）。下面是从《文明及其不满》中引用的一段话（Freud,

1930/1961, pp. 23—24），其中包含了我们上面引用过的那个句子：

In a famously bleak passage, Freud (1930/1961, pp. 23–24) wrote:

Life, as we find it, is too hard for us; it brings us too many pains, disappointments and impossible tasks. In order to bear it we cannot dispense with palliative measures....There are perhaps three such measures: powerful deflections, which cause us to make light of our misery; substitutive satisfactions, which diminish it; and intoxicating substances, which make us insensitive to it.

在一段有名的充满了悲观气息的文字中，弗洛伊德写道：

正如我们所发现的那样，生活对我们来说太艰难了，它给我们带来了太多的痛苦、失望和无法完成的任务。为了忍受这种生活，我们不能放弃缓解措施……这样的方法大概有三种：有效地转移注意力，使我们无视自己的痛苦；替代性的满足，使痛苦减轻；醉人物品，使我们对痛苦感觉迟钝。

注意，这次我使用了四个点的省略号（....），说明我有意省略了不止一个句子。四个点的省略号表明在引文所呈现的句子之间（between）有一些材料——至少是一个完整的句子，很可能更多——被省略了。其中，第一个点代表的是引文中一个句子的实际句点，剩下的三个点则代表两个句子之间的内容被省略了（APA, 2010）。

再次强调，一定要仔细记录引文的出处。不论是较短的还是较长的引文，都必须将作者的姓名、文献的出版日期和引文所在的页码（或页码范围）提供给读者。这些信息通常使用括号标注，就像我们刚刚审视的那两个引文示例一样。

当引用某个资料时，写作者通常希望能够准确地传达原作者试图表达的意思（例如，日常生活对人的心理来说可能是艰难的），或是突出原作者观点或思路的某个方面（例如，也许弗洛伊德对人的日常体验的看法太悲观了）。在引用原文的过程中，写作者可以出于某个具体的目的来赞成、反对或在某种程度上检验他人的观点。

一般来说，引文应当相对简洁，并且尽量少用。原因很简单：过多的引文会分散读者的注意力。当我看到一篇文章或一部著作中有太多引文时，我总想知道为什么作者不能节省一下时间，直接告诉我先去读一读被引用的文献再去读他的评论。这种抱怨在你听来也许有点古怪，可是我的担心正是一个成长中的写作者应该去注意的问题。过长的引文会占用宝贵的页面空间，从而减少你向读者表达和分享自己的想法的空间。这一问题十分重要，尤其是当你的文章将会被导师评分的时候。

写作老师把在文章中堆砌大量引文的做法称为**补丁写作**(patchwriting)，意思是说这样的文章基本上是用其他写作者的想法集合而成的，而学生作者只是在别人的想法中间提供了一点"填充物"（R. M. Howard, personal communication, September 5, 2001; see also Howard, 1999）。这种掺杂或拼凑而成的文章通常读起来很无聊，并且常常难以理解。

如果你确实想要在自己的文章中引用某个资料，一定要确保这个引文不仅是有意义的而且是有用的。一个好的引文应该可以在某种程度上支持你的观点，或者能让你挑战其他作者的科学观点。除非很有必要，否则不要在一篇文章中直接引用原文超过一次，同时确保这个引文提供了强有力的帮助。关于在 APA 格式下使用引文的更多详细介绍，可参见《美国心理学协会出版手册》6.03—6.10 章节。

一个可行的而且通常比直接引用更可取的方法是**释义**——使用与原文不一样的词句来重新表述一段话的意思。换句话说，就是用*你自己的话*来表述他人的话。

　　想要用你自己的话来呈现别人的观点，就需要你仔细阅读和思考原文。糟糕的释义很容易写出来，也很容易被人发现——可能是因为它们通常近似抄袭；而要写出好的释义则需要费些力气。实际上，使用释义的明确目标就是为了避免抄袭别人的文字（参见第三章第 4 节），但这种有意撰写的概要也被用于更清楚地呈现原文中的技术性材料。同样地，通过精心释义，可以让原先单调的文字变得有趣起来，还可以为读者突出那些本来可能被忽略的重要观点。

　　撰写 APA 格式的文章需要经常释义，因为写作者必须讨论与他的文章主题相关的研究已经做了哪些工作，为什么要做这些工作，发现了什么结果，还有哪些问题有待解答。写作者可以用两种方法让读者知道他在释义：使用提示短语（signal phrase）或括号引用（parenthetical reference）来表明这是对另一个作者的观点的总结（e.g., Hacker, 1991）。这里是一个使用提示短语的例子：

　　　　Cohen (2001) claimed that diverse environmental and ecological "niches," or life spaces, are largely responsible for cultural variation.
　　　　科恩声称，多样化的环境和生态"区位"，或者说生活空间，很大程度上决定了文化多样性。

文中出现了提示短语"科恩（2001）声称"，却没有出现引号，说明作者是在释义。当然，使用括号引用也能达到同样的目的：

　　　　Distinct and different environmental and ecological niches are thought to introduce cultural variation (Cohen, 2001).
　　　　独特的环境和生态区位被认为是文化多样性的成因。

这里不需要使用提示短语，因为括号里标注的文献作者姓氏和出版时间可以告诉读者这是释义。

学习如何释义并不难，但需要你多加练习并遵守有用的建议。一个重要的建议就是：根据你记忆中的内容去释义，而**不是**一边读原文一边释义（Hacker, 1991）。如果你边读边释义，很容易借用太多原文的字词，进而变成抄袭（参见第三章）。取而代之的做法是：先阅读你打算释义的文本，然后合上书或将文章放到一旁，直到这时再开始撰写释义。一旦你写出了释义初稿，你就可以回到原文，检查一下自己是否准确呈现了作者的观点，同时没有逐字抄写原文。

除了根据记忆中的原文内容去释义，你还可以结合赫尔特（Hult, 1996，p.43）提供的五条指导建议来对他人的文本进行适当的释义：

1. 使用原文献中词汇的近义词。
2. 避免使用过分专业的词汇（例如，精神贯注的［cathected］）或晦涩的词组（比如，自我的人格基础［personological foundation of selfhood］）。
3. 在重述时改变句子的结构。
4. 重新组织你从原文献中获得的信息的顺序。
5. 将复杂的观点拆分成比较简明的想法，这样你就可以用更简单的句子来概括了。

还有一条虽然显而易见但却非常重要的建议，那就是：

6. 永远为你的释义加上文献出处。

让我们来释义一段话吧。根据赫尔特（1996）的建议，我重写了前面引用过的《文明及其不满》（Freud, 1930/1961, pp. 23—24）中"生活对我们来说太艰难了"那段话，但没有改变其基本含义：

Freud's (1930/1961) point is a good one: There is no denying that the demands of everyday life can be difficult for many of us. Practically everyone has a number of responsibilities to juggle or challenges to overcome, not to mention dealing with typical setbacks associated with modern life. How can we cope with it all? Regrettably, perhaps, many of us deny that any problems exist, or we seek creative ways to distract ourselves from reality. Some of us even blunt pain and anxiety by relying on drugs and alcohol.

弗洛伊德有一个很好的观点：不可否认，日常生活的一些要求对我们中的很多人来说可能是困难的 。实际上，每个人都有不少责任要兼顾，有许多挑战要克服，更不用说还要处理现代生活特有的种种困难了。我们怎样才能应对这一切？遗憾的是，我们中有很多人拒绝承认任何问题的存在，或者寻找一些创造性的方法来帮自己逃避现实，还有些人甚至依赖药物和酒精来麻痹痛苦，减轻焦虑。

在上面的例子中，我保留了弗洛伊德原话中的精神，没有重复甚至复制他的实际言辞。关于释义的更多建议，参考哈克（Hacker, 1991）和赫尔特（Hult, 1996）的著作。

7.2.3 引用第二手资料

通常来说，你应该引用第一手资料。比如，如果你打算引用一本书或一篇文章，那么在开始写作之前，你应该仔细阅读并理解它。除非你很熟悉这一文献，否则去引用它是不明智的行为。引用别人使用过的但你并未亲自读过的资料是不谨慎的，甚至是危险的。凭借别人引用的资料来展开你的讨论可能存在缺陷，甚至可能完全弄错资料的意思。

　　我并不是说第二手资料（参见写作指南 2.1）完全不能用，只是说在你决定引用第二手资料之前，应该先尽力找找第一手资料。有时候，你可能真的没办法获得某个参考文献，但还是希望使用而且事实上需要引用它，在这种情况下，你可以使用第二手资料。另一种情况是：你可能想要了解或评论其他写作者对某篇文献的观点。不管哪种情况，像下面的例子那样引用第二手资料将会是适当的：

　　　　Smith (as cited in Jones, 1995) examined the relative frequency of certain surnames in the general population.

　　　　史密斯（正如琼斯 [Jones, 1995] 引用的）检验了某几个姓氏在总体人口中出现的相对频率。

虽然这句话并未交代史密斯的文章或著作的信息，但是琼斯在自己的文中对史密斯的研究发现进行了讨论。不过，只有琼斯的文献信息应该出现在你的 APA 格式论文的参考文献部分（APA，2010）。

7.3　APA 格式参考文献的格式规范

　　APA 格式文章的参考文献部分应该在文章最后另起一页开始撰写，位于讨论部分之后，所有表格、图表和附录之前（参见第五章第 156 页）。参考文献必须遵循以下格式：

- 参考文献条目采用双倍行距、悬挂缩进，这意味着每个条目的第一行从页面左端开始，其他行向右缩进。
- 参考文献条目首先按照作者姓氏的字母顺序（也就是 A 到 Z）排列，然后按照出版时间排列（也就是说，关于同一作者的不同文献，出版年份更早的文献排得更靠前）。

大多数学生所写的 APA 格式文章的参考文献部分，包含四个基本格式：期刊文章、作者撰写的书籍、编者编订的书籍（edited books）中析出的章节，以及在线期刊文章和文件。注意，文献条目的有些部分必须用斜体表示（我在下面的例子中用斜体标出了这些部分）。如果你无法设置为斜体，就用下划线代替。

下面是引用期刊文章的格式：

作者姓氏，名字和中间名的首字母.（出版年份）.文章题目.期刊名称，期刊卷号，页码范围.

作者撰写的书籍的引用格式与期刊文章相似，不过需要标明出版社和出版社所在城市：

作者姓氏，名字和中间名的首字母.（出版年份）.书名（除非是第一卷或第一版，否则要带上卷号或版次）.出版社所在城市，所在州的缩写：出版社名称.

编者编订的书籍中析出章节的引用规则结合了上述两种格式：

作者姓氏，名字和中间名的首字母．(出版年份)．章标题．编者的名字
和中间名的首字母及姓氏加上 [(Ed.)] 或 [(Eds.)]，书名 (除非是第
一卷或第一版，否则要带上卷号或版次)．出版社所在城市，所在
州的缩写：出版社名称．

在线参考文献是指从在线期刊、网站、网页、数据库、网络讨论组、
电子报刊、博客、维基百科等处获取的参考资料。在线参考文献通常以在
线期刊文章和文件两种形式出现。

引用在线期刊文章的基本格式和引用纸质期刊文章的格式非常相似，
不过，前者必须包含能让读者定位到文献来源的信息。如果你所引用的在
线文章或文件有数字对象标识符（DOI），那么其他信息（如网站发布者、
获取日期、统一资源定位符［URL］）就可以省略，因为 DOI 可以让读者
轻松找到你所引用的在线文献。

有 DOI 的在线期刊：

作者姓氏，名字和中间名的首字母．(出版年份)．文章题目．期刊名称，
期刊卷号 (如果期刊是以期号［issue number］来标记的话，就标
注期号)，页码范围．doi: xxxxxxxxxxxxxxxxxx

有 DOI 的在线文件：

作者姓氏，名字和中间名的首字母．(出版年份)．文章题目．文件名称．
doi: xxxxxxxxxxxxxxxxxx

如果在线期刊或文件没有 DOI，那你就需要写清楚你是从哪里获取到

资料的。除非文件或资料的内容会随时间的变化而变化（例如，维基百科），
否则你不必标注资料的获取日期。

没有 DOI 的在线期刊：

作者姓氏，名字和中间名的首字母 .（出版年份）. 文章题目 . *期刊名称*，
期刊卷号（如果期刊是以期号来标记的话，就标注期号），页码范
围 . 从期刊文章主页获取的 URL.

下面是参考文献四个基本格式的具体例子，以及在学生论文的参考文
献部分常出现的其他格式的例子。更多不常用的参考文献格式，可参见《美
国心理学协会出版手册》。

7.3.1 期刊文章

单一作者的文章：

Kimmel, A. J. (1991). Predictable biases in the ethical decision making of
American psychologists. *American Psychologist, 46*, 786–788.

两位作者合著的文章：

Anderson, J. R., & Matessa, M. (1997). A production system theory of serial
memory. *Psychological Review, 104*, 728–748.

不超过七位作者合著的文章：

Tourangeau, R., Rasinski, K. A., Bradburn, N., & D'Andrade, R. (1989).
Carryover effects in attitude surveys. *Public Opinion Quarterly, 53,*
495−524.

由八位或更多作者合著的文章，列出前六位作者，插入三个点的省略号，
然后列出最后一位作者。

7.3.2　作者撰写的书籍

一到两位作者撰写的书籍：

Campbell, D. T., & Stanley, J. C. (1963). *Experimental and quasiexperimental
designs for research.* Chicago, IL: Rand McNally.

Putnam, R. D. (2001). *Bowling alone: The collapse and revival of American
community.* New York, NY: Simon & Schuster.

非初版书：

Harris, R. J. (2001). *A primer of multivariate statistics* (3rd ed.). Mahwah,
NJ: Erlbaum.

书籍的英译本：

Freud, S. (1961). *Civilization and its discontents* (J. Strachey, Trans.). New
York, NY: Norton. (Original work published 1930)

就像本章前面所提到的，当你在正文中引用译本时，要标明作者的姓名、原版的出版年份，以及译本的出版年份。可采用两种格式：Freud (1930/1961) 或 (Freud, 1930/1961)。

非个人撰写的书籍：

American Psychological Association. (2010). *Publication manual of the American Psychological Association* (6th ed.). Washington, DC: Author.

The Merriam–Webster dictionary. (1997). Springfield, MA: Merriam–Webster, Inc.

7.3.3　编者编订的书籍

一人编订的书：

Snyder, C. R. (Ed.). (1999). *Coping: The psychology of what works*. New York, NY: Oxford University Press.

多人编订的书：

Wegner, D. M., & Pennebaker, J. W. (Eds.). (1993). *Handbook of mental control*. Englewood Cliffs, NJ: Prentice Hall.

7.3.4　编订的书籍中析出的章节

编订的一本书中的章节：

Nowlis, V. (1965). Research with the Mood Adjective Checklist. In S. S. Tompkins & C. E. Izard (Eds.), *Affect, cognition, and personality* (pp. 352−389). New York, NY: Springer.

编订的丛书的某一卷中的章节：

McAdams, D. P. (1985). The "imago": A key narrative component of identity. In P. Shaver (Ed.), *Review of personality and social psychology* (Vol. 6, pp. 115−141). Beverly Hills, CA: Sage.

7.3.5　杂志或者报纸上的文章

有一位作者的杂志文章：

Chatterjee, C. (2011, September/October). Overcoming sex: Can men and women be friends? *Psychology Today, 54*, 60−67.

有一位作者的报纸文章：

Blakeslee, S. (2001, July 31). Car calls may leave brain short−handed. *The New York Times*, pp. D1, D7.

没有作者的杂志或报纸文章：

Insurers pushed to cover eating disorders. (2001, July 31). *The New York Times*, p. D8.

7.3.6 专业会议或大会上的展示

论文展示：

Beins, B. C. (1998, August). *Activities to introduce students to psychology faculty and psychological paradigms*. Paper presented at the annual meeting of the American Psychological Association, San Francisco, CA.

研讨会上展示的尚未发表的文章：

Faust, D. (2001, June). When science corrects common belief and hence is rejected: The sometimes sad case of the expert witness in psychology and psychiatry. In R. M. Dawes (Chair), *Unpopular results: Providing incremental validity at the price of being rejected*. Symposium conducted at the annual meeting of the American Psychological Society, Toronto, Canada.

海报展示：

Meier, B., & Graf, P. (2001, June). *Transfer appropriate processing affects prospective memory performance*. Poster session presented at the annual meeting of the American Psychological Society, Toronto, Canada.

7.3.7　常见的电子（在线）资源

有 DOI 的期刊文章：

> Jesse, J., Haidt, J., & Nosek, B. A. (2009). Liberals and conservatives rely on different sets of moral foundations. *Journal of Personality and Social Psychology, 96*(5), 1029－1046. doi: 10.1037/a0015141.

没有 DOI 的期刊文章（通常意味着该期刊仅在网络上发表）：

> Collett, J. L., & Childs, E. (2009). Does major matter? Considering the implications of collecting vignette data from our students. *Current Research in Social Psychology, 14*(7), 104－121. Retrieved from http://www.uiowa.edu/~grpproc/crisp/crisp14_7.pdf.

电子词典中的条目：

> Ego. (n.d.). In Merriam－Webster's online dictionary. Retrieved from http://www.merriam－webster.com/dictionary.

在线获取的期刊文章：

> Carpenter, S. (2001). A new reason for keeping a diary: Research offers intriguing evidence on why expressive writing boosts health. *Monitor on Psychology, 32*, 68－70. Retrieved from http://www.apa.org/monitor/

如果你阅读的是纸质文章的电子版，应该在文章题目后注明"电子版本"：

Dunn, D. S., & Dougherty, S. B. (2005). Prospects for a positive psychology of rehabilitation. [Electronic version]. *Rehabilitation Psychology, 50,* 305−311.

电子报刊上的文章：

Franklin, D. (2006, August 16). Patient power: Making sure your doctor really hears you. *The New York Times*. Retrieved from http://www. nytimes.com

在线获取的文件：

Committee on Disability Issues in Psychology. (1992). *Guidelines for non-handicapping language in APA journals*. Retrieved from http://www. apastyle.org

从研究者个人主页或研究机构主页获取的、出版中的文章：

Gilbert, D. T., Killingsworth, M. A., Eyre, R. N., & Wilson, T. D. (in press). The surprising power of neighborly advice. *Science*. Retrieved January 5, 2009, from http://people.virginia.edu/~tdw/publications. htm

发布在网络上可供下载的电子书：

Halonen, J. S., & Davis, S. F. (Eds.). *The many faces of psychological research in the 21st century*. Retrieved from http://www.teachpsych. org/resources/e-books/faces/script/index.htm

发布在网络上可供下载的电子书中的章节：

Branscombe, N. R., & Spears, R. (2001). Social psychology: Past, present, and some predictions for the future. In J. S. Halonen & S. F. Davis (Eds.), *The many faces of psychological research in the 21st century* (chap. 7). Retrieved from http://www.teachpsych.org/resources/ e-books/faces/script/Ch07.htm

讲座或演示文稿：

Buss, D. M. (2007). *Tools for teaching evolutionary psychology* [PowerPoint slides]. Retrieved from the University of Texas: http://homepage.psy. utexas.edu/homepage/Group/BussLAB/db_teaching.htm

维基百科：

Defense mechanisms. (n.d.). Retrieved June 6, 2009, from The Psychology Wiki: http://psychology.wikia.com/wiki/Defense_mechanisms

博客文章：

Beatty, G. (2009, May 20). Re: Invisible faculty, invisible writers. [Weblog post]. Retrieved from http://adjunctnation.com/blogs/reading-writing

视频博客：

snipboy. (2007, October 25). Asch's conformity experiment [Video file]. Video posted to http://www.youtube.com/watch?v=R6LH10-3H8k

更多电子资源引用格式，可以在《美国心理学协会出版手册》或者 www.apastyle.org 上找到。

7.3.8　评　论

书评：

Jarvin, L. (2001). Statistics: *S* is for simplified [Review of the book *Visual statistics: A conceptual primer*]. *Contemporary Psychology: APA Review of Books, 46*, 207-208.

影评：

Kael, P. (1991, February 11). The doctor and the director [Review of the motion picture *Awakenings*]. *The New Yorker, 66*(52), pp. 70-73.

7.3.9 个人通信

个人通信通常是私人的信息来源，包括电话、书信、电子邮件，以及对话等。虽然记录个人通信十分重要，但读者是无法获取这些通信的。因此，个人通信只需在正文中予以注明，而不出现在参考文献部分。当你在正文中引用个人通信时，只要注明资料来源和日期就可以了。下面是两个引用个人通信的例子，一个是将引用作为句子的主语，另一个则是括号引用。

J. S. Halonen (personal communication, July 10, 2009) suggested that...

(D. M. Raves, personal communication, December 27, 2008).

7.3.10 给编辑的信

给编辑的信：

Wilson, V. (2001, September). On rediscovering lost data [Letter to the editor]. *Monitor on Psychology, 32*, pp. 8–9.

7.3.11 博士论文与硕士论文

收录在国际学位论文文摘（Dissertation Abstracts International, DAI）数据库中的学位论文：

Tolson, T. F. J. (1993) Sequential analysis of mealtime conversation patterns in two- and three-generational African-American families. *Dissertation Abstracts International, 54* (5–B), 2788.

尚未出版的博士论文:

Brill, R. T. (1992). *The effect of job knowledge and task complexity on information processing and rating ability*. Unpublished doctoral dissertation. Virginia Polytechnic Institute and State University.

尚未出版的硕士论文:

DiLalla, D. L. (1986). *Naturalistic home behavior of abused, neglected, and adequately reared children*. Unpublished master's thesis, University of Virginia.

7.3.12　尚未出版的文稿或数据

还未提交评审的文稿:

Zaremba, S. B., & Dunn, D. S. (2000). *Self−evaluation and class participation*. Unpublished manuscript, Moravian College.

已经提交评审的文稿:

Schmidt, M. E., DeMulder, E. K., & Denham, S. D. (2001). *Kindergarten social−emotional competence: Developmental predictors and psychosocial implications*. Manuscript submitted for publication.

一项没有题目的研究中未出版的原始数据：

Wilson, T. D., & Kraft, D. (1988). [The effects of analyzing reasons on
affectively versus cognitively-based attitudes]. Unpublished raw data.

关于引用参考文献，我还有最后几点想法：最开始学习如何正确使用 APA 格式的时候，你可能会感到有些畏惧。随着你积累了一定的经验，畏惧的感觉往往会转变为单调乏味。请坚持住！最终，正确引用参考文献将会变成你的习惯。你的努力会确保别人从你的心理学研究中有所学习和收获。

☐ 检查清单：APA 格式的参考文献

在一篇 APA 格式的文章中：

☐ 正文中引用的文献信息是否与参考文献部分中的相一致？

☐ 正文中引用的文献作者姓氏是否与参考文献部分中的拼写一致？出版时间是否一致？

☐ 参考文献部分的所有期刊名称是否拼写完整？

☐ 出现在正文括号中的多个引用文献和参考文献部分的所有文献，是否按照作者姓氏的字母顺序排列？

☐ 在正文的括号引用和参考文献部分，同一作者的不同文献是否按照出版年份的先后顺序排列？

写作指南 7.2

紧跟 APA 格式的变化

　　APA 格式作为心理学及其他学科在科学界分享观点的一种手段，一直在变化、成长和发展。《美国心理学协会出版手册》第 6 版中记录了 APA 格式的很多最新变化。不过，虽然这本手册付梓出版了，APA 格式的创新却没有停止。为了帮助学生、老师和研究者了解关于 APA 格式的最新信息，美国心理学协会创建了一个网站来记录新版《出版手册》中的所有变化。该网站的地址是：

http://www.apastyle.org

　　这个网站针对使用 APA 格式写作文章提供了各种有用的服务。目前，该网站上有一个"咨询专家"（Ask the Expert）模块，任何人都可以提交与格式相关的问题，并收到心理学协会相关专家的回答。下次写作 APA 格式文章的时候，记得去看看这个网站。

练　习

1. 列出一条 APA 格式参考文献的基本组成部分。

2. 在你的研究笔记本中，写下一个带有括号引用的句子。然后重写这个句子，这次将引用的文献信息作为句子主语。

3. 查阅一篇文章或一部著作的参考文献部分，然后在你的研究笔记本中抄下两条出自同一作者的参考文献。再找两条第一作者相同但有第二作者或更多作者的参考文献。

4. 在你的研究笔记本中为一本书、一篇杂志文章、一篇报纸文章和一个在线获取的文件撰写正确的参考文献格式。

5. 仔细阅读一篇文章或一本心理学著作的参考文献部分，你能找到多少个 APA 格式的使用错误？这些错误是关于 APA 格式的"原则"错误（也就是说针对一种给定的文献使用了错误的格式），还是简单的拼写错误？

6. 找到一篇与心理学相关的博客文章，写出它的参考文献格式。

7. 找到一个与心理学有关的视频博客，写出它的参考文献格式。

第八章

在表格和图表中呈现数据

少即是多。

——罗伯特·布朗宁，《安德烈亚·德尔·萨托》

（Robert Browning, *Andrea del Sarto*）

心理学文章里的图表和表格都为一个目标服务：简洁地呈现数据。在少数情况下，我们也会使用图片和线形图（如曲线图）来呈现数据。所有数据的呈现都应该是仔细计划的、谨慎使用的，旨在增强而非分散文章的叙述力度。读者通常很喜欢文章里的数据表格或图表，他们认为这些表格和图表有助于作者更清楚地论证其观点。

数据呈现作为科技论文的一部分，应该和论文的其他部分无缝地衔接在一起，同时以概括的形式（in summary form）简洁地传达重要信息。当你撰写论文时，要尽量避免创建太多花哨的表格和图表：冗余的表格和图表会让读者消耗太多时间和精力，同时他们还要试着理解你的意图。当我阅读一篇实证论文的时候，我绝不喜欢写作者给我留下这样一种印象，即他在修饰图表、表格上而不是在改善行文上花费了更多时间。漂亮的图片挽救不了糟糕的写作。理想的数据呈现不仅有让人看一眼就能理解的表格和图表，而且在正文中有相应的文字予以清楚地说明。

8.1 表　格

表格主要包含数字。APA 格式规定，表格必须概括地传达精准的数据信息，还要包含有组织的行、列和带有文字的表头（APA, 2010）。表格存在的目的在于既要减少正文中使用的数字，同时又要让读者可以继续获得那些被拿走的数字。一方面，当一篇文章正文部分包含的数字比较少时，读者往往能记住有关研究的更多信息。另一方面，统计数据是心理学任何一个研究项目中非常重要的一部分，研究者需要提供完整的数据信息，以便向读者保证所有的数据分析都是恰当进行的。这时，表格就成为一个很好的方案：它既节约了正文的空间，又没有舍弃任何技术信息。此外，还有一个优点是：读者在浏览 APA 格式的文章时可以通过阅读表格来快速把握研究结果。

尼科尔和佩克斯曼（Nicol & Pexman, 1990）认为，表格主要服务于两个目的：

- 把数据单独列出来，以便读者对数据进行进一步的批判性检验，甚至另做分析。
- 从正文中拿走具体结果，鼓励读者用一个更广阔的视角来解读研究发现及其意义。

写作者呈现的表格应该做到：读者即使不阅读结果和讨论部分的支持性文本，也能够快速理解表格中的内容。所有 APA 格式的表格都应当能够独立存在。表格中出现的所有首字母缩略的简称（acronym）、缩写词（abbreviation）和按照其他特殊规则构成的单词或说法，都应该在表格中或在表格下方的注释中标注清楚。

8.1.1 创建表格

学生写作者最常创建的表格是平均值表格。这里说的"平均值"（mean）指的就是一组观察数据的数学上的平均值（mathematical average），被用来说明某种情境下所发现的"典型"或通常行为。心理学家通过呈现平均值表格，让读者可以比较在同一研究的不同实验条件下参与者的行为表现。

在一个实验组中，一个处于平均水平的参与者会表现出哪些行为？在其他对照组中，参与者的典型反应又是怎样？平均值表格通常既要强调自变量（即被操纵的变量）又要强调因变量（即被测量的变量）。此外，平均值表格通常出现在涉及均值比较的统计分析之前的文本中（参见第六章）。

　　表 8.1 是一个呈现了假设数据的表格样例，包含平均值、标准差和样本大小（即每个实验条件下的参与者数目）。研究者把参与者暴露在令人厌恶的巨大噪音下，以此来激起各组参与者的压力。其中，高压力组听到的噪音是研究者以随机的时间间隔播放的，而低压力组听到的噪音是研究者以可预测的时间间隔播放的（e.g., Glass, Singer, & Friedman, 1969）。现在看一下表 8.1，你能一眼看出实验结果吗？例如，高压力条件下的参与者比低压力条件下的参与者在实验过程中平均说出的攻击性词汇数量更多。值得注意的是，研究者还根据每个条件下参与者的不同性别进一步细化了数据，尽管性别这一变量似乎和压力并没有交互作用。

　　当你在论文中使用一个类似表 8.1 的表格时，你可以提醒读者注意该表格，同时对表格中的内容予以简短的说明：

表 8.1　APA 格式下的均值表格样例

表 1
高 / 低压力下不同性别的实验参与者说出的攻击性词汇的平均值（和标准差）

参与者性别	压力	
	高	低
男性	25.40（6.55）	8.54（2.76）
样本量（n）	20	19
女性	23.00（5.21）	9.24（3.11）
样本量（n）	20	20

注意：数字越大表明参与者使用的攻击性词汇越多。

表1展示了高压力和低压力条件下的男性与女性使用攻击性词汇的平均数。平均来看，与低压力条件下的参与者相比，高压力条件下参与者说出了更多攻击性词汇。然而，与预期假设相反的是，男性并没有比女性更频繁地使用攻击性语言（见表1）。

那么，表格的格式怎么样？注意，在我们的样例表格中，所有类别都仔细地标记了名称（参与者性别、压力水平和样本量），所有内容都整齐划一地排列在方块中。例如，所有数字都根据小数点的位置对齐。此外，表格的标题也非常简洁。读者一眼看过去就能明白，平均来说，无论男性还是女性在高压力条件下都比在低压力条件下使用了更多攻击性词汇。一个只看过表格而没有阅读全文的人也会得出与读过全文的读者相同的结论。你可以在尼科尔和佩克斯曼（1999）的文章和《美国心理学协会出版手册》中找到其他创建和呈现平均值（或呈现特定统计分析结果）表格的形式。

APA格式不再要求作者注明表格（或图表）在正文中的相对位置。现在这项工作由排版人员完成。不过，如果有需要，你可以注明表格或图表在文中的页码。传统的标注方法就像这样：

- - - - - - - - - - - - - - - - - -

将表1大约插在这个位置

- - - - - - - - - - - - - - - - - -

你也可以问一下你的导师有没有关于标注图表位置的偏好。

下面是关于使用表格的一些最终建议。

- 表格中包含的细节要尽量少，以便读者理解表格的内容，以及这些内容与整个研究的关系。有用的表格应该是提供有效信息的表格，而非详尽的或杂乱的表格。

- 确保所有表格都与正文部分叙述的内容有清楚的联系。读者在看过表格之后应该能够在文本讨论中找到相应的解释（反之亦然）。然而，写作者也要避免冗余，绝不要在正文中重复表格里的信息。

- 一个表格里应该包含至少四种描述性统计量（例如，平均值）或其他概括性统计量。如果少于四种，最好在正文中报告具体统计结果。《美国心理学协会出版手册》建议写作者应该避免创建两列以内或两行以内的表格。不过，对于学生论文而言，简单表格则是可以接受的。

- 不要过多使用表格。一篇 15 页到 20 页的学生论文可能只需要一个或两个表格。当然，也可能存在例外，不过如果你真的要使用两个以上表格，一定要有明显充足的理由。

- 原始数据和统计计算应该放在附录而不是表格里。

- 理想情况下，一个表格的长度应控制在一页内。虽然这不是 APA 格式的要求，但在学生论文中，这个要求看起来确实是合理的。

- 记住，你应该把表格放在 APA 格式的文章最后，在参考文献部分之后。

　　我在本书第五章中提供了关于创建表格和图表的快速小结。关于选择和使用表格的更多建议，可以参考《美国心理学协会出版手册》的 5.07—5.19 部分。

写作指南 8.1

关于表格的最后一点建议

我们习惯于认为表格就只有数字表格。绝大多数表格确实是这样，但 APA 格式还允许写作者使用文字表格。与数字表格不同的是，文字表格包含质性（qualitative）或解释性信息（Nicol & Pexman, 1999）。例如，当一个研究包含很多变量时，或者当要介绍一个新的人格量表时，心理学家可能需要一种比较方便的形式，来组织、呈现和定义一些重要术语。此外，有一些研究论文描述以前发表过的研究，这些论文也可能要用到文字表格。

只有在两种情况下才会使用文字表格，要么是在正文中讨论表格的内容会占据太多篇幅，要么是在正文中讨论这些内容太难、太不方便了。这种表格没有标准的格式，所以写作者可以根据需要来决定表格格式。当你需要划分文字材料的时候，可以考虑用一下文字表格。下面是一个简单的样例：

表 1

社会情绪性人格量表中的因素和测量示例

因素	测验示例（正向）
自尊	我认为我是个好人。
社会支持	我有可以帮助我解决问题的朋友。
情绪智力	我能够分辨我的心境对别人的影响。
社会智力	我总是观察别人是怎样看待我的评价的。

注意：这个量表里的因素和示例是完全虚构的。

> □ **检查清单：创建表格**
>
> □ 每个表格真的是必要的吗？
>
> □ 每个表格都在正文里被提及和被讨论了吗？
>
> □ 有没有在文章中尽量少地使用表格？
>
> □ 是否根据正文中提到每个表格的顺序来给表格编号的(使用阿拉伯数字)？
>
> □ 在表格中呈现平均值的时候，是否同时注明了标准差和样本量？
>
> □ 每个表格的标题是否简洁但又可以理解？标题有没有设置为斜体？
>
> □ 每个表格中的缩写词或符号是否都在表格下面的注释中加以说明了？
>
> □ 是否很明显，每个表格中的内容都没有和其他表格或图表中的内容重复？
>
> □ 是否反复核对了每个表格中输入的每一个数值，以保证准确性？
>
> □ 所有表格是否都出现在参考文献部分和所有附录之后，在 APA 格式的文
> 章最后（参见第 80 页表 4.1 ）？

8.2 图 表

图表使用很少的文字或数字来传达信息，主要通过图形来说明行为的趋势，或者两个及以上变量之间的统计交互作用（ statistical interactions ）。在 APA 格式中，**图表**（figure）指的是专业表格以外的数据呈现形式，包括图形（ graph ）、直方图（ histogram，又称柱状图，条形图的一种，各矩形连续排列 ）、线形图（ line graph ）、条形图（ bar graph，各矩形分开排列 ）、频数多边形图（ frequency polygon，也称折线图 ）、照片（ photograph ）、示意图（ diagram ）、饼状图（ pie chart ）、散点图（ scatterplot ）、线图（ line drawing ）等。除了条形图和线形图，其他图表在学生论文中可能不如表格常见。不论你决定使用的是图表还是表格，一定不要在同一篇论文中同时使用这两种形式去呈现相同的结果。

8.2.1 创建图表

所有好图表都应该包含三种特性：准确性、简洁性和清晰性（Tufte,
1983）。图表应该是依赖细节的，这样读者就可以对研究发现有一个快速、
直观的了解。为了做到信息的简洁，你应该使用作图软件，而不是尝试自
己动手去画图。作图软件非常易于使用。你只需要输入数据，设定一些变量，
软件就会帮助你完成余下的工作。如果你有电脑，电脑上可能就装有作图
软件。此外，你的校园网络也可能有一到两种作图软件（问一下导师是否
有推荐的软件）。

如果你想要熟悉如何使用图表清楚地展现数据的概括信息或数据之间
的关系，你可以去学校图书馆的期刊阅览区阅读最近的心理学期刊（参见
附录），你会找到一些可供你写作论文时参考、模仿的图表样例。

下面是关于在文稿中创建图表的一些建议：

- 图表不像表格一样需要标题，但必须要有简洁而有说明力的题注
  （caption）。
- 图表应为黑白色，而不是彩色，不过在必要的时候，可以使用不同
  的灰度和花纹。
- 图表应该是简洁的，甚至是简陋的，其中没有会让读者分心的细节
  或"图表垃圾（chartjunk）"（Tufte, 1983）。
- 图表中出现的信息必须清晰地加以标注。
- 在同一个图表中使用的计量单位必须保持一致。
- 图表中出现的所有数据都必须被放在准确的位置上（使用作图软件
  是个好主意）。
- 自变量要放在图形的水平轴（x 轴）上。

□ 检查清单：创建图表

□ 每个图表真的是必要的吗？

□ 每个图表都有数字编号并在正文里被讨论了吗？

□ 每个图表都整齐简洁吗？

□ 图表中数据的摆放位置正确吗？

□ 是否每个图表都有一个简洁但又可以理解的题注？

□ 图表中有没有出现缩写词、符号或首字母缩略的简称？如果有，那有没有
　 在图表的图例中加以说明？

□ 是否根据正文中提到每个图表的顺序来给图表编号的（使用阿拉伯数字）？

□ 是否清晰地标注了图表里出现的每条线和每个矩形条？

□ 是否所有图表都出现在参考文献部分、所有附录和所有表格之后，在 APA
　 格式的文章最后？

• 因变量要放在图形的垂直轴（y 轴）上。

• 用 y 轴代表因变量时，y 轴从下到上对应的数值应该越来越大。

• 在一个图表中，垂直轴（y 轴）的长度应该是水平轴（x 轴）的三分
  之二左右。

• 在给图表中的两个坐标轴添加标签的时候，标签应该非常简短（一
  到两个词）并像下图那样排列：

Label

Label

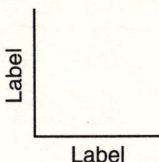

• 图例是图表的一部分，旨在对图表中出现的各种符号予以说明，必
  须被放置在图表中。

关于创建和展示图表的更多建议，可以参考《美国心理学协会出版手册》5.20—5.30部分，以及尼科尔和佩克斯曼（2003）的著作。你可以在第五章的论文样例中找到一个图表样例（第158页）。

练　习

1. 清晰的表格和图表的关键特征分别是什么？

2. 翻阅心理学文献，分别找出一些你认为创建得好的和创建得不好的表格。是什么原因让那些好的表格看起来如此简洁易懂？对于那些不好的表格，你认为怎么做可以改好它们？

3. 翻阅心理学文献，分别找出一些简洁的和杂乱的图表。是什么原因让那些简洁的图表看上去如此清晰？对于那些杂乱的图表，你认为怎样做可以让它们变清晰？

4. 从已经出版的文献中选择一个表格或图表，试着在你的研究笔记本中写一段文字来描述这个表格或图表的内容。

5. 根据你可以得到的数据，创建一个表格或图表。然后把这个表格或图表抄在你的研究笔记本上，并在下面写一段文字来描述其内容。

6. 从已经出版的文献中找到一个文字表格，或者你自己创建一个文字表格。

7. 翻阅心理学期刊的文章，找到一个好的表格或图表。有没有可能在保持清晰性的同时进一步简化这个表格或图表？如果有，动手试一试。

8. 选择一个你在练习2中找到的创建得不好的表格，重做这个表格。

9. 选择一个你在练习3中找到的杂乱的图表，把它改得简洁、清楚。

第九章

校对论文和统一论文格式

好的写作不仅取决于内容，也取决于内容的具体呈现。本章介绍了如何校对论文终稿，以及统一论文终稿的格式。校对即对论文做最后校正，这是"锤炼"论文的过程，进而把高质量论文和一般论文区分开。没有写作者想让读者边读边在脑海里纠正拼写或标点错误，或者边读边对一大堆有问题的语法结构迷惑不已。

除了要对你的写作做最后检查，你要记住论文的"外观"也不容忽视。正所谓，"卷面整洁很重要"。我们由内到外，先着眼于论文的语法、标点、拼写等相关问题上，然后再考虑论文的"外观"。

9.1　语法指南

我至今仍搞不明白那些语法结构的名字，不过我很清楚怎么运用它们。

——罗伯逊·戴维斯（Robertson Davies, 1913—1995）

我们中的大部分人都与已故剧作家、小说家罗伯逊·戴维斯有着非常相似的感受：尽管我们无法快速说出言语中的语法成分，无法图解一句话，但我们仿佛生来就知道如何运用语法。我们能够感觉到某句话的语法是否正确，哪怕我们解释不出为什么。

考虑到你当下所处的教育阶段，我不会再在这里把全部语法规则都讲一遍。图书馆中各种讲解语法的书不计其数，其中有很多是你已经在小学和中学阶段学习过的（我推荐两本非常棒的语法书：O'Conner, 1996, 1999）。我能做的是带你回顾一下主要的语法准则，以及学生常常碰到的——更准确地说，常犯的——语法错误。回顾这些语法准则之前，如果你觉得自己在语法方面有困难，我建议你到自己学校的学生写作中心寻求帮助。

阅读下列语法规则之前，请先查看下一页方框中列出的一些常见的语法术语。

- **主谓一致**：当句子的主语是复数形式时，相应的谓语动词也必须是复数形式。同样，单数形式的主语要对应单数形式的谓语动词。

    错误：The *members* of the group *is* going to attend the meeting.

    正确：The *members* of the group *are* going to attend the meeting.

    错误：Based on departmental rules, the *involvement* of students in research *are* welcome.

    正确：Based on departmental rules, the *involvement* of students in research *is* welcome.

- **避免句子残缺**：句子残缺指的是没有表达出完整想法的残缺的句子。指示代词（i.e., *which, that, who*）只有在问句中才能作为主语出现。

    错误：The psychologist studied cognition, development, and neuroscience. Which were the three strong areas at her university.

    正确：The psychologist studied cognition, development, and neuroscience, the three strong areas at her university.

一些常见的语法术语及其定义

主语——一个完整的句子中核心的人、想法或事物（e.g., *Neuroscience* is the newest area of psychology.）。

动词——表示行动、状态或存在方式的词（e.g., *is, was, did, love, cried, sang*; Psychology *is* a popular college major.）。

谓语——从句或句子中表达主语发生了什么的一部分（e.g., Traditional psychotherapy *can go on for several years.*）。

句子——一个逻辑连贯的、结构符合语法规则的看法、问题、意愿、命令或感叹（e.g., *Psychology is both a social and a natural science.*）。

从句——一组包含主语和谓语的词语，并且是一个更长句子的一部分（e.g., *Psychologists work in a variety of settings: / some teach / while others work in clinics or private practice.* 这个句子包含三个从句。）。

名词——表示人（e.g., Leon Festinger）、地点（e.g., Vienna）或事物（e.g., stopwatch）的名称。

代词——指代名词的词（e.g., *he, she, it, we, you, they, his, her, him, them*）。

形容词——修饰或描述名词的词（e.g., *hot* water, *small* house, *old* tire, *wet* blanket）。

副词——修饰动词、形容词或另一个副词的词（e.g., ran *quickly*, spoke *fast*）。

冠词——与名词同时出现，用以限定该名词或赋予该名词特殊性的词（e.g., *a, an, the*）。

介词——将名词或代词与句子中的另一个词连接起来的词（e.g., *into, on, through*）。

连接词——连接单词、短语或从句的词（e.g., *and, but, or, nor*）。

- **避免连缀句**：连缀句（run-on sentence，有时也被叫作"融合句"［fused sentence］；see Hacker, 1991）指的是写作者没有用标点符号将独立从句分开。结果，一个看起来"连续不断"的连缀句就出现了。

> **错误**：I wanted to let you know why there were several reasons that the meeting dragged on including the time it was held the attendees participating and the topic itself.
>
> **正确**：There were several reasons that the meeting dragged on, including the time it was held, the attendees participating, and the topic itself.

- **避免代词指代不明**：当一个代词指代了句子中出现的一组名词，并且不确定这个代词本应指代的究竟是哪一个（或哪几个）名词时，读者会感到这样的句子难以理解。

> **错误**：The experimenters passed out surveys to the participants, and *they* were quickly collected.

这里的"they"指的是实验者还是参与者呢？

> **正确**：The experimenters passed out surveys to the participants; the surveys were then quickly collected.

- **避免代词与先行词不一致**：先行词指的是句子中被代词指代的名词。当先行词是单数形式时，代词也必须是单数形式。同样，复数形式的代词必须与复数形式的先行词一同出现。

错误： The *researcher* must submit the grant on time and then wait six months to receive *their* feedback.

在上面这个句子中，主语（researcher）是单数，但是代词（their）却是复数。

正确： The *researcher* must submit the grant on time and then wait six months to receive *his or her* feedback.

在不清楚研究者性别的情况下，最好写出两个性别。除非研究只关注某一特定性别的要求是正当合理的，否则 APA 格式提倡写作者使用复数形式的人称代词（见下面的例子）以示性别中立立场（APA，2010）。

更好的写法是： *Researchers* must submit grants on time and then wait six months to receive *their* feedback.

- **避免修饰语错位：** 修饰语可以是形容词，也可以是副词（参见第 229 页方框中内容）。为了做到语法正确且提供有用的信息，修饰语必须明确针对它所描述的对象。

  错误： The participant responded to the experimenter using the questionnaire.

在这个句子中，谁使用了问卷——是参与者还是实验者？通过下面这个句子，我们就能明确这一问题：

  正确： Using the questionnaire, the participant responded to the experimenter.

写作指南 9.1

用更少的单词创建连接

　　句子或段落开头和结尾处的用词非常重要，因此在一句话的头尾不宜使用多余的词（Barrass, 1978）。多余的词在我们撰写论文初稿时可能会起到一定的辅助作用，帮助我们将许多零散的想法联系起来。然而在随后的修改稿中，这些词语会变成分散我们注意力的过重负担，应该及时予以删除。

　　下面列出了一些常见的、起引导或连接作用的短语，在论文中这些短语基本上都可以被删掉而不会对语义造成任何影响（注意，列出的很多短语都使用了被动语态；adapetd from Barrass, 1978, Table 7, p. 39）。如果你想让自己的语法使用更严谨，那么删去论文中多余的短语可以帮助你减轻负担。在列表下方，还留有一些空白线给你写下你自己常用的辅助性连接短语。把这些短语记在这里，提醒你在今后的写作中尽量注意。

In conclusion. . .	In the final analysis. . .
It was found that. . .	It can be seen that. . .
It may be noted that. . .	It is apparent that. . .
From this point of view. . .	Research shows that. . .
From these results we can. . .	When we consider. . .
Now see that. . .	Next we need to consider. . .
For your information. . .	To summarize. . .
In summary. . .	
The results in this study provided evidence that. . .	

你常用的连接短语：

_____　　　　_____

_____　　　　_____

9.2 标点符号的基本使用规则

标点符号能够使文本中句子的含义更加清晰，并将表达不同含义的句子分隔开。它们就像句子或段落中的交通信号灯，提醒着读者在阅读的过程中何时停止、停顿、结束、感到激动，等等。假如没有标点，我们的写作就会像我们的思绪一样，成为永不停歇的意识流。标点让我们的写作思路更有组织性。

正如语法的使用规则不是随意的，标点也一样。在下一页的方框中，我列出了一些最常用的标点符号，同时说明了它们的用法。

自从我教授心理学写作后，我发现学生常犯一些简单的标点使用错误，其中最常见的是弄混冒号与分号。下面还列出了其他常见的标点符号使用问题。

- **逗号**：逗号是经常被误用的标点符号之一。有些写作者过于频繁地使用逗号，而另一些则几乎不用。逗号应该放置于能够将一系列词或短语合理分开的地方（参见下面的例句，以及下一页方框中的内容）。逗号起到的作用是让读者在阅读一整句话的过程中可以稍作停顿，换口气。

  错误：I ate some lunch, and then went to the store.

在这里，逗号的使用看起来没什么问题，但实际上却是错误的：它将句子的主语和谓语分隔开了。

  正确：I ate some lunch and then went to the store.

在下面这个经过扩写的句子中，逗号的使用也是合适的。

标准的标点符号及其定义

撇号（ ' ）：撇号用以表示单数（e.g., Tom's car）或复数（e.g., the dogs' bones）名词的所有格。如果一个名词本身以"s"结尾，那么表示该名词的所有格的一般规则是加一个撇号再加一个"s"（e.g., Tom Jones's boat）。例外情况：表示"it"的所有格时，并不使用撇号（即"The dog got *its* bone."才是正确写法），因为"it's"是"it is"的缩写（即"*It's* hot today."与"It is hot today."是一样的）。

冒号（ : ）：冒号用以引入一串例子、说话的内容或一个较长的引用（e.g., When shopping, I bought several items: bread, milk, cheese, fruit, and salad.）。

逗号（ , ）：逗号用以分隔一系列的词或短语（e.g., I ran into Ted, Jim, George, and Susan.）。

感叹号（ ! ）：感叹号起强调作用，将读者的注意力吸引到特定的词、短语或句子上（e.g., Yipes! Avoid using exclamation points in psychology papers! They rarely belong!）。

圆括号（   ）：圆括号将一个句子中可以独立的信息与这个句子剩余的部分分开（就像这个括号的说明）。在 APA 格式的论文中，括号常常用来包含参考文献的作者姓名、出版年份和具体页数（参见第七章）。

句号（ . ）：句号用以标记一个完整句子的结束。

分号（ ; ）：分号用以分隔没有连接词连接的两个独立从句（e.g., William James's monumental *Principles of Psychology* was often referred to as "James"; the abridged version was jokingly called "Jimmy".）。

正确：I ate some lunch, I made a few phone calls, and then I went to the store.

- **感叹号**：另一个常被误用的标点符号是感叹号。我们不应该在写作中频繁使用感叹号，而应该只在写作某个必须强烈表达的内容时才使用。

错误：Help me, I'm hurt.

正确：Help me! I'm hurt!

除非引述某个极具感情色彩的话，否则 APA 格式的论文中几乎不需要用到感叹号。如果你想使用它，一定要确保是有必要的。

- **逗号粘连**：逗号粘连是指在写作中不适当地使用了逗号来连接两个完整的句子。

错误：Social cognition is a hybrid of social and cognitive psychology, it examines topics including stereotyping, prejudice, and judgement and decision making.

正确：Social cognition is a hybrid of social and cognitive psychology. It examines topics including stereotyping, prejudice, and judgement and decision making.

错误例句也可以这样改：

正确：Social cognition, a hybrid of social and cognition psychology, examines topics including stereotyping, prejudice, and judgement and decision making.

- **非限定性短语或从句中的逗号缺失**：如果在一个名词短语或从句的

起始处使用了逗号，那么也要用一个逗号来结束该短语或从句。

> **错误**：Cognitive dissonance, the theory that conflicting thoughts lead to psychological tension and subsequent rationalization has been researched for over 40 years.
>
> **正确**：Cognitive dissonance, the theory that conflicting thoughts lead to psychological tention and subsequent rationalization, has been researched for over 40 years.

9.3　学生写作中常见的用词错误

每个写作老师都能指出学生论文中一些常见的用词错误，我也一样。有四种错误是我感到无法忍受的，包括弄混 *affect* 和 *effect*，分不清 *that* 和 *which*，混用 *while* 与 *although*、*but* 或 *whereas*，以及不分 *since* 和 *because*。还有第五个问题，就是滥用 *data* 这个词，很多学生不清楚它的正确含义及用法。

- **Affect 与 effect**：*Affect* 和 *effect* 听起来很像，但实际上含义和用法都不相同。一般来说，*affect* 被用作动词，意思是"施加某种影响"：

  > As anticipated by the hypothesis, the control group was not *affected* by the weak stimulus.
  >
  > 正如假设预期的那样，控制组没有受到弱刺激物影响。

  不过，在心理学领域，*affect* 也可以用作名词，意思和"情绪状态"或"情绪"相同。比如，在下面的句子中：

The longitudinal study examined links between *affect* and heart rate.

纵向研究调查了情绪与心率之间的联系。

和 *affect* 不同，*effect* 用作动词时的意思是"导致某种情况发生或出现"：

The engineer *effected* repairs on the damaged motor.

工程师对损坏的马达进行了修理。

当被用作名词时，*effect* 指"意义或意图"。在心理学中，*effect* 通常被当作统计"结果"或"发现"的同义词来使用：

A significant main *effect* for gender was found in study 3, revealing that men asked fewer questions than women.

在实验 3 中发现了显著的性别主效应，揭示了男性问的问题比女性少。

心理学专业的学生经常发现他们在想要表达 *affect* 的含义时错误地使用了 *effect*，相反的情况也存在。在你撰写论文的过程中，要时时留意你所使用的 *affect* 或 *effect* 是否能让读者准确理解句义。想要学会正确区分这两个单词，还需要多进行一些练习。

- ***That* 与 *which***：弄清楚何时使用 *that* 或 *which* 是比区分 *effect* 和 *affect* 还要棘手的一个问题。在限定性从句即提供了句子关键信息的从句中，应当使用 *that*。请看下面的例句：

The software *that* organized the data was quite expensive.

组织数据的软件价格不菲。

而在非限定性从句即提供了句子非关键的补充信息的从句中，则应

当使用 *which*。此外，非限定性从句与主句之间要用逗号隔开：

> The new software, *which* was quite expensive, kept the project on
> schedule.
>
> 价格不菲的新软件使项目得以保持进度。

从句 "which was quite expensive" 在句中并不是必不可少的。

- ***While* 与 *although*、*but*、*whereas***：学生常常使用 *while* 这个词来代替 *although*、*but* 或 *whereas*。这是不对的。*While* 作为一个时间（temporal）词，也就是与时间相关的词，意思是指 "在某事发生的同一时间"：

> *While* I cooked the dinner I talked on the phone.
>
> 我边做饭，边打电话。

而其他几个词和时间没什么关系：*although* 指的是 "尽管"，*but* 可以表示 "然而" 或 "另一方面"，*whereas* 则可以用来代替 "与此相反" 或 "确实"（it is true that）这类短语。在你校对论文的时候，要确保 *while* 只用于传达与时间相关的信息。

- ***Since* 与 *because***：在学生论文中，*since* 和 *because* 常被当作是可以互换的，然而这两个词实际上有着不同的含义。*Since* 是一个时间词，表示 "某个时期之后"：

> *Since* the semester started, my office phone rings all the time.
>
> 自从开学后，我的办公电话就一直响个不停。

而 *because* 则不具有任何时间意味，它的含义是 "出于某个原因"：

Because I missed the appointment, I could not schedule another one for two months.

由于我错过了这次预约，接下来两个月我都不能再预约了。

在你校对论文的时候，要确保 *since* 指的是过去的某个时期，而非某件事发生的原因。

- 关于 ***data*** 一词的数据信息：*Data* 可以被看作"信息"（information）的同义词，尤其指事实、图表和统计结果。科学家们一直都很喜欢用这个词，许多心理学家在讨论他们的研究成果时也常常用到它。不过，研究者、老师、商务人士、记者、学生和许多写作的人常常误用了这个词。他们把这个词当作单数名词来使用，而实际上 *data* 是复数形式的。

    错误：Where *is* the data?

    正确：Where *are* the data?

Data 的单数形式是 *datum*。一个 *datum* 指的是一条单独的信息，而 *data* 指的则是一批数据。因此，正确的写法应该是：

    正确：Where is the *datum*?

    正确：The age of one participant is a *datum*, while the ages of all the participants are *data*.

Data 和 *datum* 都是很好用的词，不过写作者也要注意不要在文中用太多。过度使用这两个词可能会让你的文章看起来有些矫揉造作。

9.4   检查拼写

大多数文字处理软件都自带拼写检查工具，这种工具可以自动检查整篇文章，标出所有拼写错误或无法识别的单词。拼写检查工具的存在是把双刃剑。一方面，它们可以在很短的时间内校对完你的文章，并快速找出其中的排版和拼写错误。但另一方面，拼写检查工具也常常会漏掉一些问题。

在拼写检查工具无法查出的问题当中，一个突出的问题是它无法辨别同音异义词。正如下面这首巧妙创作的打油诗所展现的（S. Daubs, personal communication, February 13, 2002）：

> Eye halve a spelling chequer
>
> It came with my pea sea
>
> It plainly marques four my revue
>
> Miss steaks eye kin knot sea.[1]

同音异义词（homophone）指的是两个或两个以上读音相同（但拼写不同）的词。当然，作为同音异义词，这几个词的词义通常是不相关的，如下面的例子所示（如果想查阅更全面的列表，see Hacker, 1991）：

---

1 这首诗是利用同音异义词写成的，巧妙的地方在于即使诗中用的词都不正确，但是因为这些词的拼写是正确的，所以拼写检查工具完全检查不出来。正确用词的诗句应为：

> I have a spelling checker
>
> It came with my PC
>
> It plainly marks for my review
>
> Mistakes I cannot see.
>
> ——译者注

affect — effect	by — bye	doe — dough
here — hear	its — it's	to — too — two
there — their — they're	cite — sight — site	brake — break

写作者不应该完全依赖拼写检查工具来更正用词。如果你在论文中误用了同音异义词，只要单词拼写正确，拼写检查工具通常就无法识别这些问题。

除了同音异义词，拼写检查工具一般也检查不出近似拼写错误的其他错误。某个单词可能拼写上没问题，但是放在上下文中就有问题了。例如，当我快速写作的时候，我经常输入 *you* 替代 *your*。除非我很仔细地校对了文章，否则无论是拼写检查工具还是我自己都不会发现我在写作过程中落了字母 *r*。此外，那些中间有字母 *oo* 的单词一旦写错，也很难被检查出来：

| chose — choose | lose — loose | nose — noose |

"After all, one cannot be hung from a nose until dead." 我刚刚在电脑上敲下了这个句子，然后立即打开了我的拼写检查工具——有着备受称赞的语法检查功能。那么，句子中用错的 *nose* 被标出了来吗？并没有。对我的拼写检查工具来说，即便这里用的不是 *noose*，使用 *nose* 也没什么问题。

如果我们不去依赖电子程序或软件，那么找出拼写错误的最好方法是什么？你可以尝试一个方法，虽然这个方法做起来有些枯燥，但结果却十分准确：从你论文最后一页的最后第一句话开始，往回读（Hult, 1996; Thaiss & Sanford, 2000）。这样做的感觉虽然奇怪，但能确保你专注于一个个单词上，而不是被熟悉的行文分散走了注意力。

9.5 检查你的写作语态：使用主动语态而非被动语态

写作者们在自己的论文中传达了一种存在。从语法角度看，这种存在通常被称为**主动语态**或**被动语态**。当写作者不确定发生了什么或他们想要退到写作的背景中时，他们就会使用被动语态。被动语态常常给人一种"事情就是自己发生了"的印象：

被动语态：The participants were randomly assigned to one of three experimental groups.

相比之下，主动语态会显得生动、重点突出，并且展现出写作者的自信。由于读者和写作者一样知道谁做了什么，因此也就不会产生任何疑惑：

主动语态：We randomly assigned participants to one of three experimental groups.

此外，如果运用不同语态来表达同一个意思，使用被动语态的句子会比使用主动语态的句子更长：

被动语态：In the present study, the findings were found to confirm prior research.

主动语态：In the present study, the findings confirmed prior research.

许多学生之所以采用被动语态，是因为他们误认为这样会让他们的论文看起来"更科学"。实际上，这种效应只存在于那些把无趣的写作和科学联系起来的人（令人遗憾的是，目前的科技论文中有很多都符合这一特征）。而另外一些学生使用被动语态的原因，则是他们的心理学导师不让他们在 APA 格式论文中使用人称代词，尽管事实上并不存在这样的禁令。

例如，对一些导师来说，下面的句子可能是难接受的：

主动语态： I detected two unexpected but intriguing results.

有一种方法可以解决这个句子中的人称代词的问题。为了过导师这关，你可以仿照下面的句子不使用人称代词但仍然用主动语态来写一句话：

主动语态： This experimenter detected two unexpected but intriguing results.

当然，这里还存在一个问题。在上面两句话中，第一个例句听起来要比第二个例句更加真实和自然。虽然个别拗口的表达是可以接受的，但你应该不会想让自己的论文中充满这种没有人称代词却是主动语态的句子。

9.6　使用包容性的语言

当我们研究人的行为时，必须用文字语言去描述实验参与者、学生、客户、案例，甚至整个文化或种族群体。无论我们所要描述的对象是作为个体还是群体中的一员出现，我们都必须注意自己提及他人的方式。但凡写作中涉及群体的，学生和研究者都应该：

> 避免对他们笔下的人抱持贬低性的态度或有偏见的假设。应该避免可能暗含基于性别、性倾向、种族、民族、伤残或年龄而对他人存有偏见的表述。科学写作中不应含有对研究群体的任何暗示性或不相关的评价。（APA, 2010, pp. 70—71）

当你在写作中提到某个群体时，要注意并排除任何可能的偏见。

有三个要领可以帮助你在提及某个群体时避免偏见（APA, 2010）：

- **不要给人贴标签**：人就是人，不是什么物体；我们将参与研究的人称为**参与者**（participant），而非**被试**（subject）（在心理学研究中，只有动物才被称为"被试"；不过，在 1994 年以前，这个旧术语也曾被用来描述人）。当你在论文中提及或描述他人的时候，必须用尊重的态度去对待他们，把他们看作独特的个体，而非仅仅是研究对象。此外，你所研究的群体更愿意让别人怎样称呼他们呢？患有身体残疾（如四肢麻痹）或精神残疾（如精神分裂症）的个体更愿意人们称自己为"患有残疾的人"（people with disabilities）、"一个患有四肢麻痹症的人"（a person with quadriplegia）或"一个患有精神分裂症的人"（an individual with schizophrenia），而非"四肢麻痹症患者"（quadriplegics）或"精神分裂症患者"（schizophrenics）。绝对不要把一个人和只是作为他生活的一部分的状况等同起来（Wright, 1991; see also Dunn, 2000; Dunn & Elliott, 2005）。类似地，不要用单一的方式来描述某个群体。例如，你可以在写作中使用"上年纪的人"（elderly people），或者更具体一些"上年纪的女人"（elderly women），而非"老年人"（the elderly）。出于同样的原因，使用"同性恋男性"（gay males）要比使用"同性恋者"（gays）更好，使用"退休了的人"（retired person）也比使用"退休人员"（retirees）更好。

- **做到简洁、具体与敏锐**：在写作中，试着表现出你要描述的群体的特征（e.g., Maggio, 1991）。你可以描述的特征包括：性倾向、婚姻状况、年龄、受教育程度、种族和民族身份等，它们可以有效地显现出某人或某个群体的独特之处。但有一点需要确认，即你在论文中突出一个或多个这样的特征是出于合理的目的。一定不要用开玩笑的或不礼貌的方式提及某人或某个群体的特征。假如你的实验参

写作指南 9.2

选择合适的用词：追求简洁

　　在心理学中，科学写作的目标就是做到清晰明了。只要有可能，写作者应该尽量选择简单的最好也是简短的单词。写作者可以记住这样一条规则：*能用短单词的情况下就不用长单词，除非长单词真的更适合表达相应的意思*（Flesch, 1962, cited in Barrass, 1978）。下面列出了一些简单的单词，以及比这些单词更复杂的同义词。你不需要换掉自己论文中所有复杂的单词，但你可以考虑在校对时替换一部分。

使用这列单词	代替这列单词
do	accomplish
extra	additional
expect	anticipate
help	assist
simple	simplistic
use	usage, utilize, application
about	concerning, regarding
build	construct
show	demonstrate, exhibit, reveal
suggest	hypothesize
change	modify
ease	facilitate

与者具有日本血统，你要说清楚他们是日本人（即来自日本，目前身在美国）还是日裔美国人（即具有日本血统的美国公民）。再来看一个例子：在一般人的认识中，"同性恋者"这个词的确既包含男同性恋者，又包含女同性恋者，但写作者需要表述得更清楚。你可以试着用"同性恋男性"（gay man）和"同性恋女性"（lesbian）这两个已被广泛接受的表示性向与性别的词语。

- **认可参与者的参与**：对于参与者来说，参加任何一个研究调查都要花费时间和精力。作为写作者兼研究者，你需要对为你的研究付出努力的参与者们表示感激。你不仅有责任亲自感谢他们的参与，你还必须在写作中承认他们的贡献。绝不要没有人情味地称呼他们为"被试"，而是选用一些中性的或积极的描述词，例如"参与者""调查对象""学生""个体"，等等。此外，用主动语态来表述参与者的贡献：应该是他们**做了**某些事情，而非某些事情**由**他们完成了（再次强调，多用主动语态）。注意"父母填完了兄弟姐妹人格调查表"要比"兄弟姐妹人格调查表被分发给了父母"更好。无论在哪种情况下，当你可以用"实验者收集了参与者的回答"来表述时，就不要写"被试被要求做出回答"。最后，在你的写作中，尽量陈述事实而非做出评判：不要写"两名学生在完成因变量测量时失败了"，而是应该简洁、直接地指出"两名学生没有完成因变量的测量"（see also Knatterud, 1991）。

9.6.1　Gender 与 Sex

纵观以往研究，心理学学术领域在写作语言的使用上更强调男性而非女性。像"man""mankind"这样的名词被习惯性地用于包含所有的男性和女性。虽然大多数人将这些词理解为通用的指代，但一种微妙的男性至上之意还是被确立起来了。如今，我们应该尽力避免这种狭隘的表达，而是有意采用更有包容性的名词（e.g. humanity, human beings, humankind, human species）来统一指代所有人。

对学生来说，如何在特定的语境中正确地指代男性和女性，常常是件令人困惑的事。尤其是，在哪些情况下使用"gender"比使用"sex"更合适呢？"Gender"指的是个体对自己是男性或女性的看法，而"sex"指的是人的生理性别，其判断基于个体拥有男性还是女性的生殖系统。除非你是要专门写作关于生殖或性倾向问题的论文，否则选用"gender"还是"sex"应该不会对你造成太大困扰。

美国心理学协会提倡写作者采用一种性别中立的（gender-neutral）、非性别歧视（nonsexist）的方式来写作，在文中平等地对待男性和女性而不带有任何偏见。为此，你将不得不费一番心思来决定要在何时、何处特地提到男性或女性，要使用哪个代词，等等。美国心理学协会提供了一个简单的建议：除非是在绝对必要的情境下，否则应该尽量避免使用区分性别的代词。作为替代，写作者可以使用不分性别的、复数形式的代词，例如"they"和"them"。

请看这个出现在初稿中的句子：

> When a person perceives stress, he is likely to respond by using both problem-focused and emotion-focused coping.
>
> 当一个人感知到压力的时候，他有可能使用问题取向和情感取向两种压力应对策略来缓解压力。

调整这句话的第一种方式是：表明压力下的个体既可能是男性也可能是女性。下面是经过修改的句子：

> When a person perceives stress, he or she is likely to respond by using

both problem-focused and emotion-focused coping.

这种写法将表示男性和女性的代词都包括了进来，无疑满足了性别平等的要求，但这也会打断句子的节奏。此外，"he or she"这样表述有些累赘，应该尽量少用。

更好的解决方法是删掉"he"和"she"这两个指代特定性别的代词，换上一个中性的、复数形式的代词。为了达到这一目的，需要对句子稍加修改：

People who perceive stress are likely to respond by using both problem-focused and emotion-focused coping.

在这个句子中，每个人（用"people"表示）都可能会感知到压力，并且他们所有人（用"they"表示）都可能用两种应对方式来缓解压力。除非是在某个特定的例子中，或者你有明确的理由需要集中探讨一种性别，否则始终使用复数形式的代词。

在个别情况下，写作者需要描述特定个体的经历（例如，个案研究、叙事研究），这时就必须使用具体指代男性或女性的单数人称代词了。不过，对此我有一点要提醒你：假如在写作中你要举的例子不止一个，在这种情况下你可以在一个例子中用"he"或"him"，在另一个例子中用"she"或"her"。只要你在"he"与"she"之间来回转换时避免使用太单调的表达，通过区分性别取得平衡的做法是可行的。此外，无论如何也不要在写作中使用"创造性"的代词结构，比如"he/she"或"(s)he"，因为这样的结构会减慢读者的阅读速度，并且也不符合 APA 格式规范。

当然，像"boys"和"girls"这样的名词毫无疑问只能专门用来描述儿童，而不能用在青少年或成年人身上。当写作关于人类的内容时，使用"men"和"women"要比使用"male"和"female"更好。至于"ladies""gentlemen"这样的名词则太过时了，不应在研究性写作中使用。

9.6.2　性倾向相关话题

　　与性相关的历史和政治观点总是充满了令人遗憾的联想，包含有偏见、刻板印象、假定的社会异常或犯罪行为，甚至是病态的假设。因此，当心理学家使用与性相关的言辞去描述特定个体或群体时，需要特别留意自己的用词。当描述人的性向（sexuality）时，使用"性倾向"（sexual orientation）而非"性偏好"（sexual preference）可以表现得更有理解力和包容性。"性偏好"这个词组的问题仅仅在于，它包含了一种微妙的暗示，即异性恋者、男同性恋者、女同性恋者及双性恋者在某种程度上是可以选择他们的性向的。然而，实证研究却从未支持过这样的选择。相比之下，"性倾向"一词则强调性向是由人的固有本性决定的。

　　要留意语言的包容性，写作者兼研究者除了要注意自己的用词，还应注意自己提及异性恋、男同性恋、女同性恋及双性恋个体的方式。表 9.1 中指列出了一些代表陈旧观念的词语和标签，以及一些目前常用的表述。随着社会态度不断发展进步，未来还会出现更新、更恰当的描述语和名词。

表 9.1 在写到或提到性倾向相关的内容时避免模糊表达：常见例子

模糊的、代表陈旧观念的、不恰当的表达	清楚的、近来通用的、恰当的表达
bisexual, bisexuals	bisexual persons, bisexual men, bisexual women, bisexual male, bisexual woman
gay woman, gay female	lesbian
heterosexual orientation	heterosexual sexual orientation
homosexual, homosexuals	gay male, gay men, lesbian
homosexual orientation	gay male sexual orientation, lesbian sexual orientation
lesbianism	lesbian sexual orientation
adolescent homosexuals	gay male adolescents, lesbian adolescents

你可以浏览致力于为写作者提供资源的 APA 格式网站（www.apastyle.org）查阅最新信息。

9.6.3 种族与民族

用来指代不同种族和民族的词语一直很不固定；在一段时间里被人们接受的用语，可能突然就变得过时了。对群体而言，关于被贴上哪些标签是可接受的，群体会改变他们的集体心理（collective minds）。而写作者要做的就是与这些变化保持一致。具有非洲血统的美国人更喜欢被描述为"黑人"（Black）或"非裔美国人"（African American）；像"黑鬼"（Negro）和"美国黑人"（Afro–American）这样的旧称呼已经过时，并且很少有人使用了（APA, 2010）。避免偏见的最好方法是遵循前面提到的三个要领（尤其要注意"做到简洁、具体与敏锐"这一点）。除此之外，还有一条原则：指代特定种族或民族群体的词是专有名词，所以在文中其首字母必须大写。因此，像"黑人"（Blacks）、"白人"（Whites）和"亚洲人"（Asians；不要使用"东方人"［Orientals］来指代亚洲人）这样的种族群体名称，以及像"葡萄牙人"（Portuguese）、"朝鲜人"（Koreans）、"拉普兰人"（Laplanders）和"阿富汗人"（Afghans）这样的民族群体名称，都要首字母大写。关于此话题的更多具体建议，可以参考《美国心理学协会出版手册》第三章的内容。

9.7　APA 文章格式指南

用 APA 格式撰写实证论文的顺序及提纲在本书第四章已有基本介绍（参见表4.1）。想要了解更多关于格式的细节，请参阅第253页的检查清单。

9.7.1 题目页

论文题目应置于题目页上半部分居中位置。较短的题目占据一行文本，较长的题目（尤其是中间带有冒号的）占据两行文本。在题目中，除了冠词、连词和少于四个字母的介词，其余单词的首字母都要大写（当然，如果冠词出现在了主题目或副题目的开头，那么这个冠词的首字母也必须大写）。设置双倍行距，在论文题目正下方居中写上你的姓名，再在你的姓名正下方写上你所在单位的全名（如果有多位作者，无论来自相同还是不同的机构，他们的信息也要出现在题目页上；相关格式样例，可参考《美国心理学协会出版手册》）。题目页正中间的格式应该是这样的：

Reason and Cognition in Toddlers: Problem Solving at Two Years

Jane C. Smith

Montwell University

读者也可以在本书第五章的论文样例中查看另一个例子（参见第 141 页）。

题目页上的另一个要素是**栏外题目**，也就是出现在每页左上角的精简版论文题目。栏外题目的长度不能超过 50 个字符（所有的字母、单词间空格和标点符号都要计算在内）。栏外题目位于每页页眉上且设置为左对齐，每页同一行右对齐的是页码。在本段下方，有一个题目页上栏外题目及对应页码的样例。"Running head" 这两个单词仅仅出现在题目页上，而不出现在其他页中；出现在题目页上时，要置于栏外题目之前（Running head: REASON AND COGNITION）。同时，注意栏外题目应该全部大写：

Running head: REASON AND COGNITION   1

9.7.2　页码编号

APA 格式下的页码编号十分简单明确：从题目页开始，页码连续编号。页码出现在论文每一页的右上角，距离页面右边缘和栏外题目的结束处至少1英寸（见上面的样例）。使用阿拉伯数字标注页码，并且一直标注到附录中第一个图表的前一页；如果附录中没有图表，则一直标注到论文最后一页。

9.7.3　标题和小标题

所有 APA 格式的论文都是通过标题和小标题来组织正文的内部结构的（读者可以回顾一下第四章中关于列提纲的讨论）。现在，你应当已经熟练掌握了 APA 格式论文中的几个主要部分，除了引言部分外，其余每个主要部分都有一个居中标题。**居中标题**既包含大写字母，也包含小写字母，并且均加粗显示。这里有一些例子：

Method

Result

Discussion

注意有两个部分不用遵循这一规则："摘要"和"参考文献"的居中标题不需要加粗显示。

此外，在论文的任何一个主要部分内，也可能有居中标题。于是，引言部分可能会包含这样的标题：

Cognition in Infancy

论文的每个主要部分还可以通过**小标题**进一步细分。一级小标题顶头编排，由大写字母和小写字母共同构成，并且加粗显示。二级小标题位于一个段落的开头处（也就是需要缩进字符），其首字母需大写，末尾要加上句点（正文则从句点后空两格开始写）。下面呈现了位于一个居中标题下的两级小标题：

Cognition in Infancy

Reasoning in Early Infancy

  Defining cognition. Studying thinking in newborn infants is...

□ **检查清单：APA 格式的论文页面设置要求**

□ 在高质量的白纸上复印或打印论文。

□ 所有页面均设置为：双倍行距，单面打印，使用 12 号字体。

□ 每个段落的第一行都应缩进 5 个空格。

□ 论文的内容要求左对齐、右不对齐（即右侧"参差不齐"也没关系，参见第 156 页）。

□ 所有页边距均设置为 1 英寸。

□ 为了便于读者阅读，每个句尾的句号后都插入两个空格。

□ 页码标注在论文每页的右上角，用阿拉伯数字从题目页开始连续编号，一直标注到最后一个表格所在的页面。（图表所在的页面不标注页码。）

□ 题目页上包括论文题目、作者姓名、单位名称及作者注。

□ 包括题目页在内的所有页面，左上角都有栏外题目，右上角都有页码。

□ 论文的一个主要部分（引言、方法、结果和讨论）紧接另一个主要部分，没有另起一页。

□ 标题和一级小标题的字体要加粗，二级小标题要设置为斜体；所有标题、小标题都遵循了 APA 的格式要求。

□ 检查清单：提交 APA 格式论文的终稿

□ 论文是否符合沙漏模型（参见第 111 页，图 5.1）？

□ 论文的假设是否清晰（参见第 87 页—89 页）？

□ 论文中的每一段文字是否都有一个要点，能够与前后段落联系起来（参见第 87 页—89 页）？

□ 你有没有对论文进行多次创作、阅读和修改（参见第 90 页）？

□ 你有没有和你的导师、辅导员或同伴讨论过自己的论文初稿？你是否把他们的意见加入到修改稿中（参见第 102 页）？

□ 你是否尽可能地用更少、更简洁的单词来表述（参见写作指南 9.1 和 9.2）？

□ 你是否仔细校对了论文，改正了其中的语法错误（参见第 227 页—232 页）？

□ 你是否仔细校对了论文，改正了其中的标点符号错误（参见第 233 页—236 页）？

□ 你是否仔细校对了论文，改正了其中的单词拼写错误（参见第 240 页—241 页）？

□ 你是否使用了有拼写检查和（或）语法检查功能的软件来修改论文（参见第 240 页—241 页）？

□ 你是否在可能且恰当的地方用主动语态来表达（参见第 242 页；也可参见第 92 页对"语气"的讨论）？

□ 你是否在整篇论文中都使用了包容性的、非性别歧视的语言（参见第 243 页—246 页）？

□ 所有参考文献和正文中引用的文献信息是否符合 APA 格式规范（参见第七章）？

□ 你有没有大声地、慢速地把自己的论文从头到尾地读出来，听一听其中言辞表达和观点铺陈的节奏如何（参见第 96 页）？

□ 你是否确认了论文页面符合 APA 格式要求（参见第 253 页）？

□ 你是否确认了论文中所有的表格和图表都符合 APA 格式要求（参见第八章）？

□ 你是否使用校对符号对论文从头到尾进行了最后一遍检查（参见第 256 页表 9.2）？

□ 你有完成最后修改并提交论文终稿吗？

APA 格式也认可其他级别的小标题，但大多数学生论文只需要用到基本的居中标题和小标题。你可以在本书第五章的论文样例（参见第 140 页—158 页）中找到这两种标题的更多示例。

9.8　终稿前的校对：凭感觉再检查一遍

校对终稿前的倒数第二稿是十分重要的一件事，你能通过最后一遍检查来确定论文的各个方面是否已处理妥当。在你最后一次校对论文前，确保你已经完成了上一页"检查清单"上列出的除最后两项外的其他所有内容。为了开始最后的校对工作，你需要打印一份干净的文稿，拿一支铅笔或钢笔，并且身处一个安静的地方。当你都准备好后，从题目页开始往后阅读，标出任何内容上或格式上有必要的最后改动。

那么，你应该用哪类记号来标记倒数第二稿中的改动呢？你可以尝试学习使用下一页表 9.2 中列出的常见的校对符号。编辑与文字编辑都会使用这些符号，对出版前的文稿进行修改。

校对符号对写作者来说非常有用，你很快就会发现自己和其他许多写作者一样用它们来修改论文的每一稿。图 9.1（第 257 页）上半部分展示了一段文字的初稿，上面用校对符号标出了需要修改的地方；该图下半部分则展示了经过修改的这段文字的终稿。注意编校后删去了初稿中出现的一些不必要的字词。

表 9.2　常见的用于修改文稿的校对符号

问题	符号	示例
1. 插入被遗漏的单词	∧ 插入符号	Study describes ∧ effect *(the)*
2. 插入被遗漏的字母	∧ 插入符号	that bok ∧ *(o)*
3. 对调字母	∼	form the sea
4. 对调单词	∼	was only exposed
5. 字母改为大写	≡ （三条短的下划线）	these data
6. 字母改为小写	/ （斜线）	These Data
7. 改成斜体	___ （一条下划线）	Homo sapiens
8. 分开连在一起的单词	| （在单词之间画一条竖线）	edit|carefully
9. 删除	（用线划掉）	the ~~nice~~ data
10. 减小空距	⌒⌣ （上下括号）	the e nd
11. 改正错误字母	/ （用线划掉并在上方写出 正确的字母）	female *(f)*
12. 改正错误单词	（用线划掉并在上方写出 正确的单词）	*These* ~~This~~ data
13. 另起一段	¶ （段落符号）	female. ¶ In contrast
14. 保留原文	STET	STET the ~~energy~~ needs • • •

标出校对符号的文章片段样例：

This experiment was designed to determine whether Physically attractive and extroverted applicants would influence an interviewer's perceptions and hiring decisions. Contrary to our preliminary predictions, physical attractiveness and extroversion had no effect on employment decision, Specifically, the results indicated that applicants' extroversion did have a significant impact on the participants' reactions and decision-making to hire . . .

修改过的文章片段样例：

This experiment was designed to determine whether physically attractive and extroverted applicants would influence an interviewer's perceptions and hiring decisions. Contrary to our predictions, physical attractiveness and extroversion had no effect on employment decisions. Specifically, the results indicated that applicants' extroversion did not have a significant impact on the participants' reactions and decision to hire . . .

图 9.1 学习使用校对符号

改编自 Dougherty, 2001, p. 14。

练 习

1. 在你的研究笔记本中，写下自己常犯的一些语法和标点符号使用错误。想一想怎么做可以避免这些错误？

2. 在一篇已经发表的研究性文章或你自己所写的论文中，找出一些用被动语态表达的句子。然后在你的研究笔记本中把这些句子改写成主动语态形式。

3. 使用第 253 页的检查清单来检查一篇论文的格式设置。

4. 检查一篇论文的草稿，删去其中所有的连接短语和复杂词。

5. 使用表 9.2 中列出的校对符号来修改一段你自己写的文字。

6. 寻找一篇大约 30 年前发表的研究种族、残疾或性倾向问题的期刊文章。这篇文章是怎样描述其研究参与者的？选取文章方法部分（或其他某个主要部分）的一段文字，然后使用包容性的、敏锐的语言对其进行重写。

第十章

写作之外：展示心理学研究

心理学专业的写作并不局限于撰写论文，它还包括一个基本部分，即论文展示，这是交流和分享科研成果的另一种方式。心理学展示通常都是公开活动，比如讲座（lectures）、讨论会（discussions）、海报展（poster sessions）和专题研讨会（symposia）等。心理学家们一般在课堂、专业会议和学术研讨会（受邀在高校展示科研成果）上演讲。

同样，学生也常被要求展示自己的研究结果。基于一定的指导准则和经验，我们可以习得写作论文的技能，展示论文也一样。在本章中，我会就如何进行专业、规范的展示为你提供一些建议，这些建议既可用于心理学课堂展示，又可用于会议展示。我还会探讨你可以如何做一个"演讲"（talk）——心理学家们用这个词来指代研究展示，以及如何参加一场学生研讨会或会议海报展。此外，我还会就如何向心理学期刊提交你的研究给出一些建议。

10.1　论文征稿通知

论文征稿通知就是某个会议——通常是正式会议——发出的公开邀请函。大多数论文征稿通知以海报的形式出现（参见你所在学校心理学院网站的通知公告栏），或者刊登在心理学期刊的公告栏中。现在，也有越来越多的会议邀请函是以电子邮件或电子通讯（electronic newsletter）发送的。

有很多会议都以学生作为主要的论文展示者和参观者。问一问你学院里的老师，看看当地有没有你可以投稿的会议。此外，许多专业会议也为学生展示预留了特别的分会。本书附录里提供了一份含有各类会议的列表。

10.1.1　了解征稿的类型和要求

会议征稿可以是针对某个特定研究领域（例如，管理心理学）或问题（例如，青少年抑郁症）的具体邀请论文，也可以是广泛征集的有关学科内任何一个领域的研究成果展示。论文征稿通知里会具体讲明作者须提交哪类信息以便让自己的论文入选，也会表明参会论文的展示方式是口头报告（演讲）、海报展示还是其他方式（专题研讨会、小组会议、研习会）。有些会议在录用投稿上采取竞争原则，也就是说只有一部分论文能入选。还有些会议则采取开放原则：只要你按时提供所需材料，就一定会被采纳。下面是一份论文征稿通知中通常会出现的一些征稿要求：

- **短摘要：** 即针对你的研究的简短总结，通常在 100 字—200 字之间。你可以修订一下你的论文摘要，必要时增加或删减一些字词。一定不要超出征稿通知中标明的字数限制，否则你的论文可能会因为不符合要求而被退稿。
- **长摘要：** 长摘要并不是你的整篇论文，而是论文的简短总结。有些征稿通知会对长摘要的字数设定限制（例如，不超过 1000 字），有些则限制页数（例如，双倍行距下不超过 6 页打印纸，含参考文献）。请注意，一定要把你的论文（没错，**所有详细叙述的内容**）精简成一个简短的总结。一定不要超出征稿通知中标明的限制。
- **联系方式：** 会议组织者会需要你的姓名、邮寄地址、电子邮箱地址等来与你取得联系，通知你论文是否通过，以及你展示论文的时间和地点。出于这个原因，会议组织者可能会要求你提供一到两个贴好邮票、填好地址的信封。

- **导师支持**：学生学术会议通常要求投稿论文上有一位导师（最好是指导你研究的老师）签字，表示该研究已经完成。规模更大的地区性或全国性会议通常要求参会者是该会议组织的成员，或者拿到该组织成员的签字（同样，最好是你学校的指导老师）。通过设立这些要求，会议组织者希望确保参会的研究都是科学的、符合伦理道德的，并且是按照 APA 指导准则完成的。

- **投稿截止日期**：组织专业会议需要进行大量细致的准备工作。因此，会议组织者会设定一个投稿的截止日期，来确保会议按时进行。一定要按时提交所有要求的材料。如果迟交，那就要做好被退稿的心理准备了。

绝大多数会议希望展示者呈现的是已经完成的研究，而非进行中的研究。如果你不确定自己的研究项目能否在会议的展示日期之前完成，那你

回复论文征稿通知时，你要问自己几个问题

1. 你的论文是否符合征稿通知的要求？
2. 你要提交什么样的文稿？你可以从论文（演讲稿）、海报展示和（或）专题研讨会展示中进行选择吗？
3. 在你撰写提交的文稿前，你了解你的听众（是专业人员还是同学）吗？
4. 你写好的短摘要和长摘要符合征稿中规定的字数限制要求吗？
5. 在投稿前，你让导师或同学阅读并评论过你的文稿吗？
6. 你准备好征稿通知中要求的所有材料了吗？比如，你的联系方式，以及贴好邮票、填好地址的信封？
7. 在投稿前，你最后一次仔细校对过所有材料吗？
8. 你知道提交各种材料的截止日期吗？

或许就应该选择不投稿。只要你的研究被会议接受了，你就有义务去进行展示。如果因为"研究尚未完成"而错过展示，这种表现不仅仅不专业，更是不道德的，因为你的入选可能已经让另一个人失去了入选和展示论文的机会。如果你实在是因为某个不可预测的原因而不能去参会，那你应该拜托你的合作作者或你的导师代替你去展示。

对你而言，开始展示自己论文的常用方式除了课堂展示，就是回应会议论文征稿通知了。不管你是否有演讲的机会，都需要将听众考虑在内。

10.1.2 了解你的听众

你越是了解你的听众，就越能针对听众调整你的言辞，也就能让听众更好地接受你所展示的内容。

—— 罗伯特·J·斯滕伯格（1993, p. 204）

你要对谁演讲？是你的导师、评审专家、同学、参会者，还是你学校里的教授？了解听众有助于你决定演讲的内容、深度和细节。站在你的家人或朋友面前讲话和站在坐满听众的礼堂中演讲是非常不同的体验。你的父母也许能够原谅你结结巴巴、磕磕绊绊地演讲，而一群专业人员可能就没那么仁慈了。

在你准备论文展示的时候，需要考虑以下几个问题：

- **你的听众是专业人员还是学生？** 专业人员会期待你展现出对心理学文献有着更高的熟悉度，而学生比起老师或研究者则会需要你进行更多的背景解释。
- **你的听众对心理学有了解吗？** 如果你知道你的听众对心理学领域比

较熟悉，那么你就可以比较自由地去决定演讲的深度。否则，你就需要将演讲内容的专业水平调整得更基础、更入门一些。

• **你的听众对你的研究主题有了解吗？** 比如，当你向班级同学展示时，几乎可以集中讲述你的研究问题和项目。如果你不了解你的听众，那就要靠提供一定程度的背景信息来拓宽你所展示的内容，以便帮助听众理解你的具体研究项目。

• **你希望你的听众了解什么？** 换句话说，你希望听众能够从你的演讲中收获什么？有什么信息是他们在听你演讲之前不知道，而听完之后应该记得的？你的展示中可能包含一些技术性细节，这些细节的数量决定了你需要在传递主要信息前为听众提供多少背景知识。

还有另外一个你应该取悦的听众，你是在为这个人写作和演讲的，这个人就是**你自己**（Zinsser, 1990）。不管你向听众讲什么，都一定要真诚地面对自己作为写作者的直觉。确保你所讲的就是你真正想要传达的意思。

10.2 演 讲

每一个展示都应该有一个易于理解的主要讯息（main message）。当听众听完你的展示后，应该能记住一个大要，而不是一堆烦琐的、难记忆的细节。你的主要讯息要简单：在展示开始时就点明它，过程中予以呼应，结尾时重申它。同时也要记住，听一个演讲和阅读一篇文章不同。读者可以反复阅读让他感到困惑的地方直至理解为止，而听众则没有这样的机会。很多听众在演讲结束之前并不会提问自己不明白的地方，然而到演讲结束之后再去纠正误解就已经太晚了。最好的预防方法就是在演讲前做好细致的准备，这样你就可以把复杂的问题讲得尽可能具体，并且反复强调你的

心理学研究性演讲的准备步骤

第一步：阅读你所撰写的 APA 格式论文。能怎么写就怎么读吗？你需要按照征稿通知的相关要求进行修改吗？你的演讲需要换一个主题吗？

第二步：设想一下你的听众。谁会来听你演讲？他们想要从中学到什么？怎样组织演讲才会对你的听众最有帮助？

第三步：确定演讲的主要讯息。你最想向听众传达什么信息？哪一个点是你最希望听众可以记住的？

第四步：确定演讲提纲并撰写演讲稿。根据需要对你的论文做出修改，确保它不仅强调了你最想传达的讯息，还兼顾了听众的需求。如果根据提纲演讲能让你自在些，那就把要点记在笔记卡片上，而不是照着写好的演讲稿直接念出来。

第五步：勤加练习。不要幻想第一次站在听众面前演讲就能够完成演讲，还实现你的目标。大声地把你的演讲稿读出来——对自己读，对室友读，对同学读。确保你知道所有读起来可能困难的地方，并且熟悉演讲语言。

第六步：自信地演讲！

主要观点。

　　本页的方框中列出了准备一个研究性演讲时必须遵循的基本步骤。除非你已经好久没有思考过你的研究项目，或者你是从零开始准备一个演讲的，否则第一步在一般情况下已经完成了。如果你从零开始准备一个演讲，那你要演讲的内容可能是有关心理学文献中已经涵盖的一个主题，而不是有关一个新颖的实证研究发现。如果是这样，那你可以通过在图书馆里搜索和阅读文献（参见第二章和第三章）来完成第一步。第二步强调了了解你的听众的重要性。牢牢把握住演讲的主要讯息（第三步）也非常重要，因为它代表了展示的核心内容。在你着手准备第四步，即确定演讲提纲、撰写演讲稿之前，一定要先写下演讲的主要讯息。

第四步当然也包含对演讲稿的校对。你在论文中呈现的所有信息，只有一部分会保留到演讲稿中。一旦你写出了提纲和演讲稿，就应该开始练习演讲。这样的练习可以帮助你确定哪些地方需要修改，进而提高你的演讲水平。最后，第六步就是进行真正的演讲。

10.2.1　撰写演讲提纲

如何撰写演讲提纲呢？难道这不就是将一篇内容丰富的论文缩减成一个精简版本吗？是，也不是。虽然许多演讲内容都是从论文中得来的，但这并不意味着演讲就应该完全反映论文的内容。再次重申，阅读一篇论文和听一场演讲的体验不一样。所以，当你构思演讲提纲的时候，必须把你的听众考虑在内。

开始撰写提纲时，最简单的方式是借助 APA 格式论文的沙漏模型（参见图 5.1）。重新阅读你的论文的引言、方法、结果和讨论部分，找出每个部分中最关键的内容。比如说，你不可能描述方法部分中出现的每一个细节，但是你可以总结基本的、强调操纵变量和测量变量的实验过程。在你阅读论文的时候，用下划线标出要点。

围绕由沙漏模型和各部分要点——尤其是结果部分的要点——构成的提纲，开始撰写演讲稿。结果部分真的是所有好演讲的核心，你演讲的大部分内容都应该聚焦于结果部分。诚然，引言和方法部分的内容起到了引出结果部分的作用，讨论部分提出的观点起到了为研究结果提供语境的作用，尽管如此，实际的研究发现才是所有演讲真正应该展示的主要讯息。当你讨论研究结果时，你可以重新回到研究假设，（再次）强调实验的因变量，把你使用的统计分析方法记录下来，然后再描述发生了什么。我这里说的"发生了什么"，指的是你研究中的参与者在行为层面上做了什么。比如，当你提出平均值差异时，要根据参与者的表现来描述平均值差异（例如，实验组眨眼次数的平均值与控制组相比相差多少）。

记住，你的目标不是重复或复述原来论文中的信息。论文内容只是一个起点，帮助你重新整理和思考自己的研究。大胆地放弃论文中陈旧的资料，以利于展示新的观点。与你最初撰写论文提纲（论文提纲的指导准则，参见第78页—84页）时相似，演讲提纲也需要完善和修改。记住，你无须忠于你之前写的论文，因此你无须概述论文中的所有观点。只需强调一到两个要点，这比无穷无尽的细节描述更能确保听众在听完你的演讲之后对你的研究主题有所了解。

10.2.2　准备投影片、幻灯片和印发资料

太多表格和图表会使文章显得累赘，这种情况同样适用于演讲者所用的投影片或幻灯片。制作投影片或幻灯片时，你要尽量少地使用表格和图表，确保它们一目了然。任何一个好的演讲者最不想做的一件事，就是让听众对着屏幕上或印发资料上显示的一张纷乱的表格，苦苦分辨和思考其中数字的含义。你想让听众仔细倾听你所说的内容，那就尽量减少会让听众分心的东西。你应该尽一切办法准备简洁易懂的表格和图表（参见第八章），但不要让自己依赖它们。演讲的目的是让听众能够从你身上而不是从你的辅助用具上有所收获。

如果你决定使用印发资料，那要先想清楚什么时候向听众分发这些资料。在演讲最开始时分发会让听众分心去读资料上的内容，而不是专注地听你演讲。但是，也不要因此就等到演讲最后再发。如果直到演讲结束听众也看不到你的数据，那他们就没什么可讨论的了。理想的方式是，在你演讲的过程中，让你的同伴在你发出你们预先商定好的信号——点一下头或说句简单的请求就足够——时帮你分发。请别人帮忙能确保你的演讲思路不被打断（请别人帮忙更换投影片或幻灯片也是好主意）。

10.2.3　计算机辅助展示

对有些人而言，使用幻灯片、投影片和印发材料已经有些过时了。当你可以使用预先准备好的演示文稿来让自己看起来像一个演讲高手时，为什么还要纠结于可能上下颠倒且容易卡住的幻灯片呢？为什么不使用新技术，利用计算机辅助演讲呢？在这个问题上，我还心存犹豫。一方面，所有有助于专业演讲的东西听起来都不错。但另一方面，我又担心过分依赖技术可能会带来负面影响。演讲者会不会只顾着编辑演示文稿、漂亮的图表和文字效果，而忽略了演讲本身？如果装有演示文稿的电脑死机了怎么办？我的笔记和幻灯片还未出现过问题，而且我更信赖自己的大脑来担任处理器的角色。

大多数读者对 PowerPoint 演示文稿可能已经非常熟悉了。关于使用 PPT 演示时应该避免哪些事情，下一页的指导准则提供了一些建议（from Daniel, 2005; see also Ludwig, Daniel, Froman, & Mathie, 2005）。丹尼尔（2005）生动地解释了依赖幻灯片软件，尤其是 PowerPoint 演示文稿软件的主要危害：

> 在有些人手里……幻灯片软件实际上产生了事与愿违的效果。我们都曾有过盯着演讲者的背影，耐着性子听他给我们读投影幕布上 3 英尺高的段落的经历。问题不在软件本身，而在软件的使用不当上。（p.120）

如果技术能让你集中注意力在提升演讲内容的质量上，那它对你而言就是一件好事。我的建议是：使用能让你最自在地进行演讲的辅助演示工具。如果你用的顺手的工具恰好是一台笔记本电脑，那就用它吧。但是要记住一点：制定一个后备方案，以防电子设备临时出问题。你可以带上一组基于计算机展示的投影片或幻灯片以备不时之需。

关于使用有效的电子幻灯片辅助演讲的指导准则
（Daniel, 2005, pp. 119—130）

- **避免幻灯片"超载"**。不要在幻灯片上放太多文字。使用关键词和简短的定义来总结你的研究，并以提纲的格式呈现。
- **不要逐字逐句读幻灯片**。记住，用幻灯片补充而非替代你的演讲。
- **避免使用华而不实、使人分心的演示效果**。使用简单的背景和字体，幻灯片之间和你演讲的各部分之间的切换也要尽量简约。
- **尽量少地加入图片和视频**。只使用那些确实地、有效地证明了你的观点的图片，并且限制自己每次演讲最多只使用两张图片。
- **不要让听众分心不注意你的演讲要点**。尽管通过技术添加动画或声音效果听起来很有吸引力，但请尽量依靠你自身的聪明才智来提升演讲的质量。
- **准备幻灯片的同时，别忘了练习和排练演讲**。记住，听众是来听你演讲而不是来看幻灯片展示的。

10.2.4　练习、练习再练习

我所说的"练习演讲"，是你必须把你打算说的内容大声说*出来*。最开始的时候，你可以对着镜子讲。通常，你要花几分钟时间来克服因为看到自己的映像而产生的强烈的自我意识。这种适应会对你正式演讲有帮助，因为当你站在听众面前现场演讲时，你会有相似强度的自我意识。经过几轮对镜练习，你就可以扩大听众范围了。试着在一群熟悉的人，比如说几个朋友，或者有可能的话你的老师或导师面前练习演讲。请他们中的一个人帮你计时，这样可以帮助你将演讲时间保持在分配好的时间内。考虑到要把最后 5 分钟左右的时间留给听众提问，所以一场规定 20 分钟的演讲必须在 15 分钟以内完成。一定要多次复习演讲提纲和笔记，以免在实际展示时还要照着念。直到正式演讲之前，记得练习、练习再练习（如果有可能的话，最好在你要做演讲的房间里排练一下；增加你对演讲环境的熟悉度，可以减少你演讲时的焦虑感）。

10.2.5 正式演讲：体现专业性，避免问题

你的演讲提纲已经写好，可视化的辅助材料也已准备好（不论是否使用电子设备），并且你也已经针对演讲内容排练了许多次。那么，接下来呢？当然就是进行正式的演讲了。下面列举了成为一个高效的演讲者所要具备的一些特质：

- **开头给予听众一个积极的、强有力的印象**。沟通学家认为，一个可信的、强有力的开头将会提起听众的兴趣（Lucas, 1995）。哪怕你靠笔记完成接下来的演讲，也要有个令人印象深刻的开头。
- **知道焦虑很正常**。哪怕是演讲高手例行做报告，他们也会在演讲前怯场（Goleman, 1984; Hahner, Sokoloff, & Salisch, 1993）。当所有人的眼睛都注视着你的时候，你会感到焦虑是可以理解的。实际上，有些演讲专家认为轻度焦虑是一件好事，它能让演讲者保持专心、注意力和警觉（Lucas, 1995）。过于自信的演讲者也可能是很无聊的演讲者，因为他们之前做过同样的演讲，甚至已经讲了太多次了。
- **绝对不要照稿念**。没有人想要看你大声朗读演讲稿。你的演讲应该是比较自然的，是对话性的，而不是正式严肃的。
- **大声演讲**。当你演讲的时候，不要低声细语，更不要背朝听众。演讲的声音应当比平时说话的声音更大一些，语速则要稍慢一点。
- **告诉听众为什么你的研究主题很有趣**。如果你都不去证明你的研究工作和主题是有意思的，那还有谁能为你证明呢？你应该告诉听众你为什么关心这项研究，为什么别人也应该关注它。

- **讲话时要有条理、有效率。**在正式演讲前，要对你的演讲提纲做到了如指掌。在整个演讲过程中，你应该确保听众知道你讲到哪里了，并且清楚你想要说明什么。不要在细节上纠结，除非有人请你具体解释某一点。

- **注意时间，但不要赶时间。**新手演讲者常常发现时间不够用，甚至还没有讲到主要的研究结果，时间就已经用完了。千万不要犯这种错误。在正式演讲前多加练习，精确地调整演讲速度，确保为听众预留 5 分钟左右的提问时间。你还可以请一个朋友坐在听众席里，让他在你演讲还剩 5 分钟的时候提醒你一下（不要占用听众的提问时间或下一位演讲者的时间）。如果你觉得时间仓促，那么就只讲重点。

- **不要站在原地不动。**不要只是站在黑板前或讲台后，试着走动一下或做些什么，来引起听众对你所讲内容的兴趣。

- **注意眼神交流。**关注一下听众的表情，然后选择一些看起来比较友善的听众，直接对着他们讲。在演讲中与听众进行眼神交流有助于建立个人联系。

- **多举例子。**在演讲时，维持听众注意力的最好办法就是不断举出事先精心挑选的例子。你要举出能让听众甚至在听完你的演讲后都印象深刻的例子来诠释概念。

- **始终总结你的主要观点。**在演讲一开始就告诉听众你打算证明什么，当你回顾研究结果时再次将听众的注意力拉回到你的观点上，最后在演讲结束时提醒听众你的主要观点是什么。试着每次用稍有不同的方式来阐述同样的观点。

- **卸下防御，欢迎并接纳批评。**就像同行评审对写作者有所裨益一样，听众的质疑和评论也可以帮助演讲者提升自己的展示水平。经验丰

写作指南 10.1

成为一名有说服力的演讲者

相信专业人士。

维吉尔，《埃涅阿斯纪》（19 B.C.E.）

说服力——用信息改变他人的态度、观念或行动——是一种强有力的技能。大量关注态度和行为的社会心理学研究发现，有说服力的演讲者具备一些特点，使他们在听众面前极具吸引力。我并不是建议你采用招揽顾客的推销员或电视购物节目的演员的言行方式，不过，他们身上的一些特点可以补充我们之前所探讨的关于演讲的指导准则。就口头展示而言，当演讲者是某个领域的专家时，通常就比较有说服力（关于说服性沟通的综述，see Myers, 2002）。

下面列出了成为一名有说服力的演讲者的一些小技巧：

- 展现出自信。
- 传达出可靠性和可信度。
- 充分了解你的演讲主题。
- 争取创造一个有吸引力的形象（也就是，在你演讲当天"穿得像成功人士"）。
- 直视听众的眼睛。
- 讲话时不要犹豫——表达流畅但又不显得着急。
- 避免过长的或令人尴尬的停顿。
- 表现自然，不要听起来像排练过度一样。

当然，有说服力的演讲者通常也是有说服力的写作者。将上面列表中的技巧稍加调整，对写作交流也同样有效。

富的演讲者知道，即使听众提出了批评性的意见，他们的出发点也是想交流思想和增进理解。当有人质疑你在研究中做了或忘了做某件事的时候，有点防御心是很正常的（记住，没有研究是完美的），试着把这样的评论视为对自己有帮助的。

- **当你回答不了听众提出的问题时，不要惊慌。**没有人要求你知晓一切，你也不可能事先预料到听众可能提出的每一个问题。承认自己不知道答案是完全没有问题的、专业的表现。你可以诚实地承认自己（到目前为止）没有考虑过这个问题，需要时间仔细思考一下。难啃的问题通常是展开后续研究的起点。

- **设计一个好结尾。**除了好的开头，你的演讲还需要一个好的结尾。人们会记住你最后说的话（Lucas, 1995），因此，在你最后一次重申主要观点之前，要让听众知道你即将结束演讲了。就像练习好开头一样，背熟结尾也会给听众留下有利的印象。

准备演讲时需要思考的问题

1. 我的演讲内容是否符合会议（或其他会议）论文征稿的范围？

2. 我的论文展示针对的是哪类听众（专家还是同学）？

3. 我有没有确定演讲时所要传达的关于研究的主要讯息？

4. 我有没有按照第 266 页上介绍的步骤来准备演讲？

5. 经过一些练习，我的演讲能在分配的时间（例如，演讲时间共 20 分钟，包含 5 分钟的提问时间）内完成吗？

6. 我准备好印发材料和其他辅助用具（比如，幻灯片、投影片）了吗？

7. 我检查了本章中所提到的演讲时应注意的问题了吗？

注意：这个检查清单同样适用于为专题研讨会做准备。

除了多加练习和体验，提升公共演讲能力的最好的老师就是观察。观察那些口头表达能力令你欣赏的公共演讲家、老师、受邀嘉宾，甚至演员，他们在公众面前是如何表现出自己的个人魅力同时保持所说内容的清楚连贯的？他们的言谈举止有哪些是你可以借鉴来提高自己的演讲技巧的？

10.3　专题研讨会：围绕共同主题的演讲集会

除了单独演讲，参加**专题研讨会**也是一种展示形式。专题研讨会是指围绕一个共同主题，聚集相关研究者进行展示的一场有组织的会议。专题研讨会的主题可以是比较宽泛的（例如，智力），也可以是具体的（例如，80岁及以上女性可测量智力的下降）。在心理学大会上经常设立专题研讨会，集中探讨心理学"前沿"（cutting-edge）问题和实证研究。参加专题研讨会可以让听众了解研究一个问题的不同方法，也可以让演讲者有机会与同行就心理学领域内他们共同关心的一个问题进行一次有意义的学术交流。

一场专题研讨会通常由三个或三个以上 20 分钟左右的演讲组成。一般会有一个组织者先介绍研究领域或问题的概况，然后简要介绍演讲者及其观点。在开场介绍后，每个演讲者轮流进行展示。所有演讲者结束展示后，通常会有一个讨论者点评所有参与研讨会展示的成员的工作，提出建议和意见，并对整个研讨会的内容进行总结。研讨会的参与者们并非"攻击"彼此的观点，或者试图"赢过"对方的演讲。更确切地说，他们是在分享和偶尔挑战关于一个共同主题的不同看法。

10.3.1　学生专题研讨会

心理学大会上设立的学生专题研讨会远不如个人演讲那么常见。但是，

专题研讨会组织指南

1. **评估研讨会的吸引力**。研讨会主题是什么？谁会来参与展示？

2. **挑选一位组织者和一位讨论者**。谁来介绍研讨会的主题和演讲者？谁来担任讨论者的角色？

3. **选择日期、时间和场地**。研讨会是在课堂内还是课堂外举行？什么地点最好？在什么时间举行能有最高的上座率？

4. **确定听众**。同班同学会来参加吗？其他班级或院系的同学和老师呢？

5. **组织和确定所需资源**。需要预约教室吗？有没有可用的投影仪？（除了为演讲者准备水）是否需要供应饮料和小点心？演讲者需要给听众分发资料吗？如果需要，那要印多少份？

6. **宣传**。可以制作宣传海报吗？可不可以通过电子邮箱或在校报上发布公开邀请？

来源：改编自 Dana S. Dunn, *The Practical Researcher: A student Guide to Conducting Psychological Research*, Planning a Symposium, pp. 317–318. Wiley–Blackwell, 2010. Copyright © 2010 by Dana S. Dunn. Reprinted with permission.

只要你和你的同学感兴趣，你们完全可以在校内、你们所在院系里，或者某节课上组织一场学生专题研讨会。你们所需要的只是一个大家都感兴趣的共同话题（通常是来自某门课程或研讨班的主题）、一组演讲者（三到四位比较理想），或许还要一位讨论者（由指导老师或受邀学者担任通常较理想）和一个演讲场地（例如，教室、讲堂，心理学院或校学生会的一间休息室）。如果感兴趣的演讲者很多，那么你们可以设立多场研讨会。不要在一场研讨会里安排太多演讲者，否则听众（甚至参与者）很快就会失去兴趣。

最后，我还有一点建议：组建一个研讨会委员会。正如本页方框中提出的问题所示，举办一场研讨会有太多细节需要注意，以至于很难由一个人单独完成。你们可以使用方框中列出的指导建议，来组织一个委员会并划分各自的职责。不要忘记邀请其他的社会科学院系或学科中感兴趣的同学和老师参与进来。由你创立的学生专题研讨会可能会成为你所在学院的一项传统活动。

10.4　海报展示

除了演讲和研讨会展示，心理学研究还可以在**海报展**上展示。海报展是指征集由不同研究者开展的实证研究，并以大幅海报的形式进行展示。海报展可以让研究工作的展示更加个人化，因为研究者就站在自己海报的旁边与经过的人分享他们的数据。目前，海报展在心理学大会上正变得越来越常见，可能是因为它为研究者分享研究成果提供了一个非正式的但具有高信息量的场合。当研究者提交海报时，他们是用一种甚至比演讲稿更简短的概括形式来展现其研究项目的。实际上，从沙漏模型获取的最关键的内容减少到只有几段（通常不超过三段），并且引言、方法、结果和讨论部分，每部分均不超过一页打印纸。此外，海报上常用表格和图表，有时候也会用照片来支持其中的文字内容。

10.4.1　了解海报展示

大多数海报展是在大会议厅或大会议室中举办的，这样可以方便感兴趣的人在各个海报之间来回走动观看。分配给每张海报的展示面积一般不超过 4 英尺乘 6 英尺。海报展示者会在他们的研究旁边站一小时左右，回答他人提出的各种问题。海报与论文及演讲的本质区别在于它提供的是视觉信息。海报用简短的研究总结和相应的图片来吸引来往参观者的兴趣。

题目
姓名
单位

引言	结果	图表

方法	表格	结论

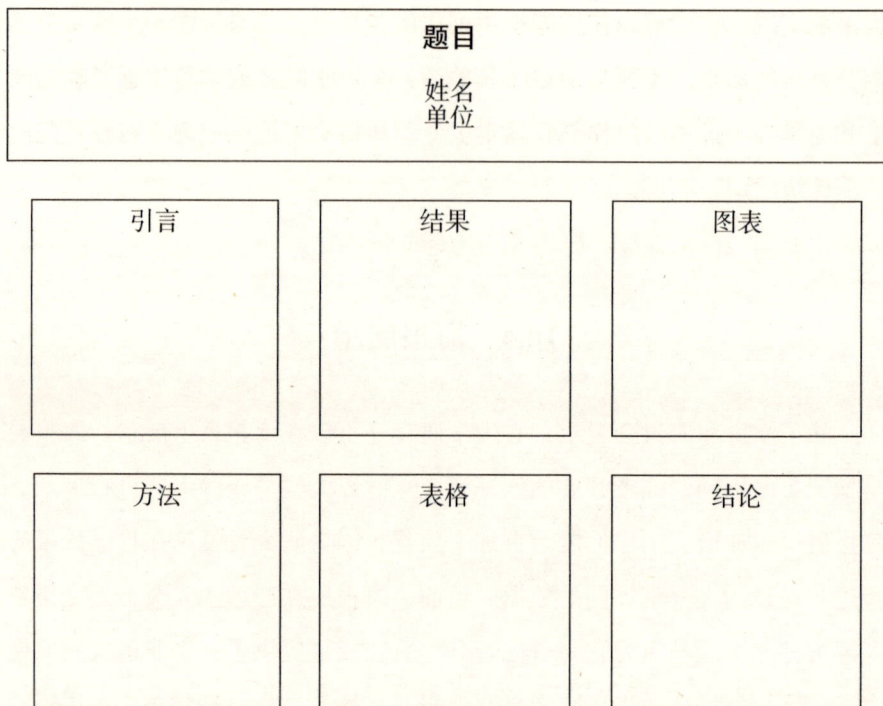

图 10.1 心理学海报的一种典型的版面布局

图 10.1 展现了一种可能的海报版面布局。海报通常会张贴在一块可移动的展板（绝大多数会议都使用展板）上或墙上。海报上有关研究的主要信息一览无余，方便参观者近距离地、个人化地询问展示者各种问题。

参观者真的会提问吗？有时会。苏赫曼（Szuchman, 2002）巧妙而真实地记录了当一个参观者快速看了一眼你的海报后，可能会发生的三种情况：（1）走开，（2）阅读，（3）真的跟你交谈。通常来说，大多数人会走开，一部分人会阅读，少数几个人会跟你交谈。当参观者走开或只是简单地读了一下你的海报时，不要觉得失望或受到了冒犯。和你一样，每个人都有不同的研究兴趣，而你的研究主题可能不是他们感兴趣的。值得高兴的是，还是会有一些人想要跟你讨论你的研究的。有意思的是，有些提问的人可能根本不想花工夫去阅读你的海报，而是希望直接听你讲你的研究（Szuchman, 2002）。为了应对这种情况的发生，你需要预先准备一个快速演讲（不超过两到三分钟）来介绍你的研究工作——从构想到实验结果和结论。自然，你可以利用海报中的数据表格和图表来帮助说明，只是你的评论一定要简短、有重点。做好心理准备，你可能要在海报展示过程中多次重复这个小演讲。

　　由于海报和你简短的演讲所能展示的内容有限，用印发资料来补充介绍是一个好主意。你的印发资料可以是基于海报内容的一篇短小的 APA 格式文章。记住，没有必要把 APA 格式论文原稿的复印件分发出去，但是一定要把你的联系方式（也就是，电子邮箱和邮寄地址）写在印发资料里，这样对你的研究感兴趣的人就能够联系你，了解关于研究的更多细节。

10.4.2　制作海报：少即是多，多即是无聊

　　科技，尤其是电脑上的图片和文字处理软件的发展使制作海报变得非常简单。实际上，你可以在软件的帮助下把整张海报打印在一张大纸上。许多学校都有条件让学生用特殊的打印机来打印带有图片、照片、文本和图表的彩色大海报。而用文字处理软件和图片软件创建单独的表格、图表一点也不复杂。记住，海报的目的是提供最少量但最关键的信息，这些信息可以让参观者快速评定、理解并记住你的研究。因此，你的海报应该尽量简洁，而不是杂乱——这就是我所说的"少即是多"。此外，你需要站在你的海报旁边与参观者交谈，回答他们的问题，并对海报上没有展现的细节予以补充说明。

　　你的海报一定要有个简短的、描述性的题目，这个题目要够醒目，即便参观者站在一定距离（比如，15 到 20 英尺）外也能轻松看到它。因此，题目的字母需要有 1 到 2 英寸高（你的姓名和所在单位可以放在题目下面，

字号稍小一点）。记住，大部分心理学海报都包含引言、方法和结果部分（要突出其中的主要信息），每个部分只由几个简短的段落组成。这些部分可以单独出现在海报的不同区域，正文字号要比平常大点，使参观者在3英尺左右的距离外也能阅读上面的文字。有些海报展示者喜欢用结论部分（Conclusions section）代替讨论部分（Szuchman, 2002），因为他们可以实际站在海报旁边与感兴趣的参观者讨论他们的研究。你不可能在一张海报上展示关于你研究的所有内容，所以在各个部分使用项目符号或编号列出要点是完全可以接受的。表格和图表（参见第八章）多与结果部分有关，应该清楚地强调数据内部的关系。你可以使用数字表格，但是如果要展示主要的研究发现，则使用图表更好。考虑到海报的简洁性，摘要不是必需的（除非会议组织者有特别要求；cf. Szuchman, 2002），而且海报正文中引用的所有参考文献也应该在印发资料中提供著录信息，而不是放在海报上（否则会让海报显得杂乱，使参观者在阅读时分心）。

下面是一些关于组织和展示海报内容的建议：

- 在引言部分，简单地介绍与你的研究主题有关的前人研究，以及相关的最新进展。介绍一下你的研究和前人研究的关系，强调你的研究有哪些不同和创新之处。确保你的假设是清晰易懂的。
- 在方法部分，简要地描述实验参与者（例如，男性和女性的数量、年龄，以及其他相关信息），介绍研究设计（例如，是实验研究、相关研究还是观察研究），指出操纵变量和测量变量（从行为角度来界定）。记得说一下是否用到了控制组；如果没有，可能要解释一下原因。此外，你还要向参观者简略地说明一下实验过程，即参与者经历了什么。如果实验中使用了特殊材料（比如，调查问卷或人格量表），最好将这些材料复印一些带上。

- 在结果部分，简单地解释你是如何检验假设的，介绍一下研究用到的统计分析或其他分析方法。当你描述性地陈述参与者在行为上发生了什么时，在最后应该包含显著的、总结性的统计结果。这些结果应该与海报中说明研究发现的表格和图表相对应。

- 在讨论或结论部分，总结你的发现，推测发现的含义。考虑到海报上的空间有限，你的任何推测都必须非常简短，将重点放在你所观察到的假设和结果之间的关系上。在海报上，你无须论述研究的深远影响和未来的研究方向，这些内容你可以留到展示时两到三分钟的小演讲中去介绍。

海报的所有部分都可以放在彩色的纸或展板上。使用单一的背景色可以让整张海报风格统一，但你也可以使用几种不同的背景色，来强调研究的不同部分（举例来说，结果部分、表格和图表可以使用同一种背景色）。说到颜色选择，也要坚持"少即是多"的原则。过于艳丽或不自然的颜色不仅会让读者的眼睛不舒服，而且会把人的注意力从研究发现转移到颜色上。记住，你的目标是为了激发参观者在学术上的好奇心，而不是让人大吃一惊。

写好所有部分后，调整一下它们的布局（再次见图 10.1），直至你的海报便于阅读。你需要决定参观者是应该从左往右阅读各部分，还是应该在从左往右走的过程中上下阅读各部分。你可以根据海报中要展示的细节数量来选择一种适当的版式。在你最终确定海报之前，请一个同学读一读，来确保海报布局是简单明了的。

最后，我还有一些关于海报展示的建议。理想状况下，你应该可以在几分钟内张贴和取下海报。如果你的印发资料发放完了（这是一种令人高兴的情况），请在手边准备好纸和笔，以便记下对你的研究感兴趣的参观者的姓名和邮箱，这样等你回家后就可以将相关资料发送给他们了。

准备海报展示时需要注意的问题

1. 海报的题目是否简短？是否具有描述性？在 15 到 20 英尺外能看清吗？

2. 题目下是否注明了作者（以及合作作者）的姓名和所在单位？

3. 海报设计是不是既吸引眼球又整齐有序（丰富多彩却不过分艳丽或杂乱）？

4. 各个部分（引言、方法、结果、讨论或结论）的文本足够简短吗——长度不超过三段？

5. 所有的表格和图表是否简洁、不言而喻，并且得到了文本的支持？

6. 海报中的主要信息或研究发现有没有被清楚地标示出来？

7. 有没有准备好基于海报内容的短小的 APA 格式文章的复印件，以便在展示时分发给参观者（里面注明了你的电子邮箱和邮寄地址）？

8. 有没有仔细、彻底地检查海报和印发资料，其中有无拼写和语法错误，是否符合 APA 格式规范？

9. 你是否记住了关于你研究的 2 到 3 分钟的演讲内容？

10. 有没有准备好固定海报用的图钉或胶带？

10.5　回到写作：将你的研究投稿到期刊

公开展示你的研究的终极形式就是向心理学期刊投稿，以供评审与可能的发表。通过向期刊投稿，你开始参与科学事业，维护学术传统。这条路需要坚定的意志和不懈的努力。作为公开展示的一种形式，向期刊投稿需要时间、精力、努力、毅力和耐心的等待。如果你享受写作和研究的过程，我希望你能够接受这个挑战，考虑一下发表你的研究。

10.5.1　学生期刊

心理学期刊分为两大类：学生期刊和专业期刊。学生期刊旨在发表心理学专业本科生的论文，偶尔也发表研究生的论文。有些学生期刊是"自办"的，也就是说，是由学院指导老师和一群学生（担任审稿人和编辑）创办的一份包含学生论文的学院期刊。这些学生论文可以是基于课堂作业、期末论文、独立研究或毕业论文完成的。另一些学生期刊则面向更大的读者群，它们欢迎全国范围内而非本院或本校的学生投稿。

一些全国性的本科生期刊

有很多期刊专门发表学生的心理学论文和研究。你可以直接与期刊联系，获取论文准备要求和投稿截止日期等信息。下面列出了一些这类期刊的名称：

- *The Undergraduate Journal of Psychology*，由北卡罗来纳大学夏洛特分校发行。http://www.psych.uncc.edu/Journal.htm

- *Psi Chi Journal*，由美国国家荣誉心理学会发行。http://www.psichi.org/pubs/journal

- *UCLA Undergraduate Psychology Journal*，加州大学洛杉矶分校发行的在线刊物。http://www.studentgroups.ucla.edu/upj

- *Journal of Psychological Inquiry*，由莫宁赛德学院心理学系发行。http://jpi.morningside.edu

- *Journal of Psychology and the Behavioral Sciences*，由菲尔莱狄更斯大学发行。http://www.view.fdu.edu

- *Yale Review of Undergraduate Research in Psychology*，一本展示和评述本科生科研成果的年刊，由耶鲁大学发行。http://www.yale.edu/yrurp

- *Modern Psychological Studies: Journal of Undergraduate Research*，由田纳西大学查塔努加分校发行。http://www.utc.edu/StudentOrgs/ModernPsychologicalStudies/

10.5.2 专业期刊

专业期刊是活跃的研究者、学者和老师发表研究的地方（参见附录；更完整的列表参见 APA, 1990）。除了目标读者群不同，专业期刊和学生期刊之间的另一个重大区别在于文章录用发表的竞争性。专业期刊通常有非常高的退稿率，所以只有较少数的投稿会被杂志社录用并能够最终发表。学生期刊虽然对投稿的质量要求也高，但投稿竞争没有专业期刊那么激烈。

学生可以在专业期刊上发表他们的论文吗？是的，的确可以。导师常常会鼓励他们最好的学生将论文投稿到主流期刊上。学生和自己的老师合作发表文章是很常见的；通常，老师作为合作作者出现。你的导师可能还会在你的论文应该投递到专业期刊还是学生期刊这个问题上，给你提供一些建议。

斯滕伯格（1993; see also Sternberg, 2000a, 2000b）列出了写作者在决定是否投稿的时候需要考虑的一些事：

- **期刊的质量**：期刊的质量和声誉千差万别。在有的期刊上发表文章很难，而在另一些期刊上则要相对容易些。总的来说，文章发表的难度和期刊的质量是相关的，所以被高质量期刊接受的文章就会更加受到同行的重视。作为作者，你必须确定自己的目标，要考虑包括你是否能接受自己的投稿被退回，以及你愿意投入多少精力来修改和重投文章等情况。

- **期刊的内容和范围**：所有期刊都有自己的征稿目标或投稿指南，让潜在的作者了解期刊想要接收、评审、发表什么样的稿件。你应该把你的文章向合适的期刊投稿。一个社会心理学的实验最适合投稿到一份社会心理学杂志而不是发展心理学杂志上，一个没什么数据的理论文章不应该向实证性期刊投稿，诸如此类。仔细阅读作者须知并按要求投稿。

- **读者：** 谁会去读这份期刊？这份期刊是有着广泛的读者群还是只有一个相对较小的流通范围？大多数作者希望自己的文章可以被那些既能领会又能使用他们研究成果的读者阅读和认可。看一下这份期刊的编委会，以及在最近一期杂志上发表的文章——从中你能获取一些关于读者群的信息。

- **文章长度或字数限制：** 有一些期刊对投稿没有页数限制，然而另一些却有着严格的要求（比如不超过 6000 字）。确保你弄清楚了自己投稿的期刊关于文章长度是怎么要求的。如果在期刊的投稿指南中没有明确提供相关信息，你可以查看最近发表的文章，估计一下字数通常是多少，或者可以直接联系期刊编辑。

- **发表需要的时间：** 有些期刊需要几个月的时间来审稿，而且在你得到反馈之后，你通常还需要时间和精力来修改文章。重新投稿意味着要重新审稿，所以一篇文章从投出到被录用（如果能被录用的话——而被退稿实际上更常见）需要较长的一段时间。假设你的文章被录用了：它什么时候能被正式发表呢？你需要认清一个事实：许多高水准的期刊在录用文章**之后**到正式发表有 12 到 18 个月的时间间隔。学术发表需要耐心，你必须确定自己是否愿意等待。

- **投稿和印刷会有花销：** 知名度高的期刊会用订阅费和广告费来支付稿件的邮寄和印刷费用。但是，刚成立或规模较小的期刊往往不仅会收取投稿（审稿）费用，而且在录用稿件之后，还要收取印刷费用。在许多心理学家看来，收费期刊的声望比不上不收费的期刊。好好选择你要去投稿的期刊，一定要在投稿之前弄清楚该期刊是否会收取一定的费用。

- **作者限制：** 有些期刊只允许受邀作者投稿，还有些期刊要求投稿作者必须是某个组织的成员，否则稿件就不会被审阅。类似的或其他限制通常可以在期刊的投稿指南中找到。

还有一点值得注意：同一篇文章一次只能投给一个期刊。一稿多投不仅是不守信用的表现，而且是不专业的行为。这样做违背了科研基本的道德原则，与抄袭等同论处。

10.5.3　投稿、同行评审和编辑决策：流程概览

向期刊投稿并不是一个艰苦的过程，但它确实需要你注意细节。你先前在起草和撰写 APA 格式论文上积累的大部分经验是这个过程中重要的一部分。你应该重新阅读或回顾一下之前的章节中可以帮助你准备论文终稿的内容。

如果你认为自己的研究值得发表，下面就是你接下来所要面对的流程。

- **确定一个合适的期刊**。与你的导师讨论一下哪些期刊可能适合发表你的论文。去图书馆或上网查阅一下资料；阅读你和导师挑选出来的一些期刊，看看它们主要发表什么样的文章。确定一个适合发表你论文的期刊（Warren, 2000）。向合适的期刊投稿是关键的第一步；许多文章仅仅是因为投错了期刊就被退稿了。
- **阅读期刊的投稿指南**。仔细阅读期刊的作者须知或投稿指南，了解期刊想要什么样的稿件。不符合要求的稿件会被直接退回。
- **按照 APA 格式要求撰写稿件**。仔细核对《美国心理学协会出版手册》中对论文各部分的要求，包括画图、制表、引用统计数据、引用资料来源，等等。这一规则的唯一例外是该期刊有自己独特的格式要求。

- **寻求同伴对你稿件的反馈。** 请你的导师或同学阅读你的文章并给予意见。然后，基于你得到的反馈来修改文章。如果你的改动很多，那就再找一些读者并寻求新的反馈。

- **校对你的文章，确保最终版本零错误且符合 APA 格式要求。** 记住，文章的"外观"真的会影响期刊编辑和专家审稿人的意见。

- **给期刊编辑写一份得体的附函。** 在附函中，你应该简洁地介绍关于你和你的研究项目或研究主题的基本信息，并且请编辑考虑发表你的文章。

- **按要求（若有）修改稿件。** 对于你的稿件，你将会收到下面三种中的一种回复：接受发表、退稿，或者退还修改。绝大多数期刊都会将稿件送到外面请学者评审，这些审稿人通常会发现他们感兴趣的论文，但会要求作者做一些修改。不要申辩；除非你真的认为按照审稿意见修改会动摇你的论证或学术成就，否则总是按要求修改稿件。

投稿时需要注意的问题

1. 你的文章主题和你想投的期刊的征稿目标与范围是否一致？

2. 你的文章是否符合 APA 格式要求？（仔细阅读本书中关于 APA 格式的介绍。如果你有任何问题，参阅 www.apastyle.org）

3. 你的文章是否符合期刊的格式要求？（查阅期刊的投稿指南或作者须知。）

4. 你有没有仔细校对过文章，改正其中的排印错误、拼写错误和语法错误？（不要完全依赖电脑来完成这项工作。拼写检查软件和语法检查软件都是非常不可靠的。）

5. 文中引用的所有参考文献都出现在 APA 格式的参考文献部分了吗？

6. 你检查过编辑的姓名和期刊的投稿地址了吗？

10.5.4　耐心、耐心再耐心

投稿之后，作者需要做一件事：耐心等待。编辑处理稿件的过程一般需要几个月。通常来说，这个时间反映了一个期刊编辑部为给出公平、有用的审稿意见所投入的努力和细致程度。大多数编辑会把一份稿件发给三个或三个以上的同行专家审查，审稿人会就研究的优缺点写出详细评价，突出强调研究中的错误和改进方法（Calfee & Valencia, 1991）。稿件的处理结果有三种：**接受发表**（通常会伴有一些微小的改动），基于同行评审的具体要求**修改稿件**（这是一件好事——你有机会修改和完善你的文章，并且需要提交进行第二轮评审），或**退稿**（这不是一件令人愉悦的事，但你仍然可以利用审稿意见修改你的文章并投给另一个期刊）。下面是一些常见的退稿或退还修改理由（e.g. Eichorn & VandenBos, 1985; Sternberg, 1993, 2000a）：

- 文献综述不足
- 研究主题缺乏实证或理论深度
- 研究目的或假设不明确
- 写作缺乏条理
- 文章看起来很马虎
- 实验过程存在重大缺陷
- 统计分析或解释不合理
- 文章冗长
- 不符合 APA 格式要求

经过努力和耐心等待，你总有机会看到自己的文章发表。通过发表一篇好文章来为心理科学做出贡献是一项真正的成就。

练　习

1. 把你的一篇研究论文修改成会议展示论文。基于论文内容撰写一篇短摘要和一篇长摘要。

2. 根据一篇论文撰写一个演讲提纲。演讲内容和文本内容有何差异？

3. 根据练习 2 中的提纲，制作一个 PowerPoint 演示文稿。

4. 与你的同学一起策划并举办一场专题研讨会。

5. 根据一篇论文制作一张海报。

6. 与你的同学一起制作一本你们班的心理学期刊，可以"发表"练习 4 中研讨会上展示的论文。

7. 在你的研究笔记本上完成一次反思性写作：关于心理学写作，你学到了什么？你的写作发生了怎样的改变？

附 录 心理学资源

专业期刊

当今学术界有很多以心理学为主题的期刊，以下是当前一些主要的心理学期刊。当然，你也可以通过自己的阅读和在图书馆搜索找到这里未列出的其他期刊。

普通心理学

American Psychologist

Contemporary Psychology: APA Review of Books

Current Directions in Psychological Science

Psychological Bulletin

Psychological Review

Psychological Science

Review of General Psychology

临床心理学

Cognitive Therapy and Research

Journal of Abnormal Psychology

Journal of Consulting and Clinical Psychology

Journal of Counseling Psychology

Prevention and Treatment

Professional Psychology: Research and Practice

Psychological Assessment

认知心理学

Cognitive Psychology

Journal of Memory and Language

Journal of Verbal Learning and Verbal Behavior

Perception and Psychophysics

发展心理学

Adolescence

Child Development

Cognitive Development

Developmental Psychology

Infant Behavior and Development

Journal of Experimental Child Psychology

Psychology and Aging

实验心理学

Journal of Applied Behavior Analysis

Journal of Educational Psychology

Journal of Experimental Psychology: Animal Behavior Processes

Journal of Experimental Psychology: Applied

Journal of Experimental Psychology: General

Journal of Experimental Psychology: Human Perception and Performance

Journal of Experimental Psychology: Learning, Memory, and Cognition

Journal of the Experimental Analysis of Behavior

积极心理学

Journal of Happiness Studies

Journal of Positive Psychology

性心理学和性别心理学

Psychology of Women Quarterly

Sex Roles

心理生物学和神经科学

Animal Behavior

Animal Learning & Behavior

Behavioral Neuroscience

Biological Psychology

Brain and Cognition

Developmental Psychobiology

Experimental and Clinical Psychopharmacology

Neuropsychology

Psychobiology

Psychophysiology

社会心理学和人格心理学

Basic and Applied Social Psychology

Journal of Experimental Social Psychology

Journal of Personality and Social Psychology

Journal of Research in Personality

Journal of Social and Clinical Psychology

Personality and Social Psychology Bulletin

Social Cognition

其他期刊

Emotion

Health Psychology

History of Psychology

Journal of Applied Psychology

Journal of Comparative Psychology

Journal of Cross−Cultural Psychology

Journal of Educational Psychology

Journal of Family Psychology

Journal of Social Issues

Personnel Psychology

Psychological Methods

Psychology of Aesthetics, Creativity, and the Arts

Psychology, Public Policy, and Law

Rehabilitation Psychology

Teaching of Psychology

Theory and Psychology

综合性心理学参考著作

Benner, D. G. (Ed.). (1985). *Baker encyclopedia of psychology*. Grand Rapids, MI: Baker Book House.

Bruno, F. J. (1988). *Dictionary of key words in psychology*. London: Routledge & Kegan Paul.

Chaplin, J. P. (1985). *Dictionary of psychology* (2nd Rev. ed.). New York: Dell.

Corsini, R. J., Craighead, W. E., & Nemeroff, C. B.(Eds.). (2002). *The Corsini encyclopedia of psychology and behavioral science* (3rd ed., Vols. 1—4). New York: Wiley & Sons.

Eysenck, H. J., Arnold, W., & Meili, R. (Eds). (1979). *Encyclopedia of psychology*. New York: The Seabury Press.

Goldenson, R. M. (1975). *Encyclopedia of human behavior* (Rev. ed., Vols. 1—2). New York: Dell.

Gregory, R. L.(Ed.). (2004). *The Oxford companion to the mind* (2nd ed.). New York: Oxford University Press.

Harré, R., & Lamb, R. (Eds.). (1983). *The encyclopedic dictionary of psychology*. Oxford: Basil Blackwell.

Kazdin, A. (Ed.). (2000). *Encyclopedia of psychology* (Vols.1—8). Washington, DC: American Psychological Association.

Magill, F. N. (Ed.). (1993). *Survey of social science: Psychology series* (Vols. 1—6). Pasadena, CA: Salem Press.

Piotrowski, N. A., & Irons–Georges, T. (Eds.). (2003). *Magill's encyclopedia of Social Science: Psychology* (Vols. 1—4). Pasadena, CA: Salem Press.

Ramachandran, V. S. (Ed.). (1994). *Encyclopedia of human behavior* (Vols. 1—4). San Diego, CA: Academic Press.

Reed, J. G., & Baxter, P. M. (2003). *Library use: A handbook for psychology* (3rd ed.). Washington, DC: American Psychological Association.

Wolman, B. B. (Eds.). (1977). *International encyclopedia of psychiatry, psychology, psychoanalysis, and neurology* (Vols. 1—12). New York: Van Nostrand Reinhold Company.

Wolman, B. B. (Eds.). (1989). *Dictionary of behavioral science* (2nd ed.). New York: Van Nostrand Reinhold Company.

社会科学摘要及文献索引

BIOSIS 生物科学信息服务——世界生命科学和生物医学研究索引，为使用者提供摘要、期刊、书籍，以及科学会议和专利的相关信息。

Current Contents 现刊题录——每周更新一期，列出最新发表的科学期刊的文章目录。使用者可以登录其在线数据库，通过关键词、著者名、篇名或期刊名进行检索。

Educational Resources Information Center (ERIC) 教育资源信息中心——包括已发表的期刊文章和未出版的教育方面资源的索引，主题涵盖教育学、评鉴研究、教学、测验、咨询和发展类问题等。读者可以登录其在线数据库或查阅微缩胶卷进行检索。

MEDLINE/PubMed 医学文献分析与检索系统——提供来自 4500 余种生物医学期刊的摘要和文献检索服务，还包含外部科学网站与资源的链接。

Social Science Citation Index (SSCI) 社会科学引文索引——检索社会行为科学和相

关领域研究文献的索引，有在线版也有印刷版。

Social Science Index (SSI) 社会科学索引——心理学和社会行为科学主要期刊索引，内容覆盖人类学、法学、犯罪学和政治科学等领域。SSI 有印刷版和在线版。

Social Work Abstracts 社会工作摘要——收录咨询问题和社会工作已经发表的研究文摘。

Sociological Abstracts 社会学摘要——收录社会学及相关研究领域如社会心理学、教育学、人口统计学、种族关系学等学科的期刊摘要，有印刷版和在线版。

鼓励学生参与的心理学会议

Arkansas Symposium for Psychology Student, http://www.arsps.org

Carolinas Psychology Conference, http://www.meredith.edu/psych/cpc/default.htm

Delaware Valley Undergraduate Research Conference, http://www.psichi.org/conventions/convention_1469.aspx

Great Plains Students' Psychology Convention, http://prairielink.net/GreatPlains/

ILLOWA Undergraduate Psychology Research Conference, http://homepages.culver.edu/illowa

Kwantlen University College Undergraduate Psychology Research Conference, http://www.connectingminds.ca/main.shtml

Lehigh Valley Undergraduate Psychology Research Conference, http://www.lvaic.org/docs/students/psychology_conference.aspx

Michigan Undergraduate Psychology Paper Reading Conference, http://www.michiganreading.org

Mid−America Undergraduate Psychology Research Conference, http://psych.eiu.edu/mauprc

Minnesota Undergraduate Psychology Conference, http://www.csbsju.edu/psychology/studentresources/newsletter/MUPC%202009.htm

Southeastern Undergraduate Psychology Research Conference, http://www.psichi.org

University of Winnipeg Undergraduate Psychology Research Conference, http://io.uwinnipeg.ca/~psych

National Student Science Conference with a Psychology Component:

National Council on Undergraduate Research (NCUR) Conference, http://www.ncur.org

National and Regional Psychology Conferences That Welcome Student
**   Participation:**

American Psychological Association (APA) Annual Conference, http://www.apa.org

Association for Psychological Science (APS) Annual Conference, http://www.
    psychologicalscience.org/convention

Eastern Psychological Association, http://www.easternpsychological.org/i4a/pages/index.
    cfm?pageid=1

Midwestern Psychological Association, http://midwesternpsych.org

Rocky Mountain Psychological Association, http://www.rockymountainpsych.org

Southeastern Psychological Association, http://www.sepaonline.com

Southwestern Psychological Association, http://www.swpsych.org

Western Psychological Association, http://www.westernpsych.org/

参考文献

Abelson, R. P. (1995). *Statistics as principled argument*. Hillsdale, NJ: Erlbaum.

American Psychological Association. (1990). *Journals in psychology: A resource listing for authors* (3rd ed.). Washington, DC: Author.

American Psychological Association. (2001). *Publication manual of the American Psychological Association* (5th ed.). Washington, DC: Author.

American Psychological Association. (2007). *APA style guide to electronic resources*. Washington, DC: Author.

American Psychological Association. (2010). *Publication manual of the American Psychological Association* (6th ed.). Washington, DC: Author.

Anderson, N. H. (2001). *Empirical direction in design and analysis*. Mahwah, NJ: Erlbaum.

Azar, B. (1999, May). APA statistics task force prepares to release recommendations for public comment. *APA Monitor*, 9.

Barker, J. (2001). *Finding information on the Internet: A tutorial. Metasearch engines*. Retrieved November 7, 2001, from University of California at Berkeley Library. http://www.lib.berkeley.edu/TeachingLib/Guides/Internet/MetaSearch.html

Barrass, R. (1978). *Scientists must write: A guide to better writing for scientists, engineers and students*. London: Chapman and Hall.

Bem, D. J. (1987). Writing the empirical journal article. In M. P. Zanna & J. M. Darley (Eds.), *The compleat academic: A practical guide for the beginning social scientist* (pp. 171–201). New York: Random House.

Bem, D. J. (1995). Writing a review article for *Psychological Bulletin*. *Psychological Bulletin, 118*, 172–177.

Bem, D. J. (2000). Writing an empirical article. In R. J. Sternberg (Ed.), *Guide to publishing in psychology journals* (pp. 3–16). Cambridge: Cambridge University Press.

Benham, G., Woody, E. Z., Wilson, K. S., & Nash, M. R. (2006). Expect the unexpected: Ability, attitude, and responsiveness to hypnosis. *Journal of Personality and Social Psychology, 91*, 342–350.

Berger, K. S. (1988). *The developing person through the lifespan* (2nd ed.). New York: Worth.

Bergeson, T. R., & Trehub, S. E. (2002). Absolute pitch and tempo in mothers' songs to infants. *Psychological Science, 13*, 72–75.

Boice, R. (1990). Faculty resistance to writing-intensive courses. *Teaching of Psychology, 17*, 13–17.

Boice, R. (1994). *How writers journey to comfort and fluency: A psychological adventure.* Westport, CT: Praeger.

Booth, W. C., Colomb, G. G., & Williams, J. M. (2003). *The craft of research, second edition.* Chicago: University of Chicago Press.

Brooks, R., & Meltzoff, A. N. (2002). The importance of eyes: How infants interpret adult looking behavior. *Developmental Psychology, 38*, 958–966.

Calfee, R. (2000). What does it all mean: The discussion. In R. J. Sternberg (Ed.), *Guide to publishing in psychology journals* (pp. 133–145). New York: Cambridge University Press.

Calfee, R. C., & Valencia, R. R. (1991). *APA guide to preparing manuscripts for journal publication.* Washington, DC: American Psychological Association.

Cameron, L., & Hart, J. (1992). Assessment of PsycLIT competence, attitudes, and instructional methods. *Teaching of Psychology, 19*, 239–242.

Cohen, J. (1990). Things I have learned (so far). *American Psychologist, 45*, 1304–1312.

Cross, K. P., & Angelo, T. A. (1988). *Classroom assessment techniques: A handbook for faculty.* Ann Arbor, MI: National Center for Research to Improve Postsecondary Teaching and Learning.

Cuseo, J. (2005). *The one-minute paper.* Retrieved September 9, 2005, from http://www.oncourseworkshop.com/Awareness012.htm

Daniel, D. B. (2005). How to ruin a perfectly good lecture. In B. Perlman, L. McCann, & W. Buskist (Eds.), *Voices of NITOP: Favorite talks from the National Institute on the Teaching of Psychology* (pp. 119–130). Washington, DC: American Psychological Society.

Dawes, R. M. (1991, June). *Discovering "human nature" versus discovering how people cope with the task of getting through college: An extension of Sears' argument.* Paper presented at the Third Annual Convention of the American Psychological Society, Washington, DC.

Diener, E., & Seligman, M. E. P. (2002). Very happy people. *Psychological Science, 13*, 81–84.

Dougherty, S. B. (2001). *Prejudice in hiring practices related to physical attractiveness and personality traits.* Unpublished student paper, Department of Psychology, Moravian College, Bethlehem, PA.

Douglas, K. M., & Sutton, R. M. (2006). When what you say about others says something about you: Language abstraction and inferences about describers' attitudes and goals. *Journal of Experimental Social Psychology, 84*, 682–696.

Dovidio, J. F., Glick, P., & Rudman, L. (Eds.). (2005). *On the nature of prejudice: Fifty years after Allport.* New York: Wiley-Blackwell.

Dunn, D. S. (1994). Lessons learned from an interdisciplinary writing course: Implications for student writing in psychology. *Teaching of Psychology, 21*, 223–227.

Dunn, D. S. (2000). Social psychological issues in rehabilitation. In R. Frank & T. R. Elliott (Eds.), *Handbook of rehabilitation psychology* (pp. 565–584). Washington, DC: American Psychological Association.

Dunn, D. S. (2001a). *Statistics and data analysis for the behavioral sciences.* New York: McGraw-Hill.

Dunn, D. S. (2001b, February). *Writing in research methods, methods for research writing.* Invited presentation at the 13th Annual Southeastern Conference on the Teaching of Psychology, Atlanta, GA.

Dunn, D. S. (2009). *Research methods for social psychology.* New York: Wiley-Blackwell.

Dunn, D. S. (2010). *The practical researcher: A student guide to conducting psychological research* (2nd ed.). New York: Wiley-Blackwell.

Dunn, D. S., & Elliott, T. R. (2005). Revisiting a constructive classic: Wright's Physical disability: A psychosocial approach. *Rehabilitation Psychology, 50*, 183–189.

Eichorn, D. H., & VandenBos, G. R. (1985). Dissemination of scientific and professional knowledge: Journal publication within APA. *American Psychologist, 40*, 1309–1316.

Eisenberg, N. (1997). Editorial. *Psychological Bulletin, 122*, 3–4.

Eisenberg, N. (2000). Writing a literature review. In R. J. Sternberg (Ed.), *Guide to publishing in psychology journals* (pp. 17–34). New York: Cambridge University Press.

Elbow, P., & Belanoff, P. (1995). *A community of writers: A workshop course in writing* (2nd ed.). New York: McGraw-Hill.

Fiske, S. T. (2002). What we know now about bias and intergroup conflict, the problem of the century. *Current Directions in Psychological Science, 11*, 123–128.

Flesch, R. F. (1962). *The art of plain talk.* London and New York: Collier-Macmillan.

Frank, E., & Brandstatter, V. (2002). Approach versus avoidance: Different types of commitment in intimate relationships. *Journal of Personality and Social Psychology, 82*, 208–221.

Gasper, K., & Clore, G. L. (2002). Attending to the big picture: Mood and global versus local processing of visual information. *Psychological Science, 13*, 34–40.

Gibaldi, J. (2003). *MLA handbook for writers of research papers* (6th ed.). New York: Modern Language Association of America.

Gilbert, D. T., Lieberman, M. D., Morewedge, C., & Wilson, T. D. (2004). The peculiar longevity of things not so bad. *Psychological Science, 15*, 14–19.

Glass, D. C., Singer, J. E., & Friedman, L. N. (1969). Psychic cost of adaptation to an environmental stressor. *Journal of Personality and Social Psychology, 12*, 200–210.

Goleman, D. (1984, December 18). Social anxiety: New focus leads to insights and therapy. *The New York Times*, pp. C1, C14.

Golub, S., Gilbert, D. T., & Wilson, T. D. (2009). Anticipating one's troubles: The costs and benefits of negative expectations. *Emotion, 9,* 277–281.

Green, J. D., Sedikides, C., & Gregg, A. P. (2007). Forgotten but not gone: The recall and recognition of self-threatening memories. *Journal of Experimental Social Psychology, 44,* 547–561.

Gronbeck, B. E., McKerrow, R. E., Ehninger, D., & Monroe, A. H. (1997). *Principles and types of speech communication* (13th ed.). New York: Longman.

Hacker, D. (1991). *The Bedford handbook for writers* (3rd ed.). Boston: Bedford Books of St. Martin's Press.

Hahner, J. C., Sokoloff, M. A., & Salisch, S. L. (1993). *Speaking clearly: Improving voice and diction* (4th ed.). New York: McGraw-Hill.

Hall, E. T. (1963). A system for the notation of proxemic behavior. *American Anthropologist, 65,* 1003–1026.

Hall, E. T. (1966). *The hidden dimension.* Garden City, NY: Doubleday.

Hayes, J. R., & Flower, L. S. (1986). Writing research and the writer. *American Psychologist, 41,* 1106–1113.

Howard, R. M. (1999). *Standing in the shadows of giants: Plagiarists, authors, collaborators.* Stamford, CT: Ablex.

Howard, W. A., & Barton, J. H. (1986). *Thinking on paper.* New York: Morrow.

Hubbuch, S. M. (1985). *Writing research papers across the curriculum.* New York: Holt, Rinehart and Winston.

Hult, C. A. (1996). *Researching and writing in the social sciences.* Boston: Allyn and Bacon.

Jordan, C. H., & Zanna, M. P. (1999). Appendix: How to read a journal article in social psychology. In R. F. Baumeister (Ed.), *The self in social psychology* (pp. 461–470). Philadelphia: Taylor & Francis.

Joswick, K. E. (1994). Getting the most from PsycLIT: Recommendations for searching. *Teaching of Psychology, 21,* 49–53.

Kendall, P. C., Silk, J. S., & Chu, B. C. (2000). Introducing your research report: Writing the introduction. In R. J. Sternberg (Ed.), *Guide to publishing in psychology journals* (pp. 41–57). New York: Cambridge University Press.

Kimchi, R., & Hadad, B.-S. (2002). Influence of past experience on perceptual grouping. *Psychological Science, 13,* 41–47.

King, S. (2000). *On writing: A memoir of the craft.* New York: Pocket Books.

Kintsch, W., & Cacioppo, J. T. (1994). Introduction to the 100th anniversary issue of the *Psychological Review. Psychological Review, 101,* 195–199.

Kirby, M., & Miller, N. (1985). Medline searching on BRS Colleague: Search success of untrained end users in a medical school and hospital. In *National Online Meeting Proceedings (1985)* (pp. 255–263). Medford, NJ: Learned Information.

Knatterud, M. E. (1991, February). Writing with the patient in mind: Don't add insult to injury. *American Medical Writers Association Journal, 6,* 283–339.

Lepore, S. J., & Smyth, J. M. (Eds.). (2002). *The writing cure: How expressive writing promotes health and well-being.* Washington, DC: American Psychological Association.

Libby, L. K., & Eibach, R. P. (2002). Looking back in time: Self-concept change affects visual perspective in autobiographical memory. *Journal of Personality and Social Psychology, 82,* 167–179.

Library of Congress. (2008–2009). *Library of Congress subject headings* (31st ed.). Washington, DC: Author.

Lickel, B., Schmader, T., & Hamilton, D. L. (2003). A case of collective responsibility: Who else was to blame for the Columbine High School shootings? *Personality and Social Psychology Bulletin, 29,* 194–204.

Logel, C., Walton, G. M., Spencer, S. J., Iserman, E. C., von Hippel, W., & Bell, A. E. (2009). Interacting with sexist men triggers social identity threat among female engineers. *Journal of Personality and Social Psychology, 96,* 1089–1103.

Lucas, S. E. (1995). *The art of public speaking* (5th ed.). New York: McGraw-Hill.

Ludwig, T. E., Daniel, D. B., Froman, R., & Mathie, V. A. (2005). *Using multimedia in classroom presentations: Best principles.* Retrieved August 22, 2006, from http://www.teachpsych.lemoyne.edu/teachpsych/div/docs/classroommultimedia.rtf

Maggio, R. (1991). *The bias-free word finder: A dictionary of nondiscriminatory language.* Boston: Beacon Press.

Martin, D. W. (1996). *Doing psychology experiments* (4th ed.). Pacific Grove, CA: Brooks/Cole.

McCarthy, M., & Pusateri, T. P. (2006). Teaching students to use electronic databases. In W. Buskist & S. F. Davis (Eds.), *Handbook of the teaching of psychology* (pp. 107–111). Malden, MA: Blackwell.

Modern Language Association. (2008). *MLA style manual and guide to scholarly publishing* (3rd ed.). New York: Author.

Modern Language Association. (2009). *MLA handbook for writers of research papers* (7th ed.). New York: Author.

Myers, D. G. (2002). *Social psychology* (7th ed.). New York: McGraw-Hill.

Nash, S., & Wilson, M. (1991). Value-added bibliographic instruction: Teaching students to find the right citations. *RSR: Reference Services Review, 19,* 87–92.

Nelson, T. D. (Ed.). (2009). *Handbook of prejudice, stereotyping, and discrimination.* New York: Psychology Press.

Nicol, A. A. M., & Pexman, P. M. (1999). *Presenting your findings: A practical guide for creating tables.* Washington, DC: American Psychological Association.

Nicol, A. A. M., & Pexman, P. M. (2003). *Displaying your findings: A practical guide for creating figures, posters, and presentations.* Washington, DC: American Psychological Association.

Niederhoffer, K. G., & Pennebaker, J. W. (2009). Sharing one's story: On the benefits of writing or talking about emotional experience. In S. J. Lopez & C. R. Snyder (Eds.), *Oxford handbook of positive psychology* (2nd ed., pp. 621–632). New York: Oxford University Press.

O'Conner, P. T. (1996). *Woe is I: The grammarphobe's guide to better English in plain English.* New York: Putnam.

O'Conner, P. T. (1999). *Words fail me: What everyone who writes should know about writing.* New York: Harcourt Brace.

Ong, A. D., Fuller-Rowell, T., & Burrow, A. L. (2009). Racial discrimination and the stress process. *Journal of Personality and Social Psychology, 96,* 1259–1271.

Oskamp, S. (Ed.). (2000). *Reducing prejudice and discrimination.* Mahwah, NJ: Erlbaum.

Parrott, L., III. (1999). *How to write psychology papers* (2nd ed.). New York: Longman.

Pechenik, J. A. (2001). *A short guide to writing in biology* (4th ed.). New York: Addison Wesley Longman.

Pennebaker, J. W. (1997). *Opening up: The healing power of expressing emotions.* New York: Guilford.

Pennebaker, J. W., & Chung, C. K. (2007). Expressive writing, emotional upheavals, and health. In H. Friedman & R. C. Silver (Eds.), *Handbook of health psychology* (pp. 263–284). New York: Oxford University Press.

Pennebaker, J. W., & Graybeal, A. (2001). Patterns of natural language use: Disclosure, personality, and social integration. *Current Directions in Psychological Science, 10,* 90–93.

Peterson, C. (1996). Writing rough drafts. In F. T. L. Leong & J. T. Austin (Eds.), *The psychology research handbook: A guide for graduate students and research assistants* (pp. 282–290). Thousand Oaks, CA: Sage.

Peterson, C., Park, N., & Seligman, M. E. P. (2006). Greater strengths of character and recovery from illness. *Journal of Positive Psychology, 1,* 17–26.

Poincaré, H. (1913). *The foundation of science.* New York: Science Press.

Prohaska, V. (2001, October). *Exorcising plagiarism: Helping students avoid plagiarizing.* Paper presented at the Seventh Annual Northeast Conference for Teachers of Psychology, Danbury, CT.

Reich, J. (2001, October). *Teaching to learn and learning to teach.* Presentation at the Seventh Annual Northeast Conference for Teachers of Psychology, Danbury, CT.

Reis, H. T. (2000). Writing effectively about design. In R. J. Sternberg (Ed.), *Guide to publishing in psychology journals* (pp. 81–97). New York: Cambridge University Press.

Rosenthal, R., & Rosnow, R. L. (1991). *Essentials of behavioral research: Methods and data analysis* (2nd ed.). New York: McGraw-Hill.

Rosnow, R. L., & Rosenthal, R. (1996). *Beginning behavioral research* (2nd ed.). Upper Saddle River, NJ: Prentice Hall.

Salovey, P. (2000). Results that get results: Telling a good story. In R. J. Sternberg (Ed.), *Guide to publishing in psychology journals* (pp. 121–132). New York: Cambridge University Press.

Saucier, G., Akers, L. G., Shen-Miller, S., Knežević, G., & Stankov, L. (2009). Patterns of thinking in militant extremism. *Perspectives on Psychological Science, 4*, 256–271.

Schultz, K., & Salomon, K. (1990, February 1). End users respond to CD-ROM. *Library Journal*, 56–57.

Scott, J. M., Koch, R. E., Scott, G. M., & Garrison, S. M. (1999). *The psychology student writer's manual.* Upper Saddle River, NJ: Prentice Hall.

Sears, D. O. (1986). College sophomores in the laboratory: Influences of a narrow data base on social psychology's view of human nature. *Journal of Personality and Social Psychology, 51*, 515–539.

Sewell, W., & Teitelbaum, S. (1986). Observations of end-user online searching behavior over eleven years. *Journal of the American Society for Information Science, 37*, 234–245.

Shadish, W. R., Jr. (1989). The perception and evaluation of quality in science. In B. Gholson, W. R. Shadish, Jr., R. A. Neimeyer, & A. C. Houts (Eds.), *Psychology of science: Contributions to metascience* (pp. 383–426). Cambridge: Cambridge University Press.

Shaughnessy, J. J., & Zechmeister, E. B. (1997). *Research methods in psychology* (4th ed.). New York: McGraw-Hill.

Silverman, J., Hughes, E., & Wienbroer, D. R. (2002). *Rules of thumb: A guide for writers* (5th ed.). New York: McGraw-Hill.

Skinner, B. F. (1981). How to discover what to say—a talk to students. *The Behavior Analyst, 4*, 1–7.

Slatcher, R. B., & Pennebaker, J. W. (2006). How do I love thee? Let me count the words: The social effects of expressive writing. *Psychological Science, 17*, 660–664.

Smith, R. A. (2000). Documenting your scholarship: Citations and references. In R. J. Sternberg (Ed.), *Guide to publishing in psychology journals* (pp. 146–157). New York: Cambridge University Press.

Sternberg, R. J. (1992). *Psychological Bulletin's* top 10 "Hit Parade." *Psychological Bulletin, 112*, 387–388.

Sternberg, R. J. (1993). *The psychologist's companion: A guide to scientific writing for students and researchers* (3rd ed.). New York: Cambridge University Press.

Sternberg, R. J. (2000a). Titles and abstracts: They only sound unimportant. In R. J. Sternberg (Ed.), *Guide to publishing in psychology journals* (pp. 37–40). New York: Cambridge University Press.

Sternberg, R. J. (Ed.). (2000b). *Guide to publishing in psychology journals.* New York: Cambridge University Press.

Sternberg, R. J. (2000c). Article writing 101: A crib sheet of 50 tips for the final exam. In R. J. Sternberg (Ed.), *Guide to publishing in psychology journals* (pp. 199–206). New York: Cambridge University Press.

Sternberg, R. J. (2002, January). On civility in reviewing. *APS Observer, 15*.

Sternberg, R. J., & Gordeeva, T. (1996). The anatomy of impact: What makes an article influential? *Psychological Science, 7*, 69–75.

Sternberg, R. J., & Grajek, S. (1984). The nature of love. *Journal of Personality and Social Psychology, 47*, 312–329.

Strunk, W., Jr., & White, E. B. (1972). *The elements of style*. New York: Macmillan.

Szuchman, L. T. (2002). *Writing with style: APA style made easy* (2nd ed.). Belmont, CA: Wadsworth/Thompson Learning.

Talarico, J. M., & Rubin, D. G. (2003). Confidence, not consistency, characterizes flashbulb memories. *Psychological Science, 14*, 455–461.

Thaiss, C., & Sanford, J. F. (2000). *Writing for psychology*. Boston: Allyn and Bacon.

Tufte, E. R. (1983). *The visual display of quantitative information*. Cheshire, CT: Graphics Press.

University of Chicago Press. (2003). *The Chicago manual of style: The essential guide for writers, editors, and publishers* (15th ed.). Chicago: Author.

Walker, A., Jr. (Ed.). (1997). *Thesaurus of psychological index terms* (8th ed.). Washington, DC: American Psychological Association.

Wallas, G. (1926). *The art of thought*. New York: Harcourt, Brace.

Warren, M. G. (2000). Reading reviews, suffering rejection, and advocating for your paper. In R. J. Sternberg (Ed.), *Guide to publishing in psychology journals* (pp. 169–186). New York: Cambridge University Press.

Wegner, D. M. (1989). *White bears and other unwanted thoughts: Suppression, obsession, and the psychology of mental control*. New York: Guilford.

Whitely, B. E., & Kite, M. E. (2009). *The psychology of prejudice and discrimination*. Belmont, CA: Wadsworth.

Wilkinson, L., & the Task Force on Statistical Inference. (1999). Statistical methods in psychology journals: Guidelines and explanations. *American Psychologist, 54*, 594–604.

Williamon, A., & Valentine, E. (2002). The role of retrieval structures in memorizing music. *Cognitive Psychology, 44*, 1–32.

Williams, B. T., & Brydon-Miller, M. (1997). *Concept to completion: Writing well in the social sciences*. Fort Worth, TX: Harcourt Brace.

Woodzicka, J. A., & LaFrance, M. (2001). Real versus imagined gender harassment. *Journal of Social Issues, 57*, 15–30.

Wright, B. A. (1991). Labeling: The need for greater person–environment individuation. In C. R. Snyder & D. R. Forsyth (Eds.), *Handbook of social and clinical psychology: The health perspective* (pp. 469–487). New York: Pergamon.

Zinsser, W. (1990). *On writing well: An information guide to writing nonfiction* (4th ed.). New York: Harper.

图书在版编目（CIP）数据

心理学写作简明指南 /（美）达纳·S·邓恩著；韩

卓译 . -- 北京：北京联合出版公司，2017.11

ISBN 978-7-5596-0998-4

Ⅰ . ①心… Ⅱ . ①达… ②韩… Ⅲ . ①心理学—论文

—写作—指南 Ⅳ . ① H152.2-65

中国版本图书馆 CIP 数据核字 (2017) 第 237560 号

心理学写作简明指南

作　　者：[美]达纳·S·邓恩

译　　者：韩　卓

选题策划：后浪出版公司

出版统筹：吴兴元

特约编辑：周　茜

责任编辑：李　伟

营销推广：ONEBOOK

装帧制造：墨白空间·韩凝

北京联合出版公司出版

（北京市西城区德外大街 83 号楼 9 层　100088）

北京中科印刷有限公司印刷　新华书店经销

字数 256 千字　690 毫米 ×960 毫米　1/16　20 印张　插页 4

2018 年 2 月第 1 版　2018 年 2 月第 1 次印刷

ISBN 978-7-5596-0998-4

定价：48.00 元